미래를 준비하는 물류

인구구조 변화, 지방소멸, 공공복지 그리고 물류

미래를 준비하는 물류

인구구조 변화, 지방소멸, 공공복지 그리고 물류

LOGISTICS

이상근 지음

OST 아웃소싱타임스
THE OUTSOURCING TIMES

물류산업은 현대사회에서 필수불가결한 요소로 자리 잡고 있다. 물류는 단순히 물건을 한 곳에서 다른 곳으로 운송하는 것을 넘어, 다양한 산업의 원활한 운영을 돕고, 사회 전반의 효율성을 높이는 중요한 역할을 한다. 그러나 세계적으로 인구구조의 변화, 지방의 소멸, 그리고 공공복지에 대한 요구 증가와 같은 큰 사회적 흐름은 물류산업에 새로운 도전 과제를 던져주고 있다. 이 책은 이러한 변화 속에서 물류가 직면한 문제들과 그에 대한 대응 방안을 탐구하고, 미래 물류의 방향성을 제시하고자 한다.

인구구조 변화와 물류

가장 눈에 띄는 변화 중 하나는 인구구조의 변화다. 저출산과 고령화가 급격히 진행되면서, 많은 국가들이 노동력 부족과 경제 성장 둔화에 직면하고 있다. 특히 물류산업은 노동 집약적인 성격을 가지고 있어, 이러한 인구구조 변화는 심각한 영향을 미친다. 인구가 줄어들고, 노동인구가 감소함에 따라 물류 인력의 확보가 어려워지고, 생산성과 효율성을 유지하기 위한 새로운 방안들이 필요하게 되었다. 자동화, 생력화, 그리고 로봇 기술의 도입은 이러한 문제를 해결하기 위한 중요한 해결책으로 떠오르고 있지만, 동시에 새로운 도전 과제도 함께 수반하고 있다. 기술의 발전이 빠르게 진행됨에 따라, 물류산업 종사자들은 새로운 기술을 습득하고 적응해야 하는 압박을 받고 있다.

지방소멸과 물류

도시화와 함께 지방소멸 현상이 심화되고 있다. 인구가 도시에 집중되면서, 지방의 인구는 급격히 줄어들고, 그에 따른 지역 경제의 쇠퇴가 발생하고 있다. 지방이 소멸하면 물류 네트워크도 타격을 입게 된다. 지방의 물류 수요가 감소하면, 그 지역에 물류 서비스를 제공하는 것이 경제적으로 비효율적이 되며, 이는 결국 물류 취약지역을 발생시킨다. 물류 취약지역은 필수적인 물품의 공급이 원활하지 않게 되며, 이로 인해 "유통난민"이라는 새로운 사회적 문제가 발생할 수 있다. 물류업계는 이러한 지역을 어떻게 지원할 것인지, 그리고 지방 경제의 활성화와 연계한 물류 서비스를 어떻게 개선할 것인지에 대해 고민할 필요가 있다.

지방소멸에 대응하기 위해서는 물류 시스템의 개선뿐만 아니라, 지역 활성화를 위한 다양한 정책적 노력이 필요하다. 기업과 지방 도시가 협력하여 지역 산업을 발전시키고, 물류 네트워크를 재구축하는 것이 중요한 해결책 중 하나로 논의되고 있다. 또한, 스마트 물류 시스템을 도입하여 효율성을 높이고, 지역 간 물류 격차를 줄이는 것도 미래물류의 중요한 과제다.

공공복지와 물류

물류산업은 단순히 경제적 효율성을 추구하는 것에서 벗어나, 사회적 책임을 다해야 한다는 요구가 점점 더 커지고 있다. 특히 공공 복지와 관련된 물류 서비스는 사회적 가치를 창출하는 중요한 역할을 한다. 국민의 기본적인 생활 수준을 유지하기 위해서는 필수적인 물품들이 원활하게 공급되어야 하며, 이러한 공급망이 흔들리지 않도록 안정성을 보장하는 것이 중요하다. 코로나19, 러시아·우크라이나 전쟁과 이스라엘·하마스 전쟁 등 글로벌 공급망의 불안정성은 국민 복지에 직접적인 영향을 미칠 수 있으며, 이에 대응하기 위한 정책적 노력도 필요하다.

또한, 물류 취약지역에 대한 서비스 개선과 화이트 물류로 대표되는 근로환경 개선 역시 물류산업이 사회적 책임을 다하는 방식 중 하나다. 근로자들의 근로환경을 개선하고, 물류업계 전반에 걸쳐 ESG 경영을 확산시키는 것은 단순히 기업의 이미지 제고를 위한 것이 아니라, 지속가능한 물류산업을 위한 필수적인 조건이 되고 있다. 더불어, 물류 서비스의 공익성을 높이고, 이를 위한 정부의 개입이 어느 정도 필요한지에 대한 논의도 이 책에서 다룰 중요한 주제 중 하나다.

미래 물류의 방향

이 책에서 다룰 주요 주제 중 하나는 바로 '미래 물류'다. 인구구조 변화와 고령화, 지방소멸 등 거대한 사회적 변화 속에서 물류 산업이 어떻게 대응할 것인가에 대한 해답을 찾는 것이 이 책의 핵심이다. 물류산업은 앞으로 단순한 운송 서비스를 넘어, 지역 활성화와 사회적 가치를 창출하는 중요한 역할을 맡게 될 것이다.

기술 발전과 더불어, 물류 자동화, 스마트 물류 시스템, 로봇의 도입 등은 필수적인 변화이지만, 동시에 사람들의 일자리와 복지에 대한 고민도 함께 다뤄야 한다. 물류 인력의 부족 문제를 해결하는 대안으로 로봇과 자동화가 대두되고 있지만, 그 과정에서 발생하는 새로운 문제들을 어떻게 해결할지에 대한 심도 있는 논의가 필요하다. 특히, 긱(Gig) 경제의 확산과 더불어, 긱 근로자들의 역할과 그들이 처한 상황에 대한 고민도 함께 다뤄야 할 문제다.

또한, 물류산업의 미래는 기업과 지방자치단체, 정부가 함께 협력하여 만들어 나가야 할 것이다. 지방소멸을 막고 지역 경제를 활성화하기 위해서는 물류 네트워크의 역할이 무엇보다 중요하며, 이를 위해 다양한 이해관계자들이 협력하여 지속가능한 물류 시스템을 구축해야 한다.

이 책은 이러한 미래 물류의 방향성을 제시하면서, 물류산업이 어떻게 사회적 가치를 창출하고, 공공복지에 기여할 수 있을지에 대한 구체적인 방안을 탐구하고자 한다. 앞으로 다가올 변화 속에서 물류산업이 어떤 역할을 맡게 될지, 그리고 그 과정에서 우리는 어떤 준비를 해야 할지에 대해 독자들과 함께 고민해보고자 한다.

인구구조 변화, 지방소멸, 공공복지 등의 큰 사회적 흐름 속에서 물류산업은 기존의 틀을 벗어나 새로운 변화를 맞이하고 있다. 이 책은 이러한 변화를 통해 미래 물류산업이 나아가야 할 방향을 제시하며, 그 과정에서 발생할 수 있는 도전 과제와 해결 방안을 다루고 있다. 물류산업은 더 이상 단순한 물류 시스템을 넘어, 사회적 가치 창출과 지역 사회의 발전을 이끄는 중요한 역할을 하게 될 것이다.

목차

제1부

인구구조 변화와 물류

1
인구구조의 변화 양상과 영향

인구는 중요한 사회·경제변수다. 사람이야말로 경제학의 전부라 해도 과언은 아니다. 경제주체인 인구는 애덤 스미스(Adam Smith)의 고전경제학부터 '합리적'이란 수식어로 해석되듯 오랫동안 면밀하게 분석돼온 아무리 강조해도 지나치지 않는 중요한 변수다.[01]

초고령화, 저출산, 인구감소 등 인구구조 변화가 가져올 긍정적 영향은 생활면에서는 기술 발전 및 디지털화, 건강 및 웰빙 향상이 있다. 고령 인구의 증가로 스마트 홈 기술과 원격 의료 서비스 등 기술 발전이 촉진된다. 이는 고령자의 생활 편의성을 높이며, 건강 관리와 웰빙 향상에 기여한다. 또 고령자들을 대상으로 한 건강 관리 서비스와 웰빙 산업이 성장함에 따라, 전체적인 생활의 질이 높아질 수 있다.

산업면에서의 긍정적 영향은 로봇 및 자동화 기술의 도입, 헬스케어 산업의 성장, 스마트 농업 및 유통 등이 있다. 노동력 부족 문제를 해결하

---

01   전영수, 「피파세대 소비 심리를 읽는 힘」, 라의눈(2016.9)

기 위해 로봇과 자동화 기술이 적극 도입된다. 이는 생산성 향상과 비용 절감에 기여하며, 산업 전반의 효율성을 높인다. 또, 고령화로 인해 헬스케어, 재활, 간병 등의 산업이 성장한다. 이로 인해 관련 서비스가 확충되며, 경제적 성장을 촉진할 수 있다. 인구감소와 고령화에 대응하기 위해 스마트 농업과 유통 시스템이 도입되면 농업 생산성 향상과 유통 효율성을 높이는 데 기여한다.

물류면에서의 긍정적 영향은 기술 혁신, 고령자 맞춤형 서비스 등장 등이 있다. 물류 과정의 효율성을 높이기 위해 드론 배송, 자율주행 차량 등의 첨단 기술이 도입된다. 이는 물류비용 절감과 배송 시간 단축을 가능하게 한다. 또, 고령자들을 위한 맞춤형 배송 서비스와 지원 시스템이 발전하여 물류의 접근성이 높아진다. 이는 고령자들의 생활 편의성을 높이는 데 기여한다.

인구구조 변화가 가져올 부정적 영향은 생활면에서는 사회적 고립, 경제적 부담 증가 등이 있다. 고령 인구의 증가는 고령자들의 사회적 고립 문제가 심화될 수 있다. 이는 정신 건강 문제로 이어질 가능성이 있다. 또, 인구감소와 고령화로 인해 사회복지 비용이 증가하며, 세수 감소로 인해 경제적 부담이 커질 수 있다.

산업면에서 부정적 영향은 노동력 부족, 소비시장 축소 등이 있다. 생산가능 인구의 감소로 인해 노동력 부족 현상이 심화된다. 이는 기업 운영에 어려움을 초래하고, 생산성 저하를 가져올 수 있다. 또, 인구 감소로 인해 내수 시장이 축소되고, 소비 수요가 감소할 수 있다. 이는 경제 성장의 둔화로 이어질 수 있다.

물류측면에서 부정적 영향은 운영 비용 증가, 인프라 부족과 배송 어려움 등이 있다. 노동력 부족으로 인해 인건비가 상승하고, 물류운영 비용이 증가할 수 있다. 이는 물류 서비스의 가격상승으로 이어질 수 있다. 또, 지방소멸로 인해 물류 인프라가 부족해지며, 이에 따른 서비스 질 저하가 발생할 수 있다. 이는 지방 지역의 경제 활성화를 저해할 수 있다. 한편, 고령화와 인구감소로 인해 외곽지역의 배송 수요가 감소하면서 물류 네트워크의 효율성이 저하될 수 있다. 이는 외곽 지역 주민들의 생활 편의성을 떨어뜨릴 수 있다.

장래인구추계(2022~2072년)[02]

2022년 7월 기준으로 한국의 총인구는 약 5,167만 명이었다. 이 수치는 2024년에는 약 5,175만 명으로 소폭 증가할 것으로 예상되지만, 이후에는 감소세로 전환하여 2030년에는 약 5,131만 명, 2072년에는 약 3,622

[그림1-1] 총인구 및 인구성장률, 1960~2072년

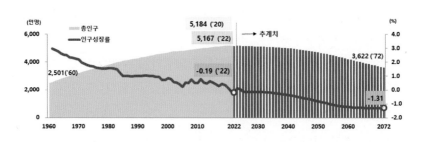

02   통계청, "장래인구추계(2022~2072년)" 2023.12.14

만 명으로 줄어들 전망이다. 이로써 2072년의 인구는 1977년 수준으로 돌아가게 된다.

인구성장률은 2025년 이후 10년간 연평균 −0.16%로 예상되며, 이후 감소 속도가 점점 빨라져 2072년에는 −1.31%에 이를 것으로 예상된다. 자연증가(출생아수에서 사망자수를 뺀 값) 규모는 2022년 −11만 명에서 2040년에는 −27만 명, 2072년에는 −53만 명으로 더 큰 폭의 감소가 예상된다. 출생아수는 2022년 25만 명에서 2072년 16만 명으로 줄어들 것으로 보이며, 이는 2022년 대비 약 65.0% 수준이다. 반면, 사망자수는 2022년 36만 명에서 2072년 69만 명으로 증가할 것으로 예측되며, 이는 2022년 대비 약 1.9배 수준이다.

[그림1-2] 출생아수 및 사망자수, 1985~2072년

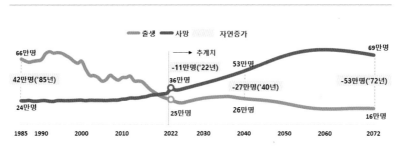

2022년부터 향후 10년간 생산연령인구(15~64세)는 약 332만 명 감소할 것으로 예상되며, 고령인구(65세 이상)는 약 485만 명 증가할 전망이다. 연령구조의 변화를 보면, 2022년과 2072년 사이에 생산연령인구 비중은 71.1%에서 45.8%로 감소할 것으로 보이며, 고령인구 비중은 17.4%

에서 47.7%로 크게 증가할 것으로 예상된다. 유소년인구(0~14세) 비중도 11.5%에서 6.6%로 줄어들 전망이다. 생산연령인구는 2022년 약 3,674만 명에서 향후 10년간 약 332만 명 감소하여 2072년에는 약 1,658만 명 수준에 이를 것으로 보인다. 특히, 베이비붐 세대가 고령인구로 이동하는 2020년대에는 연평균 약 32만 명, 2030년대에는 연병균 약 50만 명이 감소할 것으로 예상된다.

고령인구는 2022년 약 898만 명에서 2025년에 1,000만 명을 넘을 것으로 예상되며, 2072년에는 약 1,727만 명까지 증가할 전망이다. 반면, 유소년인구는 2022년 약 595만 명에서 2040년에는 약 388만 명, 2072년에는 약 238만 명 수준으로 감소할 것으로 보인다.

[그림1-3] 연령별 인구구조, 1960~2072년   [그림1-4] 연령별 인구구성비, 1960~2072년

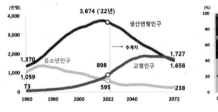
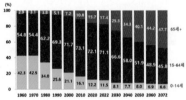

학령인구(6~21세)도 2022년 약 750만 명에서 2040년까지 약 337만 명 감소하여 2072년에는 약 278만 명 수준에 이를 것으로 예상된다. 청년인구(19~34세) 역시 2022년 약 1,061만 명에서 2040년까지 약 339만 명 감소하여 2072년에는 약 450만 명 수준으로 줄어들 것으로 보인다.

마지막으로, 중위연령은 2022년 44.9세에서 2031년 50세를 넘고,

2072년에는 약 63.4세까지 증가할 것으로 전망된다. 이는 전체 인구의 고령화가 심화되고 있음을 보여주는 지표이다.

국가발전 수준에 따른 인구변화 양상[03]

인구변수는 미래사회 · 경제를 결정짓는 가장 상위인자라 해도 과언은 아니며, 그 변화속도가 갈수록 위협적이다. 사실상 지금까지 인구변화는 증가에 방점이 찍혔었다. 추세적인 인구증가가 세계적인 걱정거리로 존재했었다. 세계평균으로는 여전히 폭발적인 인구증가가 문제이며, UN 등 국제기구의 공식입장도 아시아 · 아프리카 등 후발국의 인구증가를 염려하는 시선이다.

지구적인 눈높이에서는 인구증가를 어떻게 효과적으로 통제 · 관리할지가 더 시급한 과제라는 뜻이다. 지구온난화를 비롯한 환경문제 등도 여기에 직결된다.

반면 고도성장이 종료된 한국 등 성숙국가는 사정이 좀 다르다. '국력=인구'의 등식을 깨는 저출산 · 고령화 이슈가 확산되는 가운데 인구 변화는 십중팔구 부정적인 결론과 연결된다. 노인인구(65세)가 20%를 넘어 초고령사회로 기록된 일본 · 독일 · 이탈리아가 대표적이다.

감소세에 진입했거나 진입이 예정된 국가에서 확인되는 인구변화의 후폭풍은 광범위하다. '현역감소 · 노인증가=인구감소'의 등식 때문에 재정

---

03   이상근, "국가발전 수준별 인구변화 양상과 영향", 아웃소싱타임스(2024.8.12.)을 바탕으로 재작성했습니다.

압박 · 성장둔화 · 격차확대 · 사회폐색 등 연결된 화학반응이 상상을 초월해서다.[04]

　이렇듯 인구변화는 국가의 경제발전 수준별로 다양한 양상을 보일 것이다.

선진국의 인구변화

저출산 선진국은 지속적으로 낮아지는 출산율로 인해 청년 인구가 감소하며, 이는 노동력 부족 문제를 심화시킬 전망이다. 출산율이 낮아지는 이유는 주거비 상승, 양육비 부담, 여성의 경력 단절 우려 등 복합적인 요인들이다.

고령화 2035년까지 65세 이상 인구가 급증하며, 노년층의 비율이 크게 증가할 것이다. 이는 연금 제도와 의료 서비스에 큰 부담을 주고, 돌봄 서비스 수요를 급증시킬 것이다. 고령화로 인해 경제활동인구가 줄어들고, 소비 패턴이 변화하여 경제 전반에 영향을 미칠 것이다.

도시 집중화 농촌 지역의 인구 감소로 인해 도시로의 인구 집중화가 가속화될 것이다. 이는 도시의 인프라와 주거 환경에 대한 압박을 증가시키고, 교통 혼잡, 주거 문제 등 도시화로 인한 부작용을 야기할 가능성이 높다.

중진국의 인구변화

출산율 감소 중진국에서도 출산율이 점차 낮아지고 있지만, 여전히 선진국보다는 높은 수준을 유지할 것이다. 이는 경제 발전과 교육 수준 향상,

---

04　전영수. 「인구충격의 미래한국」, 프롬북스(2014)

여성의 경제활동 참여 증가 등에 기인한다.

고령화 시작 고령화가 점차 진행되며, 노년 인구 비율이 증가할 것이다. 이에 따라 중진국도 연금과 의료 서비스에 대한 대비가 필요하며, 고령 인구의 증가로 인한 사회적, 경제적 부담이 커질 것이다.

도시화 도시화가 가속화되며, 대도시의 인구 밀도가 증가하고 농촌 지역은 인구가 감소할 것이다. 이는 도시 인프라의 확충 필요성을 증가시키고, 농촌 지역의 경제 활성화를 위한 정책이 필요하다.

개발도상국의 인구변화

출산율 유지 출산율이 여전히 높은 수준을 유지하며, 젊은 인구가 많은 구조를 유지할 것이다. 이는 노동력의 풍부함으로 경제 성장의 잠재력을 높이지만, 동시에 교육과 일자리 제공의 부담이 커진다.

도시화 가속화 빠른 도시화가 진행되며, 도시 인구가 급격히 증가할 것이다. 이는 도시 인프라와 주거 환경에 대한 압박을 가중시키고, 빈민가 확산과 같은 문제를 초래할 수 있다.

경제 성장 경제 성장이 지속되며, 인프라 및 공공 서비스가 개선될 것이다. 이를 통해 생활 수준이 향상되고, 빈곤율이 감소할 전망이다.

후진국의 인구변화

출산율 높음 출산율이 매우 높으며, 인구가 지속적으로 증가할 것이다. 이는 교육, 의료, 주거 등의 기본 서비스에 대한 수요 증가로 이어져, 정부의 재정적 부담이 커질 것이다.

어린 인구 많음 어린 인구 비율이 높아 교육, 의료 등 기본 서비스에 대한 수

요가 증가할 것이다. 이는 교육 인프라의 확충과 질적 향상이 필요함을
의미한다.

도시화 초기 단계 도시화가 시작되며, 도시 인프라의 확충이 필요한 상황이
다. 이는 도시로의 인구 유입을 효과적으로 관리하기 위한 계획과 투자
가 필요함을 나타낸다.

경제적 어려움 경제적 어려움이 계속되며, 빈곤율이 높고, 인프라와 서비스
가 부족할 것이다. 이는 지속가능한 경제 성장을 위한 국제적 지원과 정
책적 개입이 필요하다.

아래 [표1-1]은 미래의 인구변화에 따른 선진국, 중진국, 개발도상국,
후진국의 출산율, 고령화, 도시화, 경제성장, 구인구직, 교육, 건강관리,
환경 문제, 기타 등 주요 항목별 상황을 정리한 것이다.

[표1-1] 국가발전수준별 인구변화 양상

구분	선진국	중진국	개발도상국	후진국
출산율	출산율 감소로 인해 인구감소 추세 지속	출산율 감소로 인구 증가율 둔화	출산율이 여전히 높지만 점차 감소	높은 출산율 유지
고령화	고령화가 심화되어 사회적 부담 증가	고령화가 진행되며 경제적·사회적 부담 증가	고령화가 진행되나 젊은 인구 비율이 여전히 높음	고령화가 상대적으로 느리게 진행
도시화	도시화가 안정되어 대도시 중심의 생활이 지속될 것	빠른 도시화가 진행되며 인프라 개발이 필요	도시화가 가속화되며 인프라 개발이 중요해질 것	도시화 초기 단계로 인프라 부족이 문제가 될 것

경제성장	경제성장이 안정적으로 유지되지만 성장속도는 둔화	경제성장이 지속되지만 고령화로 인한 부담 예상	경제성장의 잠재력이 크지만 구조적 문제 해결 필요	경제성장 가능성이 크지만 정치적, 경제적 불안정
구인구직	노동력 부족으로 자동화와 기술 혁신이 중요해질 것	노동력 부족이 예상되며 청년 실업 문제도 부각	풍부한 노동력으로 구인구직 시장이 활성화될 것	낮은 교육 수준과 기술 부족이 노동 시장의 문제점
교육	교육 수준이 높아지며 고급 인력 양성이 중요	교육 투자 증가로 인재 양성에 집중	교육의 접근성이 개선되며 문해율이 증가할 것	교육 접근성이 낮고 문해율이 낮은 상태가 지속될 것
건강관리	고령화로 인해 건강 관리 시스템의 수요 증가	공공 건강 관리 시스템이 강화될 필요가 있음	기본 의료 서비스의 접근성이 개선될 것	의료 시설과 서비스의 접근성이 여전히 낮을 것
환경문제	환경 보호와 지속 가능한 발전이 중요해질 것	산업화와 도시화로 인한 환경 오염 문제가 증가	환경보호와 지속 가능한 발전 정책이 중요해질 것	환경 오염과 자원 고갈 문제가 심각할 수 있음
기타	사회복지 시스템의 개혁이 필요	사회적 불평등과 격차가 커질 수 있음	교육과 보건의 질 향상이 중요 과제	빈곤과 기본 서비스 부족이 지속

인구변화는 국가의 경제적 발전 수준에 따라 다양한 양상을 보일 것이다. 선진국은 고령화와 인구 감소로 인한 도전 과제를 직면할 것이며, 중진국과 개발도상국은 인구구조 변화와 도시화 과정에서 새로운 기회를 맞이할 것이다. 후진국은 인구 증가와 도시화 초기 단계의 문제를 해결하기 위해 지속적인 경제 성장이 필요할 것이다. 각국은 이러한 인구변화를 대비하여 적절한 정책을 마련하고, 지속가능한 발전을 도모해야 한다.

[표1-2]는 각국의 인구변화에 따른 생활, 산업, 물류 측면의 긍정적 및 부정적 영향을 정리한 것이다.

[표1-2] 인구변화에 따른 긍정적 및 부정적 영향

구분		긍정적 영향	부정적 영향
선진국	생활	의료기술 발전과 고령자 돌봄 서비스의 확대로 삶의 질이 향상될 수 있음	고령화로 인해 사회보장 비용이 증가하고, 청년층 인구 감소로 인한 노동력 부족 현상 발생
	산업	고령자 대상 산업(헬스케어, 돌봄 서비스 등)이 성장할 수 있음	노동력 부족으로 생산성이 저하되고, 기술혁신이 더디게 진행될 수 있음
	물류	기술발전을 통한 스마트물류 시스템 도입으로 물류효율성이 향상될 수 있음	인구감소와 고령화로 인해 물류 인프라 확충과 유지보수 비용이 증가할 수 있음
중진국	생활	인구구조 변화에 따라 교육 및 주거 환경 개선이 이루어질 수 있음	고령화가 진행됨에 따라 사회적 보호와 의료 서비스의 부담이 증가할 수 있음
	산업	인구 증가와 함께 내수 시장이 확대되어 경제 성장의 잠재력을 높일 수 있음	산업 인프라의 확충과 고령 인구 증가로 인한 사회적 부담이 증가할 수 있음
	물류	도시화가 가속화되며, 물류 인프라가 발전하고 효율성이 향상될 수 있음	도시 집중화로 인해 교통 혼잡과 물류 비용이 증가할 수 있음
개발 도상국	생활	젊은 인구 비율이 높아 교육 및 취업 기회의 증가로 생활 수준이 향상될 수 있음	빠른 도시화로 인해 빈민가 확산과 같은 사회적 문제가 발생할 수 있음
	산업	풍부한 노동력을 바탕으로 산업성장과 경제발전 가능	일자리와 교육기회 부족으로 인한 사회적 불안정이 발생할 수 있음
	물류	인프라 개선을 통해 물류 효율성이 향상되고, 경제성장이 촉진될 수 있음	농촌지역의 인구감소와 도시집중화로 물류시스템의 불균형이 발생할 수 있음

후진국	생활	젊은 인구가 많아 교육 및 의료 서비스 개선의 기회가 있음	높은 출산율로 교육, 의료, 주거 등 기본 서비스의 수요 급증할 수 있음
	산업	노동 인구가 많아 산업 발전의 잠재력이 큼	경제적 빈곤율이 높고, 기본 인프라와 서비스가 부족할 수 있음
	물류	도시화 초기 단계에서 물류 인프라 확충의 기회가 있음	인프라 부족과 경제 사정으로 물류시스템이 비효율적일 수 있음

　이러한 긍정적, 부정적 측면들을 종합적으로 고려하여 인구변화에 대응하는 전략을 수립하는 것이 중요하다. 이를 통해 생활의 질을 유지하고, 산업의 경쟁력을 강화하며, 물류 시스템의 효율성을 높일 수 있다.

인구감소가 생활과 산업, 물류에 미치는 영향

초고령화, 저출산, 인구감소는 현대 사회가 직면한 가장 중대한 인구변화 중 하나이다. 이러한 변화는 단순한 인구구조의 변동을 넘어 사회와 경제 전반에 걸쳐 심대한 영향을 미친다. 특히, 초고령화와 저출산은 노동력 감소와 사회적 부담 증가를 초래하며, 국가 경제의 지속가능성에 직접 영향을 준다. 인구감소는 지역사회 붕괴와 도시화를 촉발시켜, 전 세계적으로 새로운 사회적, 경제적 트렌드를 형성하고 있다.

초고령화 사회는 세계 여러 국가가 직면하고 있는 중요한 도전 중 하나다.
고령화로 인한 노동인력 부족, 고령자 맞춤형 서비스의 필요성 등 다양한 이슈들이 사회전반에 영향을 미치고 있다. 고령화 사회에서 물류업계는 새로운 도전과 기회를 동시에 맞이하고 있다.

고령화 사회는 노동인력 부족 문제를 심화시키고 있다.
많은 근로자들이 은퇴 연령에 도달하면서, 노동 인력의 수가 줄어들고 있다. 이는 물류업계에 큰 영향을 미치며, 특히 물류센터에서의 작업, 운송 업무 등 물리적 노동이 요구되는 분야에서 더욱 두드러진다. 노동 인력 부족은 운영 효율성을 저하시킬 뿐만 아니라, 비용 상승으로 이어질 수 있다. 기업들은 이러한 문제를 해결하기 위해 자동화와 디지털화를 통한 효율성 향상, 인력 재교육 및 고령자 고용 촉진 등 다양한 방안을 모색하고 있다.

고령화 사회에서는 고령자 맞춤형 서비스의 필요성이 크게 대두되고 있다.
고령자들은 다양한 건강 문제와 이동의 제약을 겪을 수 있어, 그들의 생활을 지원하기 위한 특화된 물류 서비스가 필요하다. 예를 들어, 약품, 의료 기기 및 보조 도구의 신속한 배송, 식료품 및 생활 필수품의 정기배송 등이 중요하다. 이러한 서비스를 제공함으로써 고령자들의 생활 편의를 높이고, 독립적인 생활을 유지할 수 있도록 도울 수 있다. 이를 위해 물류기업들은 고령자들의 특수한 요구를 반영한 맞춤형 서비스를 개발하고 있다.

고령화 사회에서 헬스케어 혁신은 중요한 과제가 된다.
고령자들은 만성질환 관리, 정기적인 건강검진, 약품배송 등 다양한 의료 서비스를 필요로 한다. 물류기업은 이러한 요구를 충족시키기 위해 특화된 물류 시스템을 구축하고 있다. 예를 들어, 온도 조절이 가능한 차량, 고도화된 재고관리 시스템, 신속한 응급 배송 시스템 등을 통해 의료 물품의 안전하고 신속한 배송을 보장한다. 헬스케어 혁신은 고령자들의 건강을 지원하고, 의료 서비스의 접근성을 향상시키는 데 중요한 역할을 한다.

고령화 사회에서는 맞춤형 물류 서비스 제공이 필요하다.
고령자들의 생활 패턴과 필요에 맞춘 개인 맞춤형 배송계획을 수립하고, 각 고령자의 특수한 요구를 반영한 서비스를 제공함으로써 고객 만족도를 높일 수 있다. 예를 들어, 특정 시간대에 맞춘 배송, 특별한 취급이 필요한 물품의 안전한 배송, 긴급 상황에 대비한 빠른 대응 시스템 등이 포함된다. 이러한 맞춤형 서비스는 고령자들의 삶의 질을 향상시키고, 물류기업의 경쟁력을 강화하는 데 기여한다.

고령화가 심화된 지역에서는 물류 접근성이 중요한 문제로 떠오르고 있다.
인구 감소와 함께 물류 인프라의 부족이 지역 경제와 생활에 부정적인 영향을 미칠 수 있다. 이를 해결하기 위해 지역 특화 물류 네트워크를 구축하고, 드론 배송이나 자동화된 물류 시스템을 도입하는 등 혁신적인 방법이 필요하다. 지방소멸 문제는 물류 서비스 제공을 넘어, 지역사회의 균형발전과 경제 활성화를 위한 포괄적인 접근이 요구된다.

고령화 사회에서 물류기업은 지속가능한 발전을 도모해야 한다.

이는 경제적, 사회적, 환경적 측면에서 균형 잡힌 접근을 통해 이루어질 수 있다. 자동화와 디지털화를 통해 운영 효율성을 높이고, 재생 가능한 에너지 사용을 확대하며, 지역사회와의 협력을 강화하는 등 다양한 전략이 필요하다. 지속가능한 발전은 물류기업이 장기적인 성장을 이루고, 사회적 책임을 다하는 데 필수적이다.

고령화 사회는 물류업계에 많은 도전과 기회를 제공하고 있다.

노동인력 부족, 고령자 맞춤형 서비스의 필요성, 헬스케어 혁신, 맞춤형 물류 서비스 제공, 지방소멸과 고령화 지역의 물류 접근성, 지속가능한 발전 등 다양한 이슈들이 물류업계에 영향을 미치고 있다.

저출산 현상은 우리 생활과 산업에 깊은 영향을 미친다

한 가구당 자녀 수가 줄어들면서 부모들은 자녀 한 명에게 더 많은 시간과 자원을 투자할 수 있다. 이는 자녀 교육, 건강 관리, 취미 활동 등에서 긍정적인 영향을 미칠 수 있다. 그러나 한편으로는 자녀가 없는 혹은 적은 가족 구조로 인해 고독감과 사회적 고립감이 증가할 수 있다. 특히 노인 인구의 비율이 증가함에 따라 노인 부양 부담이 가중된다. 노부모를 돌봐야 하는 중장년층의 부담이 커지고, 이로 인한 경제적, 심리적 압박이 증가할 수 있다. 사회적으로는 출산율 저하로 인한 젊은 세대의 인구

감소가 활발한 사회 활동과 커뮤니티 형성을 저해할 수 있다. 또한, 인구 감소는 교육기관과 어린이 관련 서비스의 수요 감소로 이어져 학교 통폐합, 유아원과 어린이집의 축소 등을 야기할 수 있다.

산업 측면에서는 노동 인구 감소로 인해 다양한 문제가 발생한다.

저출산으로 인한 노동력 부족은 생산성 저하와 산업 경쟁력 약화로 이어질 수 있다. 제조업, 건설업, 서비스업 등 노동 집약적인 산업에서는 인력난이 가중될 수 있으며, 이는 제품 생산 비용증가와 품질저하로 이어질 수 있다. 이러한 문제를 해결하기 위해 기업들은 자동화와 로봇 기술 도입을 가속화하고 있지만, 이는 일자리 감소와 같은 부작용을 동반할 수 있다. 또한, 저출산으로 인한 인구감소는 내수 시장의 축소를 불러와 기업들의 매출 감소와 경영 악화를 초래할 수 있다. 특히 소매업, 외식업, 교육 서비스업 등 소비자 직접 연관산업에서는 수요 감소로 인한 심각한 타격이 예상된다. 이와 더불어, 인재 유출 문제도 발생할 수 있다. 젊은 인재들이 해외로 진출하면서 국내 산업의 혁신과 연구개발이 둔화될 가능성이 크다. 이로 인해 국가 경쟁력이 약화될 수 있으며, 장기적으로는 경제 성장률의 둔화를 초래할 수 있다.

물류 측면에서는 인력부족과 지역 간 불균형이 큰 문제로 대두된다.

저출산으로 인한 노동 인구감소는 물류산업의 인력난을 심화시키며, 이는 운영비용 증가와 서비스 질 저하로 이어질 수 있다. 특히 지방소멸 현상과 맞물려 물류 네트워크의 효율성이 떨어질 수 있다. 인구가 감소하는 지역에서는 물류 인프라가 부족해져 배송 서비스의 접근성이 낮아지고, 이는 고객 만족도 저하로 이어질 수 있다. 또한, 도심으로 인구가 집중되면서 도시 내 물류 부담이 가중된다. 이는 교통 혼잡과 환경 오염 문제를 야기하며, 도심지역의 물류비용 증가로 이어질 수 있다. 물류산업의 디지털화와 자동화가 필요하나, 초기 도입 비용이 높아 중소물류기업에게는 큰 부담이 될 수 있다. 또한, 인구구조의 변화로 인해 배송 수요가 달라지면서 물류 경로와 전략을 재설정해야 하는 추가적인 문제가 발생할 수 있다. 예를 들어, 고령화 지역에서는 의료용품과 같은 특수한 물류 수요가 증가할 수 있으며, 이에 대한 대응이 필요하다.

저출산은 생활, 산업, 물류 측면에서 다양한 긍정적, 부정적 영향을 미친다.

생활 측면에서는 개인에게 더 많은 자원을 투자할 수 있는 기회를 제공하지만, 사회적 고립과 부양 부담이 증가할 수 있다. 산업 측면에서는 노동력 부족과 내수 시장 축소로 인한 경제적 어려움이 발생할 수 있으며, 이를 해결하기 위해 기술 혁신이 필요하다. 물류 측면에서는 인력난과 지역 간 물류 불균형이 심화될 수 있으며, 이는 물류 서비스의 질 저하와 비용 증가로 이어질 수 있다. 저출산 문제를 해결하기 위해서는 국가차원의 정책적 지원과 기업, 지역사회의 협력이 필요하다. 젊은 인구 유입 정책, 기술 혁신, 사회적 안전망 강화 등을 통해 저출산의 부정적 영향을 최소화하고, 지속가능한 발전을 도모해야 한다. 이를 통해 저출산 문제를 극복하고, 미래 사회의 안정적 기반을 마련할 수 있을 것이다.

인구감소가 생활과 산업, 물류에 미치는 영향

인구감소는 현대사회가 직면한 중요한 문제로, 생활, 산업, 물류 전반에 걸쳐 심대한 영향을 미치고 있다. 이러한 변화는 긍정적 측면과 부정적 측면을 동시에 포함하고 있어, 다양한 전략적 대응이 필요하다.

인구감소의 가장 직접적인 영향은 지역사회의 축소와 커뮤니티의 붕괴이다.

인구가 줄어들면서 학교, 병원, 공공시설 등의 서비스가 축소되거나 폐쇄될 수 있다. 이는 특히 고령자와 같이 이동이 어려운 사람들에게 큰 불편을 초래한다. 또한, 인구감소로 인한 경제적 침체는 일자리 감소와 소득 감소로 이어져 생활의 질이 전반적으로 떨어질 수 있다. 특히 젊은 층이 도시로 이동하면서 지방의 고령화가 심화되고, 이에 따라 사회적 고립감이 커질 수 있다. 반면, 인구 밀도가 낮아지면서 환경 보전이 용이해지고, 주거환경이 쾌적해지는 등의 긍정적인 측면도 존재한다.

산업 측면에서는 노동력 감소가 가장 큰 문제로 대두된다.

인구감소는 자연스럽게 노동 인구의 감소로 이어지며, 이는 생산성 저하와 산업 경쟁력 약화로 이어질 수 있다. 많은 기업이 인력부족을 겪으며, 이를 해결하기 위해 자동화와 로봇 기술도입에 의존하게 된다. 그러나 이러한 기술도입에는 상당한 초기비용이 들며, 중소기업에는 큰 부담이 될 수 있다. 또한, 인구감소로 인한 내수시장 축소는 기업의 매출감소와 경영악화로 이어질 수 있다. 특히, 지역경제에 의존하는 중소기업과 자영업자들이 큰 타격을 받을 수 있다. 반면, 산업구조 조정과 혁신을 통해 새로운 성장 동력을 찾는 기회로 삼을 수도 있다.

물류 측면에서는 수요변화와 인프라 유지의 어려움이 주요 문제로 나타난다.
인구가 줄어들면 물류수요도 감소하게 되며, 이는 물류비용 증가와 서비스 질 저하로 이어질 수 있다. 특히 지방의 인구감소는 물류 네트워크의 효율성을 떨어뜨리며, 소규모 지역에서는 배송 서비스가 어려워질 수 있다. 이로 인해 고령자와 같은 취약계층이 필요한 물품을 적시에 공급받지 못하는 문제가 발생할 수 있다. 반면, 물류산업의 디지털화와 자동화를 통해 효율성을 극대화하고, 새로운 물류 모델을 도입하는 기회로 삼을 수도 있다. 예를 들어, 드론배송이나 무인차량을 활용한 스마트물류 시스템 도입은 물류 비용절감과 서비스 개선에 기여할 수 있다.

인구감소는 생활, 산업, 물류 측면에서 다양한 영향을 미치며, 이는 긍정적 측면과 부정적 측면을 동시에 내포하고 있다. 생활 측면에서는 지역사회의 축소와 공공 서비스의 감소가 문제로 대두되지만, 주거환경 개선과 자연환경 보전의 기회도 있다. 산업 측면에서는 노동력 감소와 내수시장 축소로 인한 어려움이 예상되나, 자동화와 혁신을 통해 새로운 성장동력을 모색할 수 있다. 물류 측면에서는 수요감소와 인프라 유지의 어려움이 있지만, 디지털화와 자동화를 통해 효율성을 높일 수 있다. 이러한 인구변화를 극복하기 위해서는 정부, 기업, 지역사회가 협력하여 종합적이고 실질적인 해결책을 마련해야 할 것이다.

2
저출산, 고령화와 인구 감소

저출산으로 다양한 사회적 파장이 예상된다

경기 동향, 주가 추이, 문화 담론의 변화 등 미래를 판단하는 다양한 프레임이 존재한다. 어느 것이 더 나은지에 대해선 의견이 분분할 수 있지만, 가장 정확하게 예측할 수 있는 도구로 인구를 꼽는 데에는 큰 이견이 없다. 이민 등 해외 인구 이동이 극심하지 않은 한, 10~20년 정도의 미래를 예측하는 데 인구만큼 정확한 지표는 없다. 이는 인구변화가 앞으로 태어날 사람과 사망할 사람의 수에 의해 결정되기 때문이다.

출산 가능한 여성의 수와 사망할 고령자의 수를 통해 미래 인구변화를 예측할 수 있는데, 이는 비교적 정확한 예측을 가능하게 한다. 물론 출산과 사망의 수준은 사회적, 경제적, 문화적 요소에 따라 달라질 수 있지만, 그 영향력은 크지 않다. 만약 출산율과 사망률이 일정하다면 인구는 미래를 예측하는 변수가 아니라 고정된 상수에 가깝다. 그러나 인구가 급격히 변동할 경우, 이는 사회 구조에 큰 압력을 가하게 되며, 우리는 그 압력을 최소화할 방법을 모색해야 한다.

[표1-3] 인구증가세 변화

년도	한국 인구 증가세 변화		세계 인구 증가세 변화	
	인구(백만명)	증가율(%)	인구(억명)	증가율(%)
1950	20.2	–	25.3	–
1960	24.9	23.3	30.4	20.2
1970	31.4	26.1	37.0	21.7
1980	37.4	19.1	44.5	20.3
1990	42.7	14.2	52.6	18.2
2000	47.9	12.2	60.8	15.6
2010	50.0	4.4	68.9	13.3
2020	51.8	3.6	78.0	13.2
2023	51.2	−1.2	80.8	3.6

출처 : 통계청(https://kostat.go.kr), 유엔(https://ko.wikipedia.org)

한국은 지난 40년간 출산율이 지속적으로 감소해왔고, 사망률도 감소하면서 평균 수명이 늘어났다. 그 결과, 인구의 연령 구조가 현재의 다이아몬드 형태에서 곧 역삼각형으로 변할 것으로 예상된다. 이러한 변화에 사회 구조가 빠르게 적응하지 못하면 다양한 사회 문제가 발생할 것이다.

인구변화가 클 때 기존의 판단 기준은 제대로 기능하지 못한다. 따라서 우리는 인구변화의 속도와 방향을 판단하고, 그에 맞는 사회 구조의 변화를 예측해 미래를 준비해야 한다. 특히 현재 한국은 극심한 인구 변동을 겪고 있다. 과거 베이비붐 세대는 매년 90만~100만 명씩 태어났지만, 이제는 연간 출생아 수가 23만 명 수준으로 떨어졌다.[05] 저출산 문제를 해결하려는 노력에도 불구하고 상황은 더욱 악화되고 있다.

인구변화는 이미 부동산, 가족 관계 등 여러 측면에서 변화를 일으키고 있다. 대형 아파트 수요는 줄어들고, 소형 아파트에 대한 수요가 늘어날 것으로 예상되지만, 이는 단순한 산술적 예측에 불과하다. 인구가 감소함에 따라 노동력 부족, 학교와 교사의 과잉, 대학의 구조적 변화 등 다양한 사회적 파장이 예상된다.

인구학의 관점에서 보면 이러한 미래는 어느 정도 정해져 있다. 따라서 인구 변동을 통해 미래 사회를 예측하고, 그에 맞춰 자신의 삶을 준비하는 것이 중요하다. 특히 초저출산 세대가 사회에 본격적으로 진출하게 될 10년 후의 미래는 지금과는 매우 다른 모습일 것이다. 인구변화가 가져올 사회 변화를 예측함으로써, 우리는 현재가 아닌 미래를 기준으로 더 나은 준비를 할 수 있다.

결국, 인구학적 사고는 우리가 미래의 리스크를 줄이고, 생존 전략뿐만 아니라 성공 전략을 세우는 데 도움을 줄 수 있다. 이는 개인의 미래를 정해진 것이 아닌, 긍정적인 방향으로 만들어 나갈 수 있다는 점에서 중요한 역할을 한다.[06]

---

05 2023년 합계출산율이 0.72명으로 또 한번 역대 최저치를 갈아치웠다. 출생아 수도 처음으로 23만명대로 떨어졌다. 이 추세라면 올해 연간 합계출산율은 0.6명대로 내려앉을 전망인데, 통계청은 올해 합계출산율을 0.68명으로 예상했다. 특히 지난 4분기 합계출산율(0.65명)은 분기 기준 사상 처음으로 0.6명대를 기록했다.
통계청이 발표한 '2023년 인구동향조사 출생·사망통계'를 보면, 합계출산율은 0.72명으로 2022년(0.78명)보다 0.06명 줄었다. 합계출산율은 여성 1명이 평생 낳을 것으로 예상하는 평균 출생아 수를 뜻한다.
06 조영태, 「정해진 미래」, 북스톤(2016.9)

한국사회도 이제 고령화 문제를 피할 수 없게 되었다

'장수사회', '고령대국', '백세시대' 같은 용어들이 자연스럽게 사용되고 있으며, 사회 곳곳에서 고령화의 흔적을 확인할 수 있다. 거리에 걸린 간판부터 사람들이 주로 방문하는 곳까지, 사회의 무게중심이 청년층에서 고령층으로 이동하고 있음을 보여준다. 유치원보다는 휴양병원이, 결혼식보다는 장례식이, 산부인과보다는 정형외과와 치과가 더 자주 보이는 현실이 이를 뒷받침한다. 이러한 변화로 인해 한국은 이제 '늙어가는 국가'라는 평가를 피할 수 없게 되었다.[07]

한국사회에서 '늙음'은 대체로 부정적으로 여겨진다. 이는 수명 연장이 축복보다는 재앙으로 여겨지는 사회적 경험에서 비롯된다. 근로소득의 단절로 인해 생기는 노후 불안을 완화할 사회적 안전망이나 개인적인 준비가 충분하지 않기 때문이다. 많은 사람들이 노후를 대비하지 못한 채로 은퇴를 맞이하며, 그로 인해 빈곤, 질병, 고립 등의 문제에 직면하게 된다. 이러한 문제를 예방하기 위해서는 미리 준비해야 하지만, 많은 이들이 준비 부족으로 어려움을 겪는다.[08]

---

07 UN에서 정한 기준으로 볼 때 '노인'이란 65세 이상을 말하는데 전체 인구 중 65세 이상의 인구가 차지하는 비율에 따라 고령화사회(aging society), 고령사회(aged society), 초고령사회(super-aged society)로 구분한다.

08 전영수, 「피파세대 소비 심리를 읽는 힘」, 라의눈(2016.9)
피파세대(PIPA: Poor, Isolated, Painful Aged)에 반대되는 시니어 세대는 경제적 여유, 사회적 연결, 그리고 건강한 삶을 영위하는 고령자들을 지칭하는 용어로 설명할 수 있다. 이들은 다음과 같은 특성을 가지고 있다.
－액티브 시니어(Active Senior): 은퇴 후에도 활발하게 사회활동에 참여하거나 여가를 즐기는 고령자들을 의미한다. 경제적으로 안정되고, 신체적, 정신적으로 건강하며, 다양한 사회적 활동을 즐긴다.
－웰에이징 세대(Well-Aging Generation): 웰에이징은 '잘 나이 들기'를 의미하며, 건강관리

[표1-4] 세계인구고령화

	고령화사회	고령사회	초고령사회
전체 인구 중 65세 이상 고령 인구 비율	7% 이상 14% 미만	14% 이상 20% 미만	20% 이상

출처 : UN 세계인구고령화 1950~2050 보고서. 1950.

    고령화 사회로의 변화는 의료 및 돌봄 비용의 증가를 불러온다. 한국의 경우, 65세 이상의 고령자가 지출하는 의료비용이 계속해서 증가하고 있으며, 돌봄 인력에 대한 수요와 그에 따른 비용 부담도 늘어날 것으로 예상된다. 또한, 베이비붐 세대가 고령층에 진입하면서 건강 관리 산업의 주요 수요층으로 부상하고 있다. 이들은 바이오기술이 적용된 의료 제품이나 서비스, 재생의학 등에 대한 높은 수요를 보이며, 전체 소비 구조를 주도하고 있다.[09]

와 적극적인 삶을 통해 나이를 긍정적으로 받아들이고 삶의 질을 유지하는 시니어들이다. 이들은 건강한 생활습관을 지키고, 적극적으로 자기 관리와 사회 활동에 참여하는 특징이 있다.

    ─골든 시니어(Golden Senior): '황금세대'라는 의미로, 경제적 여유와 높은 소비력을 지닌 고령층을 말한다. 이들은 은퇴 후에도 다양한 문화, 여가 활동에 참여하고, 소비 성향이 강하며, 새로운 기술을 배우고 활용하는 데도 적극적이다.

    ─실버 서퍼(Silver Surfer): 주로 인터넷과 디지털 기기를 능숙하게 사용하는 고령자를 지칭하는 용어다. 이들은 기술에 익숙하며, 소셜 미디어와 온라인 활동을 통해 사회와 활발히 연결되어 있다.

09   김영기 외, 「초고령사회 산업의 변화」, 브레인플랫폼(2024.4)

[표1-5] 고령사회로의 변화와 영향

항목	설명
① 인구 고령화에 따른 건강·돌봄 비용의 증가	우리나라 65세 이상 고령자의 의료 비용 지출은 2019년 35조8천억 원(전체 41.4%)에서 2022년에 44조1천억원(전체 43.1%)으로 증가하였음. 2030년에 1조3천억 원으로 연평균 10% 가까운 증가율을 보일 것으로 예측됨. 고령사의 증가로 인해 돌봄 수요가 지속적으로 증가할 것으로 예상되며, 특히 유병 고령자의 수가 증가할 경우 돌봄 인력에 대한 수요와 비용 부담이 증가할 것으로 예상됨.
② 베이비붐 세대의 고령층 진입과 시장성장	미국의 베이비붐 세대는 의약 및 건강 관리 산업의 주요 수요층으로 부상되었으며, 고령층 소비가 전체의 30%를 차지하고 있음. 바이오 기술이 적용된 의료 제품이나 서비스, 재생의학 등 의료 건강 관리와 관련된 첨단 제품 및 서비스에 대한 수요가 매우 높음. 우리나라 베이비붐 세대는 인구 구성비가 지속적으로 증가한 연령집단으로 전체 소비구조를 주도하고 있으며, 은퇴 후에도 개인소득, 연금 및 공적보험 등의 소득을 합산했을 때 구매력 수준이 이전 고령층보다 전반적으로 훨씬 높아졌음.

하지만 고령 구는 단순한 부담이 아니라, 사회발전에 기여할 수 있는 중요한 자원으로 볼 수 있다. 이들은 오랜 삶을 통해 축적한 풍부한 경험과 지식을 보유하고 있으며, 사회 참여와 자원봉사를 통해 공동체를 활성화할 수 있다. 고령층의 소비 트렌드 변화는 새로운 사업기회를 창출할 수 있으며, 건강관리, 여행, 문화생활 등에 대한 소비증가가 그 예이다. 또한, 고령화 사회에 맞춘 기술개발이 활발히 이루어지고 있으며, 이러한 기술들은 고령층의 삶의 질을 향상시키고 사회참여를 확대하는 데 기여할 수 있다. 이렇듯 고령화는 도전이자 동시에 기회로 작용할 수 있다. 사회 전반에서 이 변화에 맞춰 준비하고 대응하는 것이 중요하다.

[표 1-6] 고령 인구의 잠재력: 사회 자원으로서 가치

항목	설명
① 풍부한 경험과 지식	고령 인구는 축적된 경험과 지식을 통해 사회 발전에 기여할 수 있음.
② 사회참여와 자원봉사	고령 인구는 다양한 분야에서 자원 봉사와 사회 참여를 통해 사회에 기여할 수 있음.
③ 소비시장의 변화	고령층의 소비 트렌드 변화는 새로운 사업 기회를 창출할 수 있음.
④ 혁신적인 기술개발	고령층의 삶의 질 향상을 위한 혁신적인 기술 개발이 증가하고 있음.

물류기업의 역할 : 시니어 맞춤형 서비스와 일자리 창출

물류기업은 고령화 사회에서 중요한 역할을 담당할 수 있다. 특히 피파 세대를 위해서는 고령자 맞춤형 서비스를 제공하는 것이 필요하다. 고령 소비자들은 신속성보다 안전하고 신뢰할 수 있는 배송 서비스를 선호하기 때문에, 물류기업은 이러한 요구에 맞춰 특별한 포장과 배송 방식을 도입해야 한다. 또한, 물품을 안전하게 배송하고 필요할 경우 설치와 조립까지 지원하는 등 세심한 서비스를 통해 고령자들의 불편을 줄일 수 있다.

액티브 시니어에게는 새로운 일자리 기회를 제공하는 것이 중요하다. 물류기업은 고객 상담, 경로 관리, 교육 등의 분야에서 시니어들이 일할 수 있는 기회를 확대해야 한다. 이는 시니어들에게 경제적 혜택을 제공할 뿐 아니라, 이들이 사회적으로 활발하게 활동할 수 있는 기회를 마련해준다. 또한, 물류기업은 지속 가능한 물류 전략을 수립하여 환경 보호와 사회적 책임을 다함으로서, 시니어 세대에게 긍정적인 이미지를 심어

줄 수 있다. 친환경 배송 솔루션과 재활용 가능한 포장재 사용 등은 고령 소비자들의 신뢰를 높이는 중요한 요소다.[10]

고령화와 노동인구의 감소

고령화와 노동시장 변화는 인구감소의 대표적인 부정적 영향으로 경제 성장률의 하락을 불러일으킨다. 한국은 1970년부터 2011년까지 40년 동안 평균 7.2%의 실질 성장률을 기록하며 고성장을 이루었다. 이 시기의 성장은 주로 양질의 인적자원과 국가주도의 성장 전략 덕분이었다. 비록 이러한 전략이 재벌, 도시, 고용 등에서 양극화를 초래하기도 했지만, 개발경제의 고도성장을 이끌었다는 사실은 부인할 수 없다.

　특히 인구의 꾸준한 증가와 젊은 인적자본의 역할이 성장의 중요한 원동력이 되었다. 이와 관련된 인구학적 개념으로 '인구 보너스(Population Bonus)가 있다. 높은 출생률이 젊은 인구구조로 이어지고, 이는 노동력 인구의 증가와 경제 성장에 기여하는 선순환을 만들어낸다. 또한, 젊은 인구구조는 저축률 향상과 자본축적을 통해 경제성장에 기여할 수 있었다. 이러한 인구 보너스의 효과는 대략 20~40년간 지속되며, 한국도 이와 정확히 일치한다.

10　이상근, "피파세대와 액티브 시니어: 고령사회의 두 얼굴", 아웃소싱타임스(2024.9.23.)

[그림1-5] 한국의 고령화 진행상황[11]

그러나 고도성장이 끝난 후, 인구 보너스는 정반대의 외부충격으로 다가온다. 출생률이 감소하고 고령화가 진행되면서 부양해야 할 인구가 증가하고, 이는 사회보장제도에 부담을 주며 저축률을 저하시키게 된다. 이러한 상황을 '인구 오너스(Population Onus)"라고 부르는데, 인구가 경제성장의 발목을 잡는 양상을 의미한다.[12] 경제성장이 둔화되고 출산율 감소와 노동력 부족이 심화되는 가운데, 수명연장과 고령화로 인해 부양부담은 더욱 커지며 성장의 지체를 초래한다. 특히 앞으로는 고용 없는 성장 모델이 고착화되면서 인적자본의 질적, 양적 한계가 드러나게 될 것이다. 이로 인해 실업률이 높아지고 생산성은 하락하게 된다.

이러한 상황 속에서 한국은 앞으로 해결해야 할 과제가 많다. 다행히도 일본이라는 선행 사례가 있어, 그들의 경험에서 배울 수 있다. 한국과 일본은 많은 차이점이 있지만, 두 나라만큼 서로 닮은 국가도 드물다. 비판할 부분이 있다 해도, 배울 것은 배워야 한다.

---

11   김영기 외, 「초고령사회 산업의 변화」, 브레임플랫폼(2024.4)

12   "저출산 '인구 오너스' 효과 현실로", 매일경제(2012.8.6.)

특히 한국이 미래시장을 노린다면, 시니어 시장에서 일본의 경험을 분석하는 것이 필수적이다. 일본은 고성장 시대에서 저성장 시대로 전환하는 과정에서 다양한 도전에 직면했고, 이는 현재의 한국이 겪고 있는 상황과 유사하다. 한국도 이 거대한 인구집단이 있는 소비시장을 놓쳐서는 안 된다. 하지만 이 시장은 매우 어렵고 복잡하며, 쉽게 얻을 수 있는 시장이 아니다.

특히 한국의 상황은 일본보다 더 나쁘다. 한국의 고령인구는 생활환경이 열악한 편이다. 여러 가지 문제들, 예를 들어 경제적 어려움, 소득 단절, 사회적 고립, 심신의 피로 등이 고령 인구의 삶의 질을 악화시키고 있다. 많은 고령자들이 이 다양한 악재 속에서 어려운 생활을 하고 있는 'PIPA(Poor, Isolated and Painful Aged; 가난하고, 고립되고, 고통받는 세대)' 이다.[13]

노령화는 필연적으로 다양한 주체의 도움을 필요로 하게 되는 변화이다. 이러한 도움을 종래 유교 사회에서는 가족이 담당했으나 현대의 핵가족 구조에서는 그럴 수 있는 여력이 없다. 부부가 둘 다 일을 하며 자녀 키우기에도 벅찬 것이 현실이다.

다행인 점은 거주 및 식생활, 이동, 쇼핑, 건강, 엔터테인먼트 등을 도와줄 수 있는 기술들이 급속히 발달하여 노후의 삶을 도와줄 수 있게 될 것으로 보인다. 이러한 기술들과 노령화가 만나 새로운 제품과 서비스 개발의 기회가 될 것이다. 특히 우리나라에는 이러한 기회들이 새로운 성장의 동력이 될 수 있어 현재 우리 경제 전반의 문제를 많이 해결해 줄수 있다. 또한 이러한 기술의 도움으로 노령화되어 가는 인력 시장에서

---

13 전영수, 「피파세대 소비 심리를 읽는 힘」, 라의눈(2016.9)

생산성을 떨어트리지 않고 노인들도 일을 계속할 수 있다면 인구가 감소하더라도 노동력은 크게 줄어들지 않을 것으로 예견된다.[14]

노동인력 감소가 미칠 영향

저출산·고령화 사회는 전 세계적으로 많은 국가들이 직면하고 있는 도전 과제 중 하나이다. 인구의 평균 연령이 높아짐에 따라 노동 시장에서 중요한 변화를 초래하고 있으며, 특히 물류업계는 이러한 변화의 직접적인 영향을 받고 있다. 저출산·고령화로 인한 노동 인력 부족 문제는 산업전반에 중요한 영향을 미치고 있다.

[그림 1-6]은 대한민국 인구구조를 연령대별로 나타낸 그래프이다. 그래프는 크게 세 구간으로 나뉘어 있으며, 각각 유소년, 생산연령, 고령인구를 나타낸다.[15]

먼저, 0세부터 14세까지의 유소년 인구는 약 388만 명으로 나타나 있으며, 그래프의 왼쪽 끝부분에 해당한다. 이 구간은 비교적 낮은 인구수를 보이고 있다. 그다음으로, 15세부터 64세까지의 생산연령 인구는 약 2,903만 명으로 그래프의 중간 부분에 해당한다. 이 구간에서는 인구수가 가장 많고, 그래프가 높은 고점을 이루고 있다. 생산연령 인구 중에서도 1955년에서 1963년 사이에 태어난 베이비붐 세대가 두드러지며, 이들의 인구는 약 556만 명이다. 마지막으로, 65세 이상의 고령 인구는 약

---

14 이의훈, 「에이징 비즈니스」, 창명(2019.2)
15 통계청, "장래인구추계(2022~2072년)", 2023.12.14

1,715만 명으로 그래프의 오른쪽 끝부분에 해당한다. 고령 인구는 그래프에서 가파르게 증가하는 모습을 보이며, 이후 완만하게 줄어드는 추세를 나타낸다.

전체적으로 이 그래프는 한국 사회의 고령화와 인구구조의 변화를 잘 보여주고 있으며, 유소년 인구는 적고, 생산연령 인구가 상대적으로 많지만 점차 줄어드는 추세를 나타낸다. 반면, 고령 인구는 계속해서 증가하고 있어, 인구 고령화 문제의 심각성을 시사하고 있다.

[그림1-6] 주요 연령별 인구와 베이비붐 세대(1955-1963년생), 2022, 2040년(중위)

2022년

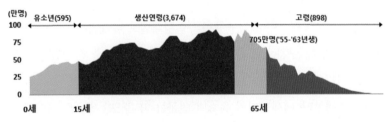

2040년

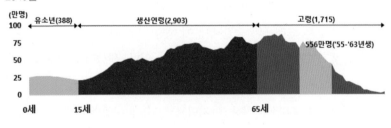

노동인력 감소의 원인

노동인력 감소의 원인은 은퇴증가, 젊은 인력 공급감소과 노동시장의 경쟁 등 다양한 요소들이 원인이 되고 있다.

노동 인력 감소의 첫째 원인은 은퇴 증가다

고령화로 인해 많은 노동자들이 은퇴를 맞이하고 있다. 특히, 물류업계는 육체적으로 요구되는 작업이 많아 노동자들이 더 빨리 은퇴하는 경향이 있다. 이는 물류업계에서의 인력 부족 문제를 더욱 심화시키는 요인으로 작용한다.

둘째 원인은 젊은 인력의 공급 감소다

출산율 저하와 같은 인구구조의 변화로 인해 노동 시장에 새로 진입하는 젊은 인력의 수가 감소하고 있다. 이는 물류업계의 신규 인력 채용에 어려움을 초래한다. 젊은 인력의 공급이 줄어들면서, 물류업계는 필요한 인력을 충원하는 데 점점 더 큰 어려움을 겪고 있다.

셋째 원인은 노동 시장의 경쟁이다

물류업계는 제조업, 서비스업 등 다른 산업들과 경쟁하여 인력을 확보해야 한다. 특히 기술적으로 고도화된 산업들이 인재를 끌어들이면서, 물류업계는 인력 확보에 더욱 어려움을 겪고 있다. 기술 산업이나 서비스업 분야는 더 높은 임금과 좋은 근무 조건을 제공할 수 있어, 젊은 인재들이 이러한 산업으로 유입되는 경향이 강하다. 이로 인해 물류업계는 인력 확보 경쟁에서 불리한 위치에 놓이게 된다.

이와 같이 은퇴 증가, 젊은 인력의 공급 감소, 노동 시장의 경쟁 등 다양한 요인들이 복합적으로 작용하여 노동 인력 감소 문제를 초래하고 있다.

노동인력 감소의 영향

2020년까지만 해도 OECD 회원국 가운데 생산연령인구 비중이 가장 높았던 한국이 2070년이면 생산연령인구 비중이 OECD 회원국 가운데 가장 낮아질 것이란 전망이다. '저출산 · 고령화 → 인구 감소 → 노동력 부족 → 성장률 하락'은 이미 한국 사회의 화두가 된 지 오래다. 그래서 지금 속도로 생산연령인구가 줄어들면 생산연령인구 감소로 인한 경제 충격도 예상보다 더 빨리 더 강하게 나타날 가능성이 크다. 생산연령인구의 감소는 일할 사람이 부족함을 의미하는데, 앞으로 인적자원 부족으로 노동력이 절대적으로 부족해질 전망이다.

문제는 지금 태어난 아이가 생산연령인구로 자라는 데 20여 년이 걸리는 만큼 생산연령인구 감소에 따른 피해 복구에 매우 오랜 시간이 필요하다는 점이다. 물론, 여성의 경제활동 참여가 늘어남으로써 부족한 노동력을 보충해 줄 수 있고, 기계화와 자동화를 통해 노동력을 대체하는 현상도 생겨날 수 있다. 하지만 인적자원의 급격한 감소로 노동력이 절대적으로 부족해지면 산업에 악영향을 미쳐서 국가경제에 큰 타격을 줄 전망이다. 노동인력 감소는 경제 전반에 걸쳐 여러 가지 심각한 영향을 미칠 것으로 예상된다.

첫째, 산업분화와 디지털 전환 상황에서, 인력부족과 인력확보 전쟁이 확산된다

2020년을 기준으로 2040년에는 총인구가 3.4% 줄어들지만, 생산연령 인구는 22.3% 줄어들 것으로 예상한다. 그리고 2060년에는 총인구가 18.4% 줄어들고, 생산연령인구는 44.6% 줄어들 것으로 추정한다. 이처럼 이전에 경험하지 못한 엄청난 규모의 인구감소는 기업에만 국한된 문제가 아니다. 인적자원은 기업의 자산이면서 산업과 국가의 자산이기 때문이다. 아무튼, 인력확보 문제가 대기업보다 훨씬 더 심각해질 중소기업에서는 이직자의 증가, 대기업으로의 인재유출, 인건비 부담으로 인한 비용증가 등 인력과 관련된 심각한 문제를 계속 겪게 될 것이다. 이러한 기업에서의 인력확보 문제는 산업 전반으로 확산하게 되고, 이는 국가 경제에 악영향을 미치게 된다. 특히, IT와 데이터 분야 등 특정 산업이나 반도체와 바이오산업 같은 국가전략산업을 중심으로 인력 수급이 편중됨으로써, 미래 성장 동력이 약한 산업은 인력 부족으로 더욱 큰 어려움을 겪게될 것이다.

한편, 조선업 같은 한국인이 기피하는 업종에는 지금도 이주 노동자가 아니면 현장직 채용이 불가능할 정도로 이주 노동자가 대다수를 차지하는 실정이다. 그래서 앞으로는 외국인 노동자가 없으면 폐업을 각오해야 하는 현실이 되고 있다. 물론, 이주 노동자를 고용해 기피 산업이나 중소기업을 경영하는 것도 중요하지만 이는 기본적으로 현상 유지를 위한 것일 따름이다.[16]

---

16 헤인 데 하스, 「이주, 국가를 선택하는 사람들」, 세종서적(2024)
"이입으로 노령화 문제를 해결할 수 있다는 생각은 착각이다. 그러려면 비현실적일 만큼 높은 수준의 이입이 필요하고, 이주자들도 나이를 먹기 때문이다. 결국 경제 성장과 맞물린 인구 노령화에 따라 노동력 부족이 지속되거나 더 증가할 가능성이 크다."

흔히 말하는 미래가 있는 산업 중심으로 기존 산업구조를 개편하려면 새로운 인재로 기업을 채울 수 있어야 하는데, 급감하고 있는 생산연령인구 때문에 이는 매우 어려워질 것이다. 이처럼 일부 산업에 국한되어 온 인력부족 현상이 생산연령인구 급감으로 다수의 산업군으로 확산하면 산업시스템이 제대로 작동하기가 어려워질 것이다. 따라서 이제 인력수급은 더는 개별기업의 문제가 아닌 산업의 문제이자 국가의 문제이다. 인력수급 문제는 기업의 생존과 미래가 걸려 있고, 산업 경쟁력과 국가 경쟁력도 이 문제에 달려 있다.

둘째, 노동력의 감소는 생산성 저하로 이어질 수 있다

노동인구가 줄어들면 기업들은 필요한 인력을 확보하기 어려워지며, 이는 생산활동의 둔화를 초래할 수 있다. 특히, 기술력이나 숙련된 인력을 필요로 하는 산업에서 이러한 현상이 두드러질 가능성이 높다.

2023년에 44.5세에 달한 한국의 평균연령은 2060년에는 심각한 고령화로 56.7세에 이를 전망이다. 또한 2023년 기준으로 46.8세로 추산되는 취업자 평균연령도 2035년에 50세를 넘어서고 2050년에는 53.7세에 이르러, 앞으로 취업자 평균연령이 갈수록 높아질 것으로 예측한다. 이처럼 고령층의 경제활동 참가율이 빠르게 높아지고 출산율 저조 현상이 날로 심각해지는 점을 고려하면, 취업자 고령화 속도는 예측치보다 더 빨라질 수 있다.

게다가, 청년층이 기피하는 업종과 산업군을 중심으로 신규채용이 어려워 기업은 나이 많은 경력자로 인력을 충원하고 있어서, 취업자 평균연령은 계속 높아질 수밖에 없다. 결국, 생산연령인구가 줄어든 결과로 신규 고용인력이 부족해져서 생산인력이 고령화하는 것이다. 그런데, 이와 같이 고령자를 고용해서는 기업의 존립 기반 자체가 흔들릴 수밖에 없다. 따라서 취업자 평균연령의 증가는 산업 부문에서 심각한 문제이면서 한국 전체의 문제이기도 하다.

셋째, 노동인구 감소는 경제 성장률 저하를 유발할 수 있다

경제 성장은 노동력, 자본, 기술의 조합에 의해 이루어지는데, 노동력이 줄어들면 경제 성장을 유지하기가 어려워진다. 이는 결국 국가 전체의 경제적 역량을 약화시킬 수 있다.

국가 간 경쟁이 치열하고 기술 변화 속도가 빠른 상황에서 젊은 노동력의 공급이 줄면 국가 전체의 생산성 향상에 커다란 지장을 초래하기 때문이다. 즉, 인적 자원의 부족으로 산업의 경쟁력도 떨어지고 생산성도 낮아지면, 이를 통해 국가 경쟁력이 떨어지는 결과가 초래되어 경제 성장률 저하를 유발한다.

넷째, 사회적 부담이 증가할 수 있다

노동인구가 감소하면 고령 인구를 부양해야 하는 부담이 상대적으로 커지게 된다. 이는 연금 제도나 사회복지 시스템에 큰 압박을 가할 수 있으며, 젊은 세대의 세금 부담이 증가할 가능성도 있다. 이러한 부담 증가는 세대 간 갈등을 심화시키고, 사회적 불안을 초래할 수 있다.

마지막으로, 노동시장 구조의 변화가 불가피하다

노동력이 줄어드는 상황에서는 자동화와 인공지능 등의 기술 발전이 노동력을 대체할 가능성이 크다. 이는 새로운 일자리 창출보다는 기존 일자리의 감소를 초래할 수 있으며, 일자리의 질적인 변화도 동반될 것이다. 이러한 변화는 노동시장의 유연성을 요구하며, 노동자들의 재교육과 전직 지원이 중요한 과제로 떠오를 것이다.

3

노동인력 감소와 물류분야 대응[17]

'인구절벽'이란 어느 순간을 기점으로 한 국가나 집단의 인구가 급격히 줄어들어 인구분포가 마치 절벽이 생긴 것처럼 역삼각형 분포가 된다는 것이다. 주로 15~64세의 생산연령인구가 급격히 줄어들고 65세 이상의 고령인구가 급속도로 늘어나는 현상을 말한다. 2020년부터 한국에서는 인적자원이 감소하기 시작했다. 생산연령인구가 2019년 정점을 찍고 2020년대 이후 급격히 줄어들기 시작했고, 앞으로도 생산연령인구가 급격히 줄어드는 추세는 지속할 것으로 예상한다. 이 현상이 생겨난 것은 단기적으로 베이비붐 세대가 65세 이상의 고령 인구로 편입된 영향 때문이며, 장기적으로 저출산의 영향 때문이다. 통계청 자료에 따르면, 2020년 기준 생산연령인구는 3천7백만 명 수준에서 2038년에는 2천900만 명 수준으로, 2070년에는 1천7백만 명 수준으로 떨어질 전망이다.[18]

---

17   이상민, 「저출산 프랑스는 어떻게 극복했나」, 고북이(2024.6)
18   한국고용정보원은 '중장기 인력수급 전망'을 통해 2032년까지 우리 노동시장의 공급(경제활동인구)과 수요(취업자)를 전망했고 향후 지속적인 성장을 위해 추가로 필요한 인력을 전망하고 그 결과를 발표했다.

위험에 처한 운송업

AI와 로봇이 대체할 인지 노동의 대표적인 사례가 물류·운수 일자리다. 무인 배송이 가능한 로봇, 드론, 자율주행 자동차 기술의 발전은 운전과 관련된 일자리를 빠르게 사라지게 할 것이다. 우리나라의 트럭, 택시, 버스 등 운전 관련 일자리는 약 100만 개로 이들 일자리는 차츰 사라질 것이다. 코로나의 위험을 최소화하기 위해 서비스업에도 로봇이 적극적으로 도입될 것이다. 그간 일자리를 감소 문제로 로봇 도입에 부정적이었던 여론은 코로나를 더욱 큰 공포로 여겨, 배달용 로봇, 드론, 자율주행 자동차의 도입에 긍정적으로 전환되고 있다.

주요 전망 결과를 보면 경제활동인구는 2022년부터 2032년까지 31.6만명 증가하나 과거 10년간 증가 폭의 1/10 수준으로 감소될 것으로 전망했다.
경제활동인구는 전망 전기(2022~2027년)에는 증가하나 후기(2027~2032년)인 2028년부터 감소가 예상되고 양적인 축소 뿐 아니라 고령층 비중 확대 등 구성효과로 인해 노동 공급에 제약 여건이 심화될 것으로 예측했다.
동 기간(2022년~2032년) 취업자 수는 30.9만명 증가하겠으며 2027년까지는 증가를 지속하다가 2028년부터는 공급제약의 영향을 받아 감소 전환할 것으로 전망했다.
출처 : 한국고용정보원, 2028년부터 본격적 노동력 감소로 '취업자 감소', 컨슈머타임스 (2024.3.20.) (https://www.cstimes.com)

[표 1-7] 위험에 처한 운송업[19]

직업	전체 직업 수	대체 가중치 범위	위협받는 일자리 숫자 범위
버스 운전사- 대중교통 / 광역버스	168,620	0.60-1.0	101,170-168,620
경량 트럭 운전사 배송 서비스 운전사	826,510	0.20-0.60	165,300-495,910
중량 트럭 운전사 트랙터-트레일러트럭 운전사	1,678,280	0.80-1.0	1,342,620- 1,678,280
버스 운전사- 스쿨버스 / 특수 승객	505,560	0.30-0.40	151,670-202,220
택시 운전사 개인 전속 기사	180,960	0.60-1.0	108,580-180,960
자영업 운전사	364,000	0.90-1.0	328,000-364,000
전체 일자리	3,723,930		2,196,940- 3,089,990

출처 : 미국 노동부, 〈로봇시대 일자리의 미래〉, 제이슨 솅커 재인용

19　제이슨 솅커, 「로봇 시대 일자리의 미래」, 미디어숲(2021.05)
　　　미국 노동통계국은 220〜310만 명의 운송업 종사자들이 자동화의 위협을 받고 있다고 추
　　　산했다. 운송업에 종사하고 있는 사람들은 한마디로 우유 팩과 같은 신세로, 유통기한 만료
　　　일이 다가오고 있으며 그날은 우리 생각보다 이를 수 있다.

3-1
일본의 2024년 물류위기 대응[20]

일본은 2030년 트럭 드라이버 수가 현재에 비해 약 30% 감소할 것으로 예측되고 있다. 현재 상황에서 아무 대책이 없다면, 2030년에는 30% 이상의 화물이 정상으로 운반되지 않을 가능성이 있다고 예측하고 있다. 또한 2024년 4월부터 작업 방식 개혁으로 트럭 운전자의 연간 시간외 노동은 960시간으로 제한된다.

일본 물류시스템협회(JILS)의 보고서 「로지스틱 컨셉 2030(2020년 2월)」[21]에 의하면, 일본은 전자상거래(EC) 이용률의 증가에 따라 택배 취급 개수도 해마다 증가해, 2021년도는 49.5억개로 과거 최고를 갱신했고 앞으로도 더욱 성장을 예측하고 있다.

소량, 다빈도의 택배화물은 배달트럭의 수요를 계속 증가시키고 있다. 하지만, 현재의 상황이 계속된다면 배달수요가 배달능력(배달가능트럭)보다

---

20 이상근, "2024년 일본 물류위기와 우리의 시사점", 아웃소싱타임스(2023.7.3.)을 바탕으로 재작성되었습니다.

21 https://www1.logistics.or.jp/date/concept.html

많아지므로 배달할 수 없는 화물이 증가할 것이다.

[그림 1-7] 일본의 운전자 부족과 2024년 문제

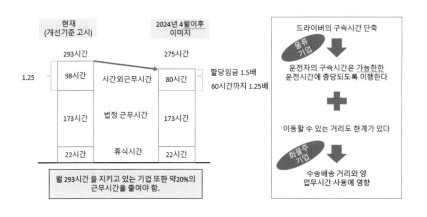

출처 : 船井総合研究所, "2024年の問題"

일본의 배달 수요와 공급은 2015년에는 약 29.2억만 톤으로 밸런스가 잡혀 있었다. 하지만, 2025년에는 수요가 약 31.1억 톤으로 증가하는 반면, 공급은 약 22.6억 톤으로 줄어 약 8.5억 톤이 운송되지 못하는 상황에 이를것이다. 한편, 2030년에는 약 31.7억톤의 수요에 비해 공급은 약 20.3억톤으로 줄어, 36.0%에 해당하는 약 11.4억톤을 운반할 수 없게 될 것이 예측된다.

[그림1-8] 일본 2024년 문제의 해법[22]

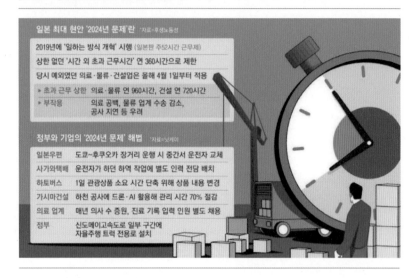

일본 최대 현안 '2024년 문제'란 *자료=후생노동성*

2019년에 '일하는 방식 개혁' 시행 (일본판 주52시간 근무제)

상한 없던 '시간 외 초과 근무시간' 연 360시간으로 제한

당시 예외였던 의료·물류·건설업은 올해 4월 1일부터 적용

▶ 초과 근무 상한 　의료·물류 연 960시간, 건설 연 720시간

▶ 부작용 　　　　　의료 공백, 물류 업계 수송 감소,
　　　　　　　　　 공사 지연 등 우려

정부와 기업의 '2024년 문제' 해법 *자료=닛케이*

일본우편	도쿄~후쿠오카 장거리 운행 시 중간서 운전자 교체
사가와택배	운전자가 하던 하역 작업에 별도 인력 전담 배치
하토버스	1일 관광상품 소요 시간 단축 위해 상품 내용 변경
가시마건설	하천 공사에 드론·AI 활용해 관리 시간 70% 절감
의료 업계	매년 의사 수 증원, 진료 기록 입력 인원 별도 채용
정부	신도메이고속도로 일부 구간에
자율주행 트럭 전용로 설치

일본의 운전자 부족과 2024년 문제는 물류위기를 일으킬 수 있다

수급차이의 주요 이유인 공급감소는 트럭기사 이탈과 신규기사 구인난
이 원인이다. 트럭기사 수는 2015년의 약 76만7천명에 비해 2030년에는
32.3%나 적은 약 51만9천명으로 예측하고 있다. 트럭기사의 수가 줄어
들면 운송할 수 있는 능력(운송량)도 저하된다.

　2015년 영업용 화물자동차의 운송량은 29.2억톤이었지만, 트럭 운전
기사의 감소 경향을 받아 2030년에는 수송할 수 있는 양은 20.3억 톤으
로 감소한다고 추산하고 있다. 드라이버 수의 감소율과 거의 같은 정도
의 약 30% 감소가 예측된다.

22　 "日 '초과근무 제한' 전면 확대 … 의사 모자라고, 물류망 마비 우려", 매일경제(2024.4.1.)

일본 국토교통성 자료에 따르면 화물자동차 운전자의 유효구인배율(2020년 6월)은 1.92로, 전직업의 0.97의 2배가 되고 있다. 즉, 사람이 모이지 않는 직종이라고 할 수 있다. 이것은 노동환경에 기인한다.[23]

전일본트럭협회에 따르면 2021년 연간 근무시간은 대형트럭이 2,544시간, 중소형은 2,484시간이며, 전산업 평균의 2,112시간을 20% 정도 웃돌고 있다. 반면, 동년 연간소득은 대형 트럭의 드라이버는 463만엔, 중소형 트럭 드라이버는 431만엔이며, 전산업 평균의 489만엔을 20% 정도 밑돌고 있다. 다른 직종에 비해 노동시간은 긴데 임금이 싸서 사람이 모이지 않는다.

일본에서는 2024년 문제가 미래의 물류 위기를 일으킬 수 있다고 보고 있다. 일본은 2024년 4월 1일부터 트럭 운전사에 대한 시간외 노동 규제가 강화된다. 이는 업무 방식 개혁의 일환으로 운전자의 장시간 노동을 시정하는 긍정적인 노력이다.

물류의 2024년 문제로 인해 운전자의 연간 시간외 노동은 960시간으로 제한된다. 일본 후생노동성의 조사(2020년)에 의하면, 대형 드라이버의 시간외 노동은 월 35시간(연간 420시간), 중소형 드라이버는 31시간(연간 372시간)이다. 하지만 일본후생노동성이 실시한 또 다른 조사결과가 있다. 960시간에 대해, 1개월의 가동 일수를 만일 22일(주휴2일)이라고 하면, 1일 평균 시간외 노동의 상한은 3.6시간이 된다. 즉, '4시간 초과~7시간 이하 초과 근무자와 7시간 초과 18.3% 근무자와, 볼륨 존인 '1시간 이상~4시간 이하 48.1%' 중에도 960시간을 초과하는 경우가 포함될 수 있다

23　ロジ ソリューション株式會社, "物流業界のしくみとビジネスがこれ1册でしっかりわかる教科書 改訂2版" 技術評論社(2024.01.24)

는 계산이다.

이 설문 조사의 응답은 상대적으로 큰 사업 규모의 운송 회사가 많았음에도 유의해야 한다. 사업 규모가 작은 운송회사일수록, 트럭기사의 초과 근무가 일어나기 쉬운 경향이 있기 때문이다. 트럭운전자의 평균 연령도 모든 산업 평균에 비해 높다. 일본에서의 운전자 부족과 2024년 문제는 미래의 물류 위기(운반할 수 없는 화물의 증가)를 일으킬 수 있다.

3-2
노동인력 감소가 물류에 미칠 영향

노동인력 감소는 물류기업의 운영 효율성을 크게 저하시킬 수 있다

물류기업은 물품의 이동, 분류, 저장, 배송 등 다양한 작업이 적시에 이루어져야 하며, 이를 위해 충분한 인력이 필요하다. 노동 인력이 부족해지면 다음과 같은 문제들이 발생할 수 있다.

①작업 지연

충분한 인력이 부족하면 물품의 이동과 분류 작업이 지연될 수 있다. 이는 공급망 전체에 병목 현상을 초래하고, 물류 프로세스가 원활하게 진행되지 못하게 만든다.

②재고 관리 문제

인력이 부족하면 재고 관리가 제대로 이루어지지 않을 수 있다. 재고의 정확한 파악이 어렵고, 재고 부족이나 과잉 문제가 발생할 가능성이 높아진다.

③물류센터 운영 문제

물류센터에서의 적재, 하역, 분류 작업이 지연되면 전체 공급망의 효율성이 떨어지게 된다. 물류센터는 공급망의 중추적인 역할을 하기 때문에, 이곳에서의 지연은 전체 물류 시스템에 큰 영향을 미친다.

④배송 효율성 저하

배송 인력이 부족하면 배송 일정이 지연되고, 물품이 제시간에 도착하지 않을 수 있다. 이는 고객의 신뢰를 떨어뜨리고, 전체적인 물류 서비스의 품질을 저하시킨다.

[표1-8] 고령화와 운영효율성 저하

문제점	설명
작업지연	충분한 인력이 부족하면 물품의 이동과 분류 작업이 지연되어 공급망 전체에 병목 현상이 초래됨.
재고관리문제	인력이 부족하면 재고 관리가 제대로 이루어지지 않아 재고 부족이나 과잉 문제가 발생할 가능성이 높음.
물류센터 운영문제	물류센터에서의 적재, 하역, 분류 작업이 지연되면 전체 공급망의 효율성이 떨어짐.
배송 효율성 저하	배송 인력이 부족하면 배송 일정이 지연되고, 물품이 제 시간에 도착하지 않아 고객 신뢰가 저하됨.

노동 인력 부족은 물류 서비스의 품질에도 부정적인 영향을 미친다

물류 서비스는 정확하고 신속하게 이루어져야 하며, 이를 위해서는 충분한 인력이 필요하다. 인력 부족으로 인해 배송 지연, 오배송(잘못된 배송), 물품손상, 고객서비스 저하등이 발생할 수 있다.

①배송 지연

충분한 배송 인력이 없으면 물품이 제시간에 도착하지 않는 문제가 발생할 수 있다. 이는 고객의 기대를 저버리는 결과를 초래하며, 고객 만족도를 크게 저하시킬 수 있다.

②오배송(잘못된 배송)

인력 부족으로 인해 배송 과정에서의 오류가 발생할 가능성이 높아진다. 예를 들어, 잘못된 주소로 배송되거나, 고객이 주문하지 않은 물품이 배송되는 등의 문제가 발생할 수 있다.

③물품 손상

인력 부족으로 인해 물품의 취급이 부주의하게 이루어질 수 있으며, 이는 물품 손상으로 이어질 수 있다. 물품이 손상되면 고객에게 큰 불편을 초래하고, 추가적인 비용이 발생하게 된다.

④고객 서비스 저하

인력 부족으로 인해 고객 문의에 대한 응답이 지연되거나, 충분한 지원을 제공하지 못하는 경우가 발생할 수 있다. 이는 고객의 불만을 초래하고, 기업의 이미지를 손상시킬 수 있다.

[표1-9] 노동 인력 부족과 물류 서비스 품질 저하

문제점	설명
배송 지연	배송 인력 부족으로 물품이 제시간에 도착하지 않음.
오배송	인력 부족으로 잘못된 주소로 배송되거나, 주문하지 않은 물품이 배송됨.
물품 손상	인력 부족으로 물품 취급이 부주의하게 이루어져 물품이 손상될 수 있음.
고객 서비스 저하	고객 문의 응답 지연 및 충분한 지원 부족으로 고객 불만 발생.

인력 부족은 물류기업의 운영비용을 증가시킨다

인력부족을 해결하기 위해서는 다양한 비용이 추가로 발생하게 되며, 이는 물류기업의 경영에 큰 부담을 줄 수 있다.

①임금 상승

인력 부족 상황에서는 노동자들을 유치하고 유지하기 위해 임금을 인상해야 할 필요성이 커진다. 이는 전체 인건비를 증가시키고, 운영 비용을 크게 높이는 결과를 초래한다.

②추가 혜택 제공

노동 인력을 유지하기 위해 추가적인 혜택을 제공해야 할 필요가 있다. 예를 들어, 의료 보험, 연금, 보너스 등의 혜택을 제공함으로써 인력을 유지하려는 노력이 필요해진다.

③과도한 노동 시간

인력 부족 상황에서는 남아 있는 노동자들에게 과도한 노동 시간을 요구할 수 있다. 이는 노동자의 피로를 증가시키고, 생산성을 저하시킬 뿐만 아니라, 노동법 위반 문제를 초래할 수도 있다.

④채용 비용 증가
새로운 인력을 채용하는 데 드는 비용도 증가하게 된다. 채용 공고, 면접, 교육 및 훈련 등 신규 인력을 채용하고 배치하는 데 드는 비용이 추가로 발생하게 된다.

⑤기타 비용 증가
인력 부족으로 인해 발생하는 운영의 비효율성은 기타 다양한 비용 증가로 이어질 수 있다. 예를 들어, 물품 손상으로 인한 보상 비용, 고객 불만 처리 비용 등이 이에 해당된다.

[표1-10] 인력 부족과 물류 비용 증가

문제점	설명
임금 상승	인력 부족으로 임금을 인상해야 하여 전체 인건비가 증가함.
추가 혜택 제공	인력을 유지하기 위해 의료 보험, 연금, 보너스 등의 추가 혜택이 필요해짐.
과도한 노동 시간	남아 있는 노동자들에게 과도한 노동 시간을 요구하게 되어 피로와 생산성 저하를 초래함.
채용 비용 증가	신규 인력 채용 시 발생하는 채용 공고, 면접, 교육 등의 비용이 증가함.
기타 비용 증가	운영 비효율성으로 인한 물품 손상 보상, 고객 불만 처리 등의 비용이 증가함.

3-3
노동인력 감소와 물류위기 대응

저출산, 고령화로 인한 노동 인력 부족 문제를 해결하기 위해 물류업계
는 다양한 대응 전략을 모색하고 있다. 예를 들어, 자동화와 디지털화를
통해 인력 의존도를 줄이고, 고령 노동자들의 경험과 기술을 활용하는
방안을 강구하는 등 다양한 노력이 필요하다. 또한, 유연 근무제 도입 등
을 통해 근무 환경을 개선하고, 젊은 인재들을 유인할 수 있는 다양한 혜
택을 제공하는 것도 중요한 전략이 될 수 있다. 이러한 종합적인 접근을
통해 물류업계는 노동 인력 감소 문제를 극복하고, 지속가능한 성장을
이루어 나갈 수 있을 것이다.

생력화, 자동화, 무인화되는 물류센터

전 세계의 물류센터, 물류터미널 등의 생력화, 자동화, 무인화 열풍이 강
하다. 물류분야에 로보틱스 활용은 물류센터 내 작업, 간선운송과 배송

등 물류업무 전 분야에 걸쳐 다양한 형태로 이루어지고 있으며, 향후 인공지능(AI)이 고도화되면 의사결정과 같은 영역까지 확장될 전망이다.

물류터미널과 물류센터의 생력화, 자동화, 무인화 열풍은 세가지 배경으로 요약될 수 있다.[24]

①인력의존도가 높은 물류현장의 인력관리 문제 해결

최근 최저임금의 급격한 인상과 '주52시간근로제' 시행, 구인난과 더불어 택배터미널과 물류센터의 높은 노동강도, 장시간 노동, 산재사고 등의 리스크를 해결하기 위한 생력화, 자동화, 무인화 추세가 급속히 확대되고 있다. 로봇의 어원인 'robota'는 체코어로 노동을 의미한다. 로봇은 인간이 해야 하는 특정한 노동을 대신 수행하도록 만들어졌고, 그 특정한 일이란 위험한 노동을 의미했다. 인력의존도가 높은 물류현장의 문제점의 해결은 자동화와 생력화, 무인화 외에는 뾰족한 방법이 없다.

②생산성 향상, 휴먼에러(Human Error) 문제 해결

물류기업은 생산성 향상, 휴먼에러(Human Error)를 방지하고 정확성을 확보하기 위한 생력화, 자동화, 무인화도 가속화하고 있다. 물류 작업 생산성을 최대 40% 향상시킨 것으로 알려진 Amazon의 KIVA를 포함, 서비스로봇을 물류 현장에 적용하여 보관·하역 생산성을 향상시킨 사례 증가하면서 우리나라에서도 본격 도입을 고려하고 있다.[25]

---

24 이상근, "불 꺼진 채 로봇만 일하는 물류센터가 오고 있다", 코스메틱저널코리아(2023년 1월호)

25 아마존의 물류센터의 KIVA 시스템은 중앙컴퓨터가 접수한 주문을 로봇(KIVA)에 무선전송하면, 로봇이 해당물품이 쌓인 선반 위치 파악하여, 해당 선반을 작업자에게 이동함으로써 작

B2B물류의 경우 투자대비 효과가 비용절감효과가 커서 빠르게 이행될 수 있다. 공장무인화에 이어지는 물류센터 무인화는 프로세스나 로직이 표준화되어 있고, 수송 역시 공장–물류센터–대리점(고객)의 경로를 대형 무인트럭을 이용하면 가능하다.

③로봇의 물류인력 대체[26]

물류현장의 자동화는 아마존의 물류센터와 같이 키바로봇과 인간이 어우러져 같이 근무하는 시스템에서 징동물류센터의 완전 무인물류센터처럼 로봇만이 일하는 불 꺼진 채 가동되는 물류센터와 무인차, 드론이 배

업시간을 2~3시간에서 30분 정도로 단축했고 분류. 선별. 포장 비용도 20~40% 절감했다.
–아마존은 과거의 구매 이력이나 열람 행태, 심지어 마우스의 ´움직임까지 참고해 사용자가 미래에 주문할 만한 상품을 예측하는 소프트웨어에 대한 특허를 신청했다. 이 소프트웨어를 통해 얻은 데이터는 사용자의 인근 창고로 상품을 출하시키는 '예측 출하'에도 쓰일 수 있다.
–상하차 및 운반 지원 로봇 Adept의 Lynx Conveyor는 컨베이어 벨트 끝에서 물품을 받아 원하는 위치로 운반한다. Lynx Conveyor는 방해물 자동 인지. 최적 경로 탐색. 기존 창고 관리시스템에도 활용 가능한 높은 호환성 보유하고 있다.
–Swisslog의 Autostore는 로봇을 이용한 "완전자동화"창고이다. 격자로 구축된 창고 위의 공간에서 로봇들이 이동하며 물품 운반하며, 자동화뿐 아니라 공간의 효율성도 높여준다. Texas Instrument사가 싱가포르에 구축한 물류센터는 창고보관 Capacity가 기존 5억개에서 20억개로 향상시켰다.
–KUKA의 omniRob는 물품 운반. 상하차 지원 로봇으로 로봇 팔을 이용한 정교한 동작 등 다양한 활용 가능하고, 400kg까지 적재. 운반 가능하다. 또한 자동으로 위치와 주변을 인지해 Mapping을 진행후 이동할 수 있다.
–Mobile Robot은 제품 운반 및 피킹 지원, 제품검수. 포장. 조립 등 VAS(부가가치물류)작업을 수행할 전망이다. 탤리(Tally)는 재고가 없는 상품, 재고가 조금밖에 없는 상품, 잘못 놓여있는 상품, 가격표 오류 등 반복적이고 번거로운 작업을 실행해 준다.
–중국의 차이냐오(菜鸟)가 휘저우에 새로 개장한 물류센터는 200대의 로봇이 24시간 일하는 시스템을 갖췄다. 사람의 수작업 보다 3배 이상 효율을 낼 수 있고, 하루 100만 건 이상의 화물을 처리할 수 있다. 로봇끼리 서로 정보를 공유하면서 일감을 배분해 중앙에서 통제할 필요가 없는 시스템이다. 징동(JD.com)은 완전 무인화 물류센터를 구축했다.
물류기업의 생력화. 자동화. 무인화는 인력의존으로는 해결하기 힘든 생산성 향상과 휴먼에러를 방지하고 정확성을 확보하기 더욱 가속화될 것이다.

26 이상근, "로봇이 물류인력을 대체할 수 있을까?", 아웃소싱타임스(2022.12.5.)

달하는 무인배달시스템으로 진화될 전망이다.

중세의 누구도 공장의 기계들이 대장장이를 대체될 것이나, 근세의 누구도 생각하는 컴퓨터나 로봇[27]이 사람 대신 일할 것을 상상조차 하지 못했을 것이다. 당시 사람들은 수천 년간 제분소와 대장간에서 일했다. 하지만 현대인은 이제 겨우 100년을 조금 넘는 기간 동안 사무실에서 일하고 있다. 그리고 이제 머지않은 미래에는 우리 일터가 대장간이나 공장, 매장, 사무실이 아닌 새로운 공간으로 바뀔 수 있다는 사실도 안다.[28]

또 우리는 우리 일자리가 해외로 이동하거나 감소하는 현상을 목격했다. 물론 코로나 팬데믹과 리쇼어링의 영향으로 일부 제조업 일자리가 해외에서 국내로 다시 돌아오는 것을 볼 수도 있겠지만, 그런 일자리는 이제 사람이 아닌 로봇이 차지할 가능성이 크다.

---

27 로봇의 어원인 'robota'는 체코어로 노동을 의미한다. 1920년 체코의 카렐 차페크(Karel Capek)는 자신의 쓴 희곡 〈로숨의 유니버설 로봇〉에서 처음으로 로봇이라는 말을 사용했다. 로봇은 인간이 해야 하는 특정한 위험한 노동을 대신 수행하도록 만들어졌다. 단순히 프로그램된 명령에 따라 작업을 수행했지만 점점 기술이 개발되면서 스스로 주변 정보를 파악하고 판단하는 것까지 영역이 확장되었다. 이제는 위험한 육체적 노동을 넘어 정신적 노동까지 인간의 모든 노동을 대체하려 한다.

28 스미스(Smith)는 영어권에서 가장 흔한 성(姓)중 하나다. 대장장이(smith, blacksmith)는 기원전 1500년부터 기원후 1800년까지, 중세와 근세에 이르기까지 거의 3400년간 가장 흔한 직업 가운데 하나였다. 12세기까지 2600년 넘게 이 일을 지속했던 대장장이들은 이 직업에 대한 애착이 커 자기들의 성을 스미스로 지었다. 그들은 그 직업은 영원하리라고 생각했다. 성(姓)이 되었을 만큼 흔했던 직업이던 대장장이(smith)는 오늘날 찾기가 어렵다. 3천년 이상 지속된 좋은 직업 대장장이는 18세기 중반에서 19세기 중반까지 불과 100년 만에 그 직업이 사라지기 시작했다. 1차산업혁명으로 사라진 직업은 대장장이만은 아니다. 방앗간이나 제분소에서 일하는 사람인 밀러(millers), 직물염색 공인 다이어(dyer), 석공인 메이슨(mason), 베 짜는 사람인 웨버(weavers)와 같이 영원히 계속될 직업으로 여겼던 관련 성을 가진 직업도 대부분 사라졌다.

아마존, 알리바바에 이어 JD.com은 완전 무인화 물류센터를 구축하고 있다

향후 센터내의 보관, 피킹, 출고, 검품, 검수 등 일반 업무는 대부분 로봇에 의해 수행되고, 표준화가 어려운 개인화, 맞춤화된 풀필먼트서비스와 조립 가공, 세트구성 등 부가가치서비스는 인간과 협동로봇이 같이 일하게 될 것이다. 이는 기술적인 문제보다는 효율성, 생산성 측면에서 로봇과 사람이 상호 보완하는 역할분담이 될 것이다.

공유와 긱경제는 보관 등 물류 전 영역으로 범위가 확대될 것이다

이미 '스토어 X', 'Clutter' 등 스타트업은 일반인의 유휴 보관공간을 공유경제의 보관서비스에 제공하고 있다. 아마존의 '벤더 플렉스(Vendor Flex)'는 아마존 직원이 제조사 또는 유통사의 물류센터에서 포장과 배송을 완료하는 것으로 별도로 창고를 보유하지 않고도 배송 운영 효율을 높일 수 있다.[29]

배달의 지능화와 긱 이코노미

AI로 무장한 무인배송이 일반화될 시대가 눈앞에 와 있다. 인력에 의존

---

29 '공유경제', '긱 경제' 하에서는 MZ세대는 굳이 직장에 소속되어 조직에 얽매이지 않고, 자신이 좋아하고 할 수 있는 일을 찾아 단기 일자리를 추구하는 플렉서(Flexer)와 'N잡러'가 많아질 것이다. 일자리도 분해돼 조각난 일거리들인 '긱워크(Gig Work)' 연결로 바뀔 것이고, 물류서비스의 이용자와 제공자(Flexer)는 그 경계가 더욱 모호해 질것이다. 한편으로 '중대재해기업처벌법' 시행, '주52시간근로제' 시행, '최저임금 인상' 기조와 구인난과 더불어 택배터미널과 물류센터의 위험한 노동 강도, 장시간 노동, 산재사고 등의 리스크를 해결하기 위한 생력화, 자동화, 무인화 추세가 급속히 확대되고 있다.

하는 배달이 아닌 AI로 무장한 자율주행차, 드론, 로봇 같은 무인배송이 일반화될 시대가 눈앞에 와 있다. 아마존의 무인 배송은 로봇, 드론, 자율 주행 자동차가 주축이다. 배송로봇은 '아마존 스카웃(Amazon Scout)', 드론은 '아마존 프라임 에어(Amazon Prime Air)'이다.

아마존은 자율주행전기차를 위해 세쿼이어(Sequoia), 셸(Shell) 등과 같이 자율주행기술 전문 스타트업인 '오로라(Aurora)'의 5.3억달러 투자에 참여했고, 지난달에는 전기 자동차 스타트업인 '리비안 오토모티브(Rybian Automotive)'에 7억달러 투자를 발표했다. 이 회사는 SUV, 트럭 등 대형 전기 자동차를 생산하기에 곧 아마존의 무인 배송 차량을 볼 수 있을 것이다. AI와 로봇이 대체할 인지노동의 대표적인 사례가 물류·운수 일자리다. 무인 배송이l 가능한 로봇, 드론, 자율 주행 자동차 기술의 발전은 운전과 관련된 일자리를 빠르게 사라지게 할 것이다.

한국의 트럭, 택시, 버스 등의 운전관련 일자리는 약 100만 개로 이들 일자리는 차츰 사라질 것이다. 서비스 업에도 로봇이 적극적으로 도입될 것이다. 그간 일자리를 감소 문제로 로봇 도입에 부정적이었던 여론은 코로나19 이후, 배달용 로봇, 드론, 자율 주행 자동차의 도입에 긍정적으로 전환되고 있다.

배달분야의 무인화는 무인(자율)주행차량, 배달로봇, 드론 도입이 미국, 유럽, 일본과 국내에서 활발하게 진행되고 있다.

①화물트럭은 자율주행을 본격 도입하고 있다

미국에서는 세계 1위 전기차 업체인 테슬라가 전기트럭인 세미트럭을 출시해 첫 출고 제품을 펩시에 판매키로 했다. 테슬라는 승용차 모델Y처럼 세미트럭에도 자율주행 기능인 오토파일럿을 탑재했다. 테슬라 세미트럭 출시는 자율주행 분야를 상용차로 확장하는 기폭제가 될 수 있다. 글로벌 완성차 기업들이 완전 자율주행 상용화에 속도를 내는 가운데 트럭에도 자율주행이 본격적으로 도입되기 때문이다.

월마트는 완성차 제조업체인 '포드 모터스'와 미국 자율주행 스타트업인 '가틱', AI 스타트업 '아르고' 등과 공동으로 개발한 자율주행 로보트럭을 통해 무인배송을 시범 도입했다. 월마트는 마이애미, 오스틴, 워싱턴DC 등 3개 도시에서 로보트럭을 통해 소비자 문 앞까지 상품을 무인으로 배송하는 서비스를 선보인다. 월마트 온라인에서 식료품이나 잡화 등을 주문하면 늦어도 다음날까지 해당 상품을 집으로 배송한다.

월마트 자율주행 로보트럭은 기사 없이 화물 운송이 이뤄지는 시대가 앞당겨질 수 있다는 평가다. 기존에는 배송기사가 월마트에서 상품을 실은 후 목적지까지 배달했지만, 무인배송은 고도화된 인공지능(AI) 자율주행 기술을 기반으로 고객의 상품을 집까지 배달한다. 24시간 운행되는 로보트럭의 차내엔 카메라와 AI 센서 등이 탑재돼 원하는 목적지로 자율주행하는 방식이다.

월마트는 2021년부터 약 3km 거리를 반복적으로 운행하면서 무인배송 안전성과 가능 여부를 시험했다. 약 11만km의 시범 운영을 마친 월마트는 2022년 8월부터 로보트럭을 식료품 등을 주문 처리센터에서 아칸소 시의 물류 창고로 운송하거나 물류 창고에서 소매점으로 운송하는 미들마일(middle mile · 중간단계 물류) 배송에 투입했다.

②배달 로봇과 서빙 로봇이 생활 속에 들어오고 있다

영국의 스타십 테크놀로지스이 2016년 11월 무인 배달 서비스를 시작했고, 도미노 피자는 2016년 3월에 피자 배달로봇인 'DRU(Domino's Robotics Unit)'을 공개했다. 이태리 e-Novia는 1회 충전으로 약 80km까지도 주행하는 자율주행 배달로봇 'YAPE'를 개발했고, 독일 우체국에서 개발한 포스트봇(PostBOT)은 150kg까지 적재가 가능하다.

미국의 마블은 음식 배달 서비스 전문 로봇인 Eat 24를 개발해서 샌프란시스코에서 시범 주행을 했고, 인텔은 '17년 세그웨이사와 연합으로 스마트 택배로봇 'Loomo Go'를 개발하고 공개했다

2017년 1월 일본의 파나소닉은 배달 로봇 '호스피(HOSPI)'는 나리타 공항과 일본 전역에 있는 병원에서 의약품과 의료품 제공에 사용되고 있고, ZMP의 택배로봇 'Carriro Delivery'는 한 번에 초밥배달에 투입했다.

우리나라도 코로나19로 인한 배달 시장의 급상승으로 로봇배송의 도입이 적극 검토되고 있다. 서빙 로봇은 한소반 등에 이어 애슐레 등 대형 프랜차이즈 외에도 지방의 소규모 중국음식점까지 도입 운영되고 있다.

국내 로봇배달은 배달의민족(우아한형제들)은 자율주행 음식배달로봇 '딜리(Dilly)' 첫 공개테스트를 천안의 한 푸드코트에서 실시했다. 2020년 8월부터는 수원 광교에 위치한 주상복합에서 자율주행 배달 로봇의 상용 서비스를 시범적으로 운영하고 있다. 아이파크(아파트)와 앨리웨이(상가)를 잇기 위해 로봇 '딜리드라이브'를 투입한 바 있다. 우아한형제들은 IoT 기술을 기반으로 딜리드라이브와 공동현관문을 연동, 로봇이 아파트로 진입하게 하는 등 유기적인 서비스 환경을 구축했다. 로봇은 스스로 엘리베이터를 타고 이동, 가구 앞까지 음식을 배달한다. 2020년 도미노피자와

LG전자와 자율주행 배달 로봇 '도미 런'을 개발 및 테스트했다. 현재도 드라이빙 픽업 서비스와 야외 배달 서비스 '도미노 스팟' 등 차별화된 서비스를 제공한다.

③드론 배달의 성공사례도 계속 등장하고 있다

2013년 12월 저녁, 아마존의 창업자 제프 베조스(Jeff Bezos)가 CBS의 시사 프로그램 「60 Minutes」에 출연해 진행자인 찰리 로즈(Charlie Rose)와 인터뷰하고 있었다. 탁자 위에는 아마존 로고가 붙은 검은색 드론이 놓여 있었다. 그는 이런 무인기를 택배 서비스에 이용하지 못할 이유가 없다면서 4~5년안에 옥토콥터 택배 서비스가 등장할지 모른다고 내다보았다. 2022년 11월 아마존이 더 작고 소음이 적으며 가벼운 비까지 뚫고 날아갈 수 있는 새로운 배달 드론을 공개했다. 배달 드론 'MK30'을 선보이며 캘리포니아주와 텍사스주 일부 지역에서 테스트 배달을 시작할 예정이라고 밝혔다. 본격적인 현장 투입은 2024년부터다. 아마존은 MK30은 6개의 프로펠러가 달린 '헥사콥터'로, 가벼운 비는 물론 다양한 기상 조건에 견딜 수 있는 것이라고 발표했다. 특히 이번 모델은 소음을 25% 줄이는 데 성공했다. 또 다른 드론과 나무, 사람, 애완동물 등 장애물과의 충돌을 피하기 위해 새로운 안전 시스템을 장착했다.

요기요는 2016년 12월 한화테크원과 함께 드론 음식배달 테스트는 인천 송도 분식점에서 인근공원까지 드론배달을 성공적으로 완료했다. 도미노피자는 2021년 8~10월 세종시에서 드론 배달 서비스를 도입했다.

파블로항공과 삼영물류는 물류센터간 긴급배송에 드론을 투입하는 실증을 마쳤다. 최근 인터넷쇼핑 등 전자상거래 증가로 물류가 급증함에 따라, 물류센터 간 배송에 드론을 활용하여 도심환경에서 물품배송의 상용화를 실증했다. 파블로항공은 드론 배송 서비스 운영관리를, 삼영물류는 물류 센터(인천가좌, 인천청라) 점검·구축을, 인천광역시는 교통 모니터링 및 안전점검 관리를 맡았다. 이 실증은 도심 내 안전한 드론 배송 서비스를 구축하여, 교통량 집중 시간대의 신속한 운송, 탄소 배출량 감소 등의 효과를 볼 것으로 기대된다.

[그림 1-9] 파블로항공과 삼영물류의 도심지 비가시권 드론배송

출처 : 물류신문(https://www.klnews.co.kr)

서울시는 미래형 첨단물류 거점과 드론, 로봇배송의 결합을 구상하고 있다.[30]

서울시는 GS칼텍스와 함께 서초구 내곡주유소를 '미래형 첨단물류 거점'으로 만드는 실험을 시작했다. 주유ㆍ세차 서비스 중심이었던 기존 주유소에 생활 물류 기능과 로봇ㆍ드론 등 첨단 기술을 결합한다는 구상이다. 이곳에 무인ㆍ자동화 물류 시설인 스마트MFC(마이크로 풀필먼트 센터)를 약 120㎡ 규모로 조성한다. 스마트MFC에서는 시설 상부에 있는 5~6대 로봇이 레일을 움직여 하루 3천600여 상자를 처리할 수 있다. 이곳에서 처리된 물류는 드론으로 배달된다. 시는 주유소 지붕 위에 드론 정거장을 조성하고, 근거리 드론 배송 실증을 추진하고 있다.

국토교통부와 항공안전기술원은 2024년 2월 드론 신(新) 서비스 및 드론 상용화를 위해 추진한 「드론실증도시 구축 및 드론상용화 지원 공모」 결과를 발표하였다. 이번 공모를 통해 17개 지자체가 '드론실증도시 구축사업'에 참여하고 14개 기업이 '드론 상용화 지원사업'에 선정되었다.[31]

드론실증도시 구축 사업은 2019년부터 지역특성에 맞는 드론 활용 모델을 발굴해 공공서비스 등에 적용하는 사업이며, 드론 상용화 지원 사업은 2018년부터 드론 우수기술 조기 상용화를 촉진하고자 드론기업을

---

30 "서울시-GS칼텍스, 주유소를 '미래 생활물류 거점'으로 키운다", 로봇신문(2022.11.28.)

31 국토교통부와 항공안전기술원은 2024년 2월 「드론실증도시 구축 및 드론상용화 지원 공모」('24.1.12~2.16) 결과를 발표했다. 공모를 통해 17개 지자체(인천광역시, 부산광역시, 전라남도, 제주특별자치도, 경남 창원특례시, 경기,포천시, 경기 성남시, 경기 양주시, 충남 서산시, 충남 공주시, 전북 전주시, 전남 여수시, 전북 남원시, 경북 김천시, 경북 의성군, 경남 통영시, 울산 울주군)가 '드론실증도시 구축사업 '에 참여하고, 14개 기업(유비파이, 인투스카이, 해양드론기술, 탑스커뮤니케이션, 이노팸, 비아이랩, 메이사, 모터이엔지, 파블로항공, 엑스드론, 씨너렉스, 모멘텀스페이스, 니어스랩, 캠틱종합기술원)이 '드론 상용화 지원사업'에 선정됐다.

지원하는 사업이다. 2024년 공모에는 36개 지자체, 46개 드론기업이 응모하였고, 산·학·연 드론전문가로 구성된 평가위원회에서 실증환경·수행능력·사업화 및 상용화 적정성 등을 고려하여 선정했다.

[그림1-10] K-드론배송 상용화 사업 개요

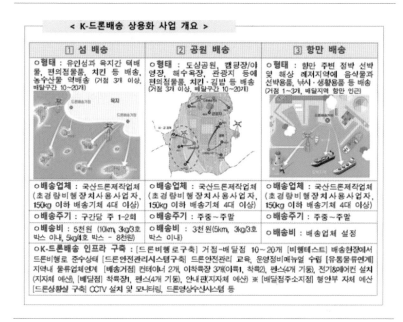

산업물류와 소비물류의 무인화의 속도는 분명한 차이가 있다

산업물류의 경우 투자대비 효과가 비용절감효과가 커서 빠르게 이행될 수 있다. 스마트공장의 무인화에 이어지는 물류센터 무인화는 프로세스나 로직이 표준화되어 있고, 수송 역시 공장-물류센터-대리점(대형고객)의 경로를 대형 무인트럭을 이용하면 가능하다.

하지만 소비물류는 스마트시대의 물류의 개인화(Personalization)와 맞춤화(Customizer) 추세로 무인화까지는 갈 길이 멀다. 소비물류 중 B2C배달은 배달 밀집도가 높은 도심의 라스트마일 배달은 화물차량, 오토바이, 자전거, 킥보드, 도보를 통해 사람이 수행하던 유인배달과 함께 무인배달인 자율주행배달차량과 배달로봇이 새롭게 담당할 것이다. 섬과 배달 밀집도가 낮은 지역은 드론을 통한 무인화의 속도를 낼 것이다. B2R(Retail) 배달은 무인점포의 증대와 인력감축으로 매장의 판매 외 진열 등 상당업무가 물류가 수행하고, 조립과 설치, Pre-Service 등도 물류영역으로 편입되어 사람이 수행하게 될 것이다.

또한 직접 대면 배달 보다는 서울시안심택배박스, 아마존락커, 스마일박스, 11Pick등 무인보관함을 통한 비대면 배달 서비스도 활성화될 것이다.

물류 무인화가 타 산업의 무인화 문제의 해결책이 될 수 있다

유통업계, 외식업계 입장에서는 물류 문제만 해결된다면 무인화와 생력화를 빠르게 진행할 수 있다. 따라서 물류기업의 무인화는 더욱 속도가붙을 것이다.

KTX객실내의 자동판매기, 맥도날드 등 패스트푸드 점포는 키오스크 통한 무인주문시스템, 스타벅스의 싸이렌오더 같은 모바일 주문, 배달의민족 등 배달앱의 활성화는 오프라인 매장의 축소와 직원 감축도 빠르게 진행시키고 있다. 여기에 매쉬코리아가 맥도날드의 자체 배달시스템을 포기하게 만든 사례처럼 라스트마일 배달 회사는 유통기업과 외식기업의 물류를 접수할 것이다.

유통업계의 무인점포(Unmanned Stores) 확대, 24시간 점포 확대 등 무인화와 생력화로 물류의 역할은 더욱 중요해진다. 무인점포에서는 매장납입, 검수 · 검품, 매대 진열 등 매장 직원이 했던 일 들을 배달기사가 수행해야 한다. 일본 유통체인 후시코시(藤越)는 물류기업인 마루와운유기관이 점포내 물류를 수행하고 있다. 영업 종료 후 매장직원이 없는 상태에서 배달사원이 입하, 검품, 플로어별 분류와 반송, 개점전 준비(진열업무, 前進진열, 기기청소), 백야드 관리 등의 업무를 수행한다. 특히 전진진열(face-up)업무는 레이아웃상의 편리한 동선유지와 보기 쉽고, 선택하기 쉽고, 꺼내기 쉽고, 볼륨감 있고, 선도가 높고, 품질을 유지하는 계획적, 효과적인 face-up업무수행 매뉴얼을 갖고 있다.

④긱(Gig) 근로자[32]

뉴노멀(New Normal)시대에는 소유경제는 공유경제로, 공유경제는 다시 구독(Subscription) 경제로 전환되고 있다. 공유경제(共有經濟; sharing economy)는 유휴자산(제품, 서비스 등)을 여럿이 공유해 쓰는 협력소비를 기본으로 한 경제 방식을 말한다. 공유경제가 확대되면 스마트폰, 웨어러블 디바이스, 일용 잡화, 속옷 등 극히 일부 상품만 소유하고 대부분 물품은 물론, 생산설비나 서비스는 개인이 소유할 필요 없이 필요한 만큼 빌려 쓰고, 자신이 필요 없는 경우 다른 사람에게 빌려주는 공유소비의 의미를 담고 있다.

---

32 이상근. "정규직, 긱(Gig) 근로자와 로봇의 일자리 전쟁", 코스메틱저널코리아(2022년 10월호)

[표1-11] 공유경제 형태 및 사례

공유경제형태	설명	사례
쉐어링(Sharing)	개인이 소유한 자산을 다른사람들과 공유하여 경제적가치를 창출하는형태.	자전거 공유(따릉이, Ofo, Mobike) : 킥보드 공유(Lime, Bird) 주차 공간(JustPark)
물물교환(Bartering)	자산이나 서비스를 금전없이 직접 교환하는 형태.	번개장터, 트레이드미(TradeMe)
협력적커뮤니티 (Cooperative Community)	특정커뮤니티내에서사용자들이 협력하여 자원을 공유하는 형태.	우버(Uber), 에어비앤비(Airbnb.com) 위워크(WeWork),

긱 이코노미(Gig Economy)는 그때 그때 필요할 때마다 단기 계약직, 임시직, 프리랜서 등을 섭외해 일을 맡기는 경제형태로 긱경제에서 근로자들은 불안한 고용과 수입에도 불구하고 회사나 고용주에 얽매이지 않고 독립적으로 일하면서 자유와 경제적 수입보장을 받는다는 장점이 있다. '우버' 기사나 '에어비앤비'에 숙소를 제공하는 사람 등 온디맨드 서비스에 참여하거나 프로젝트에 참여하는 프리랜서와 1인 기업이 모두 긱 경제의 주체다. 재능이나 시간 등을 제공할 수 있는 사람과 이를 필요로 하는 사람이 연결돼 서로 재화, 용역, 대가를 주고받는 거래 방식이다.

19세기 산업혁명 이전에는 한 사람이 한 개의 일자리에만 종사하지 않았다. 산업혁명 이전까지는 전일제로 근무하고, 정년이 보장되는 '정규직' 근로자라는 개념이 없었다. 방앗간 주인(Miller)도 방앗간 일 외에 농부를 겸했다. 그는 남는 시간에는 경매업자로 일하기도 했고, 생필품과 농작물을 판매하기도 했다. 동시에 자신이 가진 돈을 빌려주고 이자를 받아 수익을 챙기는 대금업자로도 일했다. 한가지 만의 소득은 불안정했고, 여러 일을 겸직해야만 중산층의 삶을 유지할 수 있었다. 산업혁명 이후부터 기업이 근로자를 고용해 고정된 임금을 지급하는 고용형태가 정착했다. 대부분 근로자는 평생 한두 개의 안정적인 직장에서 정규직으로 일했다. 우리나라도 1997년 외환위기 이전 세대는 대부분 안정적인 직장에서 정규직으로 일했다.[33]

물류의 긱 이코노미(Gig Economy) 일자리는 급증

2014년 11월에 일반인배송 서비스를 시작한 중국의 '윈냐오(云鸟)'는 엄청난 속도로 발전해 2017년 기준으로 4만명의 기사를 보유하고 있다. 트럭을 보유하고 있는 기사의 경우 B2B 물량까지 운송할 수 있도록 서비스의 영역을 넓히고 있다.

2015년 5월에는 나스닥 상장업체인 중국 이커머스 징동(jd.com)은 '징동쭝빠오(京东众包)'를 출시했다. 만 18세 이상의 모든 중국인이 배송원이 될 수 있다는 의미의 '만인배송(万人配送)'을 브랜드로 한 이 서비스는 등록과 교육을 이수하고 예치금을 예치하면 누구나 배송원이 될 수 있게 설계되어 있다. 그들 플랫폼에서 발생하는 물동량으로 많은 배송원을 모집하여 O2O의 물류 서비스를 제공하고 있다.

미국의 아마존은 2016년 5월 '프라임 나우(Prime Now)' 서비스를 런칭하면서 고객들에게 빠른 배송 서비스 제공과 비용 절감을 위해 개인 차량을 소유한 일반인을 배송 요원으로 활용하는 아마존플렉스(Amazon Flex) 서비스를 개시했다.

---

33 이상근, "Z세대+알파세대=잘파세대…여러 직업 갖는 'N 잡러' 전 세계 확산", 직썰 (2023.8.17)

운전면허가 있고 차를 소유한 21세 이상의 일반인은 아마존 플렉스 운송을 지원할 수 있다. 단, 형사 범죄 기록, 운전 기록 조회에서 결격 사유가 있으면 아마존 플렉스에 참여할 수 없고, 배송 정보를 확인하기 위해 안드로이드 운영체제(OS)가 설치된 스마트폰를 소지해야 한다. '프라임나우'에 참여하는 운전자(Flexer)들은 시간당 약 18~25달러를 받으면서 하루 12시간 이내에서 원하는 만큼 자유롭게 일할 수 있다. 현재 미국 내 30개가 넘는 도시에서 수시로 드라이브 파트너를 모집하고 있다.

우버(Uber)도 우버 이츠(Uber Eats)에 이어 우버 러시(Uber Rush)라는 서비스를 출시했다. Uber의 기사들이 배송업무를 수행하며, 배송료는 우버보다 약간 낮은 기본요금 7달러(3달러 + 4달러/1마일)에 마일 당 4달러 수준이다. 지역 상권의 모든 것을 배송해 주는 서비스로 이미 있는 기사 자원을 활용하기 때문에 확장성이 뛰어나다.[34]

---

34 이미 미국의 이커머스 사이트 '오퍼레이터(Operator)'와 협업한 서비스를 출시하기도 했다. 오퍼레이터의 어플을 켜면 배송 옵션에 우버 러시가 등장하고, 구매를 하면 당일 배송이 된다. 우버가 26억5천만불에 인수한 미국 4위 배달엡업체 '포스트메이트(Postmates)'의 경우 지역에 배달이 되지 않는 음식점을 본인 플랫폼에 입점시키고 일반인들이 풀타임 혹은 파트타임으로 포스트메이트의 배송원이 되어 배달하는 서비스다. 포스트메이트의 경우 본인 플랫폼에서 판매가 되는 음식 등의 매출액의 9%를, 발생하는 배송료의 20%를 본인 수익으로 가져간다.

[그림 1-11] 아마존 플렉스(Amazon Flex)

출처 https://flex.amazon.com/ 조회 일자 2023.8.30

운전면허가 있고 차를 소유한 21세 이상의 일반인은 아마존 플렉스의 운송업무에 지원할 수 있다. 단, 형사 범죄 기록, 운전 기록 조회에서 결격 사유가 있으면 아마존 플렉스에 참여할 수 없고, 배송 정보를 확인하기 위해 안드로이드 운영체제(OS)가 설치된 스마트폰을 소지해야 한다. 선정된 일반인 지원자는 아마존의 당일배송 서비스인 '아마존 프라임 나우(Amazon Prime Now)' 상품에 대한 배송을 맡게 된다.

2018년 8월 쿠팡이 도입한 '쿠팡플렉스(Coupang Flex)'는 '아마존 플렉스'를 벤치마킹해 일반인이 개인 승용차를 이용해 쿠팡 상품을 인근 물류센터에서 수령, 적재 후 로켓배송 업무를 수행하는 시스템이다. '쿠팡 플렉스'는 지원자(Flexer)가 자신의 스케줄에 따라 원하는 날짜를 근무일로 선택해 자유롭게 택배 배송 업무를 할 수 있는 전형적인 '긱 경제' 일자리다.

쿠팡은 2018년 11월 식음료를 사전 주문하면 집으로 배달해주는 '쿠팡이츠(Coupang Eats)' 서비스를 런칭했고, 2019년 3월부터 '쿠팡 이츠' 서비스에도 '쿠팡 플렉스'를 활용하고 있다. 2018년 말부터는 기존 쿠팡 플렉스가 유휴 인력인 일반인들을 아르바이트 형태로 운영하는 것을 넘어 유휴 영업용 화물트럭들까지 적극 활용해 라스트마일 물류서비스를 시도하고 있다. 이는 자사 전담차량과 택배회사의 차량, 일반인 차량 외에 시중의 유휴 영업용 화물트럭(개별, 용달)을 쿠팡플렉스와 같은 형태로 라스트마일 배송서비스에 활용하려는 시도다. '쿠팡 플렉스' 외에도 배달의민족(배민커넥트), GS25(우딜: 우리동네딜리버리), CU, 파리바게트 등의 도보배달원으로 학생부터 주부, 직장인까지 다양한 사람이 일하고 있다.[35]

---

35 우리나라 '퀵(Quick)서비스와 대리운전서비스가 긱 이코노미의 원조
우리나라는 물류부문, 특히 배달인력의 구인난은 심각한 수준에 와있다. 물류와 유통기업에서는 부족한 배달인력과 배달차량을 긱노동자(Gig Worker)를 통해 보완하고 있다. 우리나라는 1980년대 후반부터 성행한 퀵(Quick)서비스와 대리운전서비스가 물류와 운수부문의 긱 이코노미의 원조라 할 수 있다. 개인 수요자가 플랫폼(퀵, 대리운전중계회사)에 목적지를 알리면 흩어져 있는 라이더(Ryder)나 대리기사들이 고객이 있는 장소를 찾아가 서비스를 제공해 왔다. 이 서비스는 과거엔 전화를 매개로 했지만 현재는 스마트폰 애플리케이션으로 위치 정보를 제공하고 퀵 라이더나, 대리운전 기사 정보를 받는 긱 경제 형태를 완벽히 갖추고 있다.
코로나19가 본격화되면서 자영업자, 자영업 종사자, 공연예술인, 시간제강사 등이 일자리를 잃거나 일감이 줄어 들었다. 이들은 비대면 소비 급증으로 배달 수요에 자체 인프라로 감당하지 못하는 배달시장에 들어왔다. 이들은 자신들이 기존에 가지고 있는 오토바이, 자가용 승용차, 전동킥보드, 자전거, 도보를 배달수단으로 이용하거나 '따릉이', '씽씽', '킥고잉', '빔', '스윙' 등 공유 모빌리티를 이용해 배달전선에 긱 노동자로 진입했다.

공유경제, 긱경제가 보편화되어 배달에도 큰 변화가 예상된다

일반인, 자가용차, 모든 모빌리티가 배달에 이용되는 시대가 도래할 것이다. 법적규제 등으로 전담인력(영업용 화물차량)을 통해서만 배달하던 시대에서 일반인과 일반인의 자가차량 뿐만 아니라 공유 모빌리티 등을 배달시장에서 활용하는 시대가 도래할 것이다. 배달에 활용되는 모빌리티의 범위는 화물차, 승용차, 택시, 오토바이, 전동킥보드, 자전거, 도보 배송을 넘어 개인용비행체(PAV; Personal Air Vehicle), 드론 등 이동수단 모두가 대상이 될 것이다. 배달의 참여자도 전업자 외에 일시적인 휴직, 휴업자 외에 출퇴근과 출장, 여행 등 모든 이동시 배달 업무를 수행할 수 있어 이동하는 모든 사람이 배송이라는 공유경제에 참여할 가능성도 있다.

세계 각지의 사람들은 매일 어떤 한 지점에서 다른 지점으로 이동한다. 그것은 지역 내 움직임일 수도 있고 지역을 넘어 조금 더 멀리가는 여행일수도 있다. 피기비(Piggy Bee), 무버(Mover)등 스타트업은 이러한 대중의 여정을 통해 새로운 공유경제 배송 시스템을 만들고자 한다

우리나라의 도보배송은 신문배달원, 우편집배원 외에 DHL의 워킹 쿠리어(Walking Courier)의 도심내 집하와 배달은 흔히 볼 수 있는 모습이다. 제니엘과 ㈜국제 등 민간 시내배달업체의 신용카드배송, 고지서 배송 등에 도보 배달원이 투입된 이력이 있다.

자전거 배송은 우편 집배원의 전통적인 배송 수단이었다. 미국에서는 1998년 '한 시간 이내(in less than an hour)에 배달'로 닷컴업계에 돌풍을 일으켰던 코즈모닷컴(Kozmo.com)은 오렌지색 유니폼을 입은 코즈모 배달원들이 자전거를 타고 담배 한 갑부터 TV까지 각종 상품을 집으로 배달했

다.[36]

　미국 도미노피자도 전기자전거를 이용한 피자배달을 2019년 시작했
다. 도심의 교통체증을 극복하고 친환경 교통수단으로서 많은 나라에서
배달 용도로 다시 등장하고 있다. 4차산업 기술로 무장한 공유경제, 긱경
제 하에서는 움직이는 모든 모빌리티와 사람들이 배송수단으로 재 탄생
할 것이다.

36　Kozmo.com는 벤처 캐피털의 자금 지원을 받는 온라인 회사로, 미국의 여러 주요 도시에서
　　　비디오, 게임, DVD, 음악, 잡지, 책, 음식과 스타벅스 커피를 1시간 동안 무료로 배송하겠다
　　　고 약속했다. 1998년 3월 젊은 투자은행가인 조셉 박(Joseph Park)과 용강(Yong Kang)이
　　　뉴욕에서 설립한 이 회사는 2001년 4월에 폐업했다. 이 회사는 종종 닷컴 버블의 예라고 불
　　　린다. (출처: https://en.wikipedia.org/wiki/Kozmo.com)

3-4

한국과 일본의 물류인력 부족 대책

일본에서는 다양한 방법으로 2024년 물류 위기에 대처하고 있다[37]

일본에서는 물류 산업의 운송 능력이 감소되는 '2024년 물류위기[38]'를 피하기 위해 운전자의 노동 환경 시정 등 대처로서 물류 위기를 피하는 방법을 찾고 있다.

---

37 이상근, "2024년 일본 물류위기와 우리의 시사점", 아웃소싱타임스(2023.7.3.)

38 田中康仁, 「物流のしくみ」, 同文館出版(2023.5)
  일본은 2024년 4월 1일부터 트럭 운전자의 연간 시간 외 노동은 960시간으로 제한한다. 1개월의 가동 일수를 22일(주휴 2일)이라고 하면, 1일의 시간 외 노동의 상한은 3.6시간이 된다. 즉, '4시간 초과~7시간 이하 + 7시간 초과 18.3%는 60시간을 초과, 볼륨 존인 '1시간 이상~4시간 이하 48.1%' 중에도 960시간을 초과하는 경우가 포함된 계산이다. 운전자 부족과 2024년 문제는 미래의 물류 위기(운반할 수 없는 화물의 증가)를 일으킬 수 있다. 트럭 운전자 나이는 산업 평균보다 높고, 노동 시간도 길고, 급여액도 전체 산업 평균에 비해 낮다.

먼저, 공동배송은 일거삼득의 대책으로 떠오르고 있다.

공동배송이란, 복수의 기업이 수배송 업무를 공동으로 실시하는 것을 말한다. 배송업무는 소매·도매에 한하지 않고 제조업에 있어서도 고객과의 접점이며, 고객서비스의 차별화, 혹은 정보가 누설될 우려로 지금까지 많은 기업들이 독자적으로 배송업무를 해 왔다.

그러나 최근, 공동 배송에 임하는 기업이 증가했다. 그 배경에는 2024년 물류 문제를 포함한 트럭 운전자 부족, 교통 체증 및 환경 문제, 경쟁 격화로 인한 비용 절감 요구의 증가 등이 있다.

공동 물류는 필요한 트럭 수를 줄임으로써, CO2 배출량과 연료비용를 줄임과 동시에 트럭 드라이버를 줄일 수 있는 일거삼득의 대책으로 2024년 문제에 대한 대책으로 떠오르고 있다. 이외에도 공동 물류는 SDGs 목표 달성에 기여하고 일본 정부로부터의 지원을 받을 수 있다.

[그림 1-12] 공동배송은 일거삼득

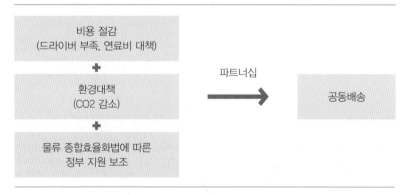

출처 : 森 隆行, 「物流 SDGs」, 同文館出版(2023. 4)

둘째, 철도와 해운으로 전환하는 모달쉬프트에도 적극적이다

모달 시프트란, 간선 화물 수송을 트럭에서 대량 수송 기관인 철도 또는 내항 해운으로 전환하여 트럭과 연계하여 복합 일관수송을 추진해 나가는 것이다.

모달 시프트는 1980년대 초반까지는 주로 에너지 절약 대책으로서 1980년대 후반부터 1990년대 초반까지는 노동력 부족에 대한 대응을 위해, 그리고 1990년대 중반 이후는 지구 환경 문제에 대한 대응을 위해 그 추진이 요구되었다. 그리고 현재는 주로 자연재해를 상정한 BCP 및 노동력(트럭기사) 부족을 보완하는 형태로 진전하고 있다.

셋째, 승객과 수하물의 운송 운행을 함께 하는 화객 혼재도 대책 중 하나다

철도와 비행기, 노선버스, 택시 등 여객사업의 일부 공간을 화물의 운송에 이용하는 것이다. 즉, 승객(여객)과 소화물의 운송을 함께 하는 화객 혼재라고 한다.

일본에서 화객 혼재에는 다양한 규제가 있었지만, 2017년 9월에 국토교통성이 과소지역 등에서의 버스나 트럭, 택시 등에 의한 화객 혼재를 일부 해금했다.

그리고 2020년 11월에는 「지역 대중교통의 활성화 및 재생」에 관한 법률이 개정이 화객혼재의 수속을 신속하게 실시할 수 있게 되었다. 이 법 개정은 일정한 조건 하에서 버스나 택시 등의 여객사업자가 사람뿐만 아니라 화물도 운송할 수 있다.

또한 물류사업자도 사람의 운송이 가능하다. 이러한 일련의 규제 완화를 통해 최근 물류 회사와 여객 사업 회사의 파트너십에 의한 다양한 대처가 이루어지고 있다. 과소지의 배송 문제나 트럭 드라이버 부족의 관점에서, 화객 혼재가 기대되고 있다.

넷째, 예약 시스템에 의한 상하차 대기 시간의 절약이다

트럭기사는 배송처까지의 운전시간과 배송처에서의 하차에 더해, 먼저 도착한 트럭이 하역을 하고 있는 동안 기다리는 하역대기 시간이 발생하는 경우도 많다.

일본의 경우 하역 대기 시간은 평균은 1시간 34분이며, 이 시간만큼 더 근무하게 된다. 상차 대기 시간이 있는 경우 전체 근무 시간이 12시간 26분으로 길어진다. 짐 대기 시간을 보면, 1~2시간이 32.4%, 2시간 이상이 17.7%로, 절반이 1시간 이상 기다리고 있다.

정보 시스템의 활용한 예약시스템은 트럭 대기 시간을 줄일 수 있다. 드라이버가 스마트 폰 등을 사용하여 사전에 배송처에서의 짐 내릴 시간을 예약함으로써 짐 대기 시간을 줄이고 근무 시간을 줄일수 있다. 이 경우, 짐 대기시간을 약 70% 줄이는 것과 동시에, 창고의 가동률(1시간당의 취급 화물수)을 약 20% 증가시키고 있다.

스마트폰을 사용한 예약 시스템은 도입하는 장애물도 그다지 높지 않을 것이다. 트럭 예약 접수 시스템이 트럭기사의 상차 대기 시간을 줄이고 운송을 효율화하는 효과적인 수단일 뿐만 아니라 화주에게 물류 센터의 가동률을 높일 것으로 기대할 수 있다.

다섯째, 중계 수송에 의한 당일 운송 등이 진행되고 있다

일본 오사카와 도쿄 사이를 주행하는 경우 약 500km 거리이다. 왕복

1,000km에 수하물의 적재 시간을 고려하면 숙박을 수반한다. 아침 출근하고 저녁 이내에 귀가라는 일을 바라는 사람에게는 무리이다.

이 문제를 해결해주는 것이 중계 수송이다. 중계수송은 장거리 운행을 복수의 트럭기사로 분담하는 수송 형태이며, 숙박없이 당일 근무를 가능하게 함으로써 노무 부담의 경감과 인력 부족의 완화를 기대할 수 있는 방법으로 주목받고 있다.

여섯째, 인구과소 지역 쇼핑 약자 대책으로 드론을 활용하고 있다

일본 야마나시현 고스가무라의 주민은 마을에서 편도 약 40분에 걸쳐 시가지의 슈퍼에 쇼핑에 가야했지만, EC화가 진행되어 택배 배송이 증가했지만, 인구 과소지역에 택배사가 각각 배송을 하는 것은 비효율적이며, 채산성이 없다는 공통의 과제도 있었다.

이지역의 배달상품을 물류 각사가 공동으로 정리해 운반해, 마을내에 신설하는 드론 디포에 집약 후, 8개의 마을에 육로, 드론 배송, 화객 혼재 등 다양한 방법을 조합해 배송하는 구조를 진행했다.

도입 전에는 유상 서비스를 위해 이용자 확보를 우려가 있었지만, 시작 후 쇼핑 곤란한 사람들을 만족시켰다. 또한 물류의 무인화 성력화에 도움이 되어, 공로에 의해 도로 정체 등 육로의 영향을 받지 않고 직선 최단 거리에서 배송할 수 있는 점은 큰 이점이라고 할 수 있다.

인구과소지역의 드론배송은 "지역 주민의 생활의 질의 향상"과 "물류의 효율화"의 두가지 가능성을 충족시킬 수 있는 새로운 물류 방식으로서 평가할 수 있다. 드론배송은 앞으로 낙도 등의 과소지역을 중심으로 도입이 진행될 것이 기대된다.

일곱째, 배달 로봇도 인력을 대신하는 실증되고 있다

일본은 2023년 4월 1일부터 개정 도로교통법이 시행되면서 일정한 크기나 구조의 요건을 충족하는 로봇은 신고제에 의해 공공도로를 주행할 수 있어 배송 로봇의 실용화가 본격화된다. 주택가와 오피스 거리에서는 이미 배송 로봇에 의한 실증 실험이 진행되고 있다.

2022년 12월부터 무인 택배 로봇 「데릴로」의 실증이 도쿄도 주오구에서 행해지고 있다. 시사통신에 의하면, 대로를 어른의 빠른 걸음 정도의 속도로 진행해, 테이크아웃 용 햄버거를 상점으로부터 약 500m 떨어진 오피스까지 배달하는데 성공했다.

로봇 개발 벤처회사인 ZMP ENEOS 홀딩스, 주식회사 에니캐리와 함께 약 2년 전부터 시작해 3회째가 되는 이번 실험은 실용을 향한 최종 단계의 실증이다. 이 회사는 2024년까지 혼자서 10대를 원격 감시할 수 있는 체제를 목표로 하고 있다.

어덟번째로 화이트 물류를 진행해 여성 특럭기사를 늘리고 있다

트럭기사는 남성의 일이라고 하는 이미지가 강하다. 일본 취업자의 약 45%가 여성인데 비해 드라이버에 차지하는 여성의 비율은 2.3%밖에 없다.

이것은 업종별로 보아도 가장 낮은 수준이다. 여성 전용 화장실이나 탈의실이 없는 짐의 적재 등의 중노동, 장거리 운전으로 당일이 어려운 등의 노동환경은 여성에게 있어서 일하기 쉬운 직종이 아니다.

일본 국토교통성이 진행하고 있는 '트라걸 촉진 프로젝트'가 있다. '트라 걸'은 여성 트럭 드라이버이다. 트럭 드라이버를 목표로 하는 여성 지원 사이트도 있다.

이 사이트에서는, 트라 걸이 트럭 업계에서 일하는 이점으로서 ①경험 없이 시작할 수 있고, ②육아나 가사와 양립하면서, 안정적으로 고수입이 가능, ③드라이버로서의 커리어 업 ④여성이 활약하기 위한 환경 4가지를 들고 있다.

수입이 높고, 커리어 업을 전망할 수 있는 강점이 있고, 택배나 소형화물 등의 배송업무라면 단시간 근무도 가능하다. 깨끗한 화장실이나 탈의실 힘 일을 필요로 하지 않는 차량의 정비, 노동 시간에의 배려 등「화이트 물류」를 진행하면, 트라걸이 늘어나, 드라이버 부족의 해소도 기대할 수 있다.

한국에서도 다양한 방법으로 물류인력 부족문제에 대처 해야한다

우리나라에는 화물운송업종이 노사합의를 하면 법에 정해진 연장근로시간을 넘겨 일할 수 있는 '근로시간 특례업종'에 포함되어 있다. 따라서, 화물운송에서 일본의 2024년 문제가 직접 발생할 가능성은 적다. 그러나 우리나라도 물류인력의 이탈과 구인난은 악화일로를 걷고 있다. 특히 육상운송 업계가 구인난과 고령화, 노동환경 개선을 위한 해법을 구해야 하는 어려운 상황에 있다. 따라서, 우리나라 물류기업도 일본에서 물류위기를 막는 대책으로 추진 중인 공동배송, 철도와 해운으로 전환하는 모달쉬프트, 승객과 수하물의 운송 운행을 함께 하는 화객 혼재, 예약 시스템에 의한 짐 대기 시간의 절약, 중계 수송, 드론과 로봇 배달 실증, 화이트 물류를 진행해 여성 드라이버를 늘리는 대책 들도 우리나라 실정에 맞춰 선제적으로 추진할 필요가 있다.

하지만 무엇보다도 기존의 일하는 방식을 전향적으로 바꾸고, 화물기사의 노동생산성을 높일 필요가 있다. 특히 운수업을 포함한 서비스업의 노동생산성이 낮다. 운수업의 생산성이 낮은 원인인 과다한 화물 상·하차 대기시간이나 비정형 화물에 의한 긴 하역시간 등, 화주나 물류센터에 문제가 있는 경우도 적지 않다. 일하는 방식을 최적화하기 위해서는 디지털 전환이 필요하다. 이를 통해 화물차기사들의 노동 생산성을 높이고, 기존 상·하역 대기시간을 줄이는 것이 필요하다.

일본에서는 2024년 문제를 해결하기 위해서는 당사자인 운송업자뿐만 아니라 화주나 물류센터 등 모든 관계자의 협력이 필요하다고 한다. 즉, 써프라이체인의 파트너쉽이 물류위기를 극복할수 있다는 생각은 우리에게도 시사하는 바가 크다. 특히, 물류업계는 고령화로 인한 노동 인력 부족 문제를 해결하기 위해 다양한 대응 방안을 모색해야 한다.

먼저, 자동화와 디지털화는 인력 의존을 줄이고 운영 효율성을 높이는 해결책이다

자동화된 창고 시스템, 로봇 픽킹 시스템, 자동 분류 시스템 등을 도입하면 물류 작업이 더욱 효율적으로 이루어질 수 있다. 예를 들어, 아마존의 자동화 창고 시스템은 로봇을 통해 물품을 자동으로 분류하고 이동시키는 방식으로 인력 부족 문제를 해결하는 데 큰 기여를 하고 있다. 이 시스템은 로봇이 상품을 선반에서 가져와 포장 구역으로 이동시키는 작업을 담당하며, 이를 통해 작업 속도와 정확도가 크게 향상되었다. 또한, 인건비 절감과 함께 24시간 운영이 가능해져 전반적인 물류 효율성을 극대화하고 있다.

다른 사례로 중국의 전자상거래 대기업인 알리바바의 스마트 물류 시스템을 들 수 있다. 알리바바는 AI와 IoT 기술을 결합한 '카이냐오' 스마트 물류 네트워크를 구축하여, 물류 경로를 최적화하고 실시간으로 재고를 관리한다. 이를 통해 주문 처리 시간을 단축하고, 물류 비용을 절감하는 동시에 고객 만족도를 높이고 있다. AI 기반의 예측 시스템을 통해 물류 수요를 예측하고, 이에 따라 물류 경로와 재고를 사전에 조정함으로써 운영 효율성을 극대화하고 있다.

디지털화 또한 물류업계에서 중요한 역할을 하고 있다. AI와 빅 데이터 분석을 활용하면 물류 경로를 최적화하고 실시간으로 재고를 관리할 수 있다. DHL은 AI 기반의 물류 경로 최적화 시스템을 도입하여 배송 시간을 단축하고 연료 소비를 줄이는 성과를 거두었다. 이 시스템은 교통 상황, 날씨 조건, 주문량 등을 종합적으로 분석하여 최적의 경로를 추천해주며, 이를 통해 물류 비용을 절감하고 효율성을 극대화하고 있다.

이 외에도, 독일의 물류 기업 디베카(Debeka)는 자율주행 트럭을 시험 운영하며 장거리 물류에서 발생하는 인력 부족 문제를 해결하고 있다. 자율주행 기술을 활용한 트럭은 장시간 운전이 가능하며, 안전성과 효율성을 동시에 확보할 수 있다. 이와 같은 기술은 특히 고령화로 인해 운전 인력이 부족해지는 상황에서 매우 유용한 해결책이 될 수 있다.

이와같이, 물류기업은 자동화와 디지털화를 통해 고령화로 인한 인력 부족 문제를 해결할 수 있으며, 이러한 기술적 혁신은 물류 효율성을 높이고 비용을 절감하는 데 중요한 역할을 하고 있다. 사례에서 보듯이, 글로벌 기업들은 이미 이러한 변화를 적극적으로 도입하여 경쟁력을 강화하고 있다. 앞으로 더 많은 물류 기업들이 이와 같은 기술을 도입함으로써 고령화 문제에 효과적으로 대응할 수 있을 것으로 기대된다.

둘째, 고령 인력 활용은 노동 인력 부족 문제를 해결하는 또 다른 방안이다

물류업계는 고령화로 인한 노동 인력 부족 문제를 해결하기 위해 다양한 대응 방안을 모색해야 한다. 두 번째 중요한 방안으로, 고령 인력을 적극적으로 활용하는 것이 있다. 고령 노동자들은 오랜 경험과 풍부한 지식을 가지고 있기 때문에, 이들의 역량을 최대한 발휘할 수 있도록 재교육과 재훈련 프로그램을 제공하는 것이 필수적이다. 이러한 프로그램을 통해 고령 노동자들이 새로운 기술을 습득하고 변화하는 역할에 적응할 수 있도록 돕는 것이다.

일본의 야마토 운수(Yamato Transport)는 고령 인력을 효과적으로 활용하는 대표적인 사례로 꼽힌다. 이 회사는 고령 노동자들에게 전동 카트를 지급하여, 무거운 짐을 운반할 때 신체적 부담을 줄여주고 있다. 또한, 고령 노동자들을 위한 맞춤형 교육 프로그램을 도입해, 새로운 기술을 배우고 물류 현장에서의 역할을 확대할 수 있도록 지원하고 있다. 이와 함께 유연한 근무 시간을 제공해 고령 노동자들이 자신의 건강 상태에 맞게 일할 수 있도록 배려하고 있다. 이러한 노력 덕분에 야마토 운수는 고령 노동자의 생산성을 높이고, 인력 부족 문제를 효과적으로 해결하고 있다.

미국의 UPS는 고령 노동자들이 계속해서 물류업에 종사할 수 있도록 다양한 지원 프로그램을 운영하고 있다. 이 회사는 고령 직원들을 위한 재훈련 프로그램을 통해, 새로운 기술과 업무에 대한 적응을 돕고 있다. 또한, 고령 직원들이 건강하게 일할 수 있도록 작업 환경을 개선했다. 예를 들어, 더 편리한 작업 공간을 제공하고, 무거운 물건을 다룰 때 사용하는 리프트 장비를 도입해 신체적 부담을 줄였다. 이를 통해 UPS는 고령 노동자들이 더 오랜 기간 생산적으로 일할 수 있도록 지원하고 있다.

또한, 고령 노동자들이 안전하고 건강하게 일할 수 있도록 작업 환경을 개선하는 것도 중요하다. 독일의 DHL은 고령 노동자들을 위한 인체 공학적 작업 도구와 장비를 도입해, 작업 중 신체적 부담을 최소화하고 있다. 또한, 작업장의 조명과 온도를 적절하게 조절해 고령 노동자들이 더 편안하게 일할 수 있도록 환경을 조성했다. 이와 같은 노력은 고령 노동자들이 더 오래, 더 건강하게 일할 수 있는 환경을 제공하며, 결과적으로 전체적인 운영 효율성을 높이는 데 기여하고 있다.

결국, 고령 인력을 적극적으로 활용하는 것은 기업의 인력 부족 문제를 해결하는 중요한 전략 중 하나이다. 고령 노동자들에게 적절한 재교육과 유연한 근무 환경을 제공하고, 작업 환경을 개선함으로써 이들의 경험과 지식을 최대한 활용할 수 있다. 이를 통해 고령 노동자들도 지속적으로 물류업계에서 중요한 역할을 담당할 수 있으며, 전체적인 운영 효율성을 높일 수 있다. 이러한 사례들은 고령 인력 활용이 물류업계에서 성공적인 결과를 가져올 수 있음을 보여준다.

셋째, 유연근무제는 젊은 인력과 고령 인력에게 일할 수 있는 기회를 제공한다
다양한 근무 시간을 제공하는 파트타임 근무는 특히 가정과 일을 병행해야 하는 사람들에게 유리하다. 또한, 일부 역할에 대해 재택근무를 허용하면 인력 유치와 유지에 도움이 된다. 재택근무는 특히 물류 관리와 같은 직무에서 효과적일 수 있다. 이러한 유연 근무제 도입은 노동자들이 일과 삶의 균형을 유지할 수 있도록 돕고, 이로 인해 노동자의 만족도와 생산성이 높아질 수 있다.

다양한 근무 시간을 제공하는 파트타임 근무는 특히 가정과 일을 병행해야 하는 사람들에게 매우 유리하다. 덴마크의 유명 물류 회사 머스크(Maersk)는 파트타임 근무를 도입해 가정과 일을 병행하는 직원들에게 큰 호응을 얻고 있다. 이 회사는 근무 시간을 유연하게 조정해 직원들이 가정의 요구를 충족하면서도 일에 집중할 수 있는 환경을 제공하고 있다. 덕분에 이 회사는 젊은 부모나 시간 제약이 있는 고령 인력도 적극적으로 채용할 수 있게 되었다.

또한, 재택근무를 허용하면 인력 유치와 유지에 큰 도움이 된다. 재택근무는 특히 물류 관리와 같은 직무에서 매우 효과적일 수 있다. 미국의 페덱스(FedEx)는 물류 관리와 고객 서비스 직무에서 재택근무를 도입하여 인력을 유치하고 유지하는 데 성공했다. 재택근무를 통해 직원들은 출퇴근 시간을 절약할 수 있고, 가정에서 편안한 환경에서 일할 수 있게 되었다. 이는 직원들의 스트레스를 줄이고, 결과적으로 노동자의 만족도와 생산성을 높이는 효과를 가져왔다.

이와 같은 유연 근무제 도입은 노동자들이 일과 삶의 균형을 유지할 수 있도록 돕는다. 뉴질랜드의 물류 회사인 포스트 해스트(Post Haste)는 주 4일 근무제를 시험 도입해 큰 성과를 거두었다. 직원들이 4일 동안 집중적으로 일하고, 나머지 3일을 휴식하며 보낼 수 있도록 한 것이다. 이로 인해 직원들의 만족도는 물론, 업무 집중도와 생산성도 크게 향상되었다. 이러한 유연 근무제는 특히 고령 노동자들에게도 매력적인데, 그들이 신체적 부담을 줄이며 더 오랜 기간 일할 수 있도록 해주기 때문이다.

결국, 유연 근무제 도입은 다양한 배경과 필요를 가진 인력들이 물류업계에서 일할 수 있는 기회를 제공하며, 이로 인해 노동자의 만족도와 생산성을 높이는 데 기여한다. 유연한 근무 환경을 제공함으로써 물류업계는 인력 부족 문제를 해결할 뿐만 아니라, 직원들의 장기적인 성장을 도울 수 있다. 이러한 사례들은 유연 근무제가 물류업계에서 효과적으로 활용될 수 있음을 보여준다.

넷째, 해외 인력 유입도 인력부족 문제를 해결하는 중요한 방법이다

해외 인력을 채용하면 다양한 문화와 배경을 가진 사람들이 조직에 합류하게 되면서 조직의 다양성을 높일 수 있다. 이러한 다양성은 새로운 아이디어와 관점을 도입하는 데 크게 기여할 수 있다. 캐나다의 물류회사인 퓨레이터(Purolator)는 해외 인력을 적극적으로 채용하여 인력 부족 문제를 해결하고 있다. 이 회사는 다양한 국적의 인력을 채용함으로써 회사 내에서 다양한 언어와 문화적 배경을 가진 인력들이 함께 일할 수 있는 환경을 조성했다. 이를 통해 글로벌 시장에서의 경쟁력을 강화하고, 다양한 고객층의 요구를 보다 잘 반영할 수 있게 되었다.

또한, 정부의 비자 및 이민 정책을 활용해 해외 인력 유입을 촉진하는 것도 중요하다. 예를 들어, 싱가포르는 노동 인력 부족 문제를 해결하기 위해 외국인 노동자들에게 문호를 개방하고 있다. 싱가포르 정부는 해외 인력을 유치하기 위해 특별 비자 프로그램을 운영하며, 이를 통해 필요한 기술과 경험을 가진 글로벌 인재들을 물류 업계로 유입하고 있다. 싱가포르의 싱포스트(SingPost)는 이러한 정부의 정책을 적극 활용해 해외 인력을 대거 채용했고, 이를 통해 빠르게 성장하는 물류 산업의 수요를 충족시키고 있다.

이 외에도, 뉴질랜드의 물류 업계는 계절별 노동 인력 부족을 해결하기 위해 해외 인력을 적극적으로 활용하고 있다. 뉴질랜드 정부는 특정 산업 분야에서의 인력 부족을 해결하기 위해 해외에서 계절 근로자를 유치하는 프로그램을 운영 중이다. 이를 통해 뉴질랜드의 물류 회사들은 수확기나 쇼핑 시즌과 같은 바쁜 시기에 필요한 인력을 확보할 수 있게 되었다. 예를 들어, 뉴질랜드의 물류 기업인 매인프레이트(Mainfreight)는 계절 근로자들을 적극적으로 채용해 성수기 물류 작업을 원활하게 수행하고 있다.

해외 인력을 유입함으로써 물류 업계는 필요한 인력을 지속적으로 확보할 수 있을 뿐만 아니라, 다양한 배경과 경험을 가진 인재들이 모여 혁신적인 아이디어를 도출하고 문제를 해결하는 데 기여할 수 있다. 이러한 접근은 물류 업계가 글로벌 시장에서 경쟁력을 유지하며 성장할 수 있는 중요한 방법 중 하나다. 해외 인력 유입은 단순히 인력 부족 문제를 해결하는 것을 넘어서, 조직 전체의 문화와 운영 방식을 풍부하게 만들고, 글로벌 비즈니스 환경에서 성공할 수 있는 기반을 마련해준다.

우리나라 물류업계는 고령화와 노동 인력 부족 문제를 해결하기 위해 다각적인 접근이 필요하다

자동화와 디지털화는 인력 의존도를 줄이고, 효율성을 극대화하는 데 중요한 역할을 하며, 이미 글로벌 선도 기업들은 이를 통해 큰 성과를 거두고 있다. 또한, 고령 인력을 적극적으로 활용하고, 유연 근무제를 도입함으로써 다양한 인력들이 지속적으로 일할 수 있는 환경을 제공하는 것이 중요하다. 이러한 접근은 단순히 인력 문제를 해결하는 것에 그치지 않고, 전반적인 노동자 만족도와 생산성을 높이는 데 기여할 수 있다.

해외 인력 유입 역시 중요한 전략이다. 다양한 문화와 배경을 가진 인재들이 조직에 합류함으로써 새로운 아이디어와 관점이 도입되고, 조직의 경쟁력이 강화된다. 싱가포르와 캐나다 등 여러 나라의 사례는 해외 인력 유입이 어떻게 효과적으로 활용될 수 있는지를 보여준다. 우리나라도 이와 같은 사례를 참고하여, 비자 정책과 이민 정책을 적극적으로 활용하고, 글로벌 인재를 유치하는 데 힘써야 한다.

결국, 물류업계의 지속적인 성장은 이러한 다각적인 접근을 통해 가능할 것이며, 이를 통해 우리나라 물류업계는 글로벌 경쟁력을 유지하고, 성장할 수 있을 것이다. 지금이야말로 물류업계가 기존의 방식에서 벗어나 혁신을 추구하고, 보다 유연하고 포용적인 인력 관리 전략을 도입할 때다.

4
고령화와 물류분야 대응

고령화는 전 세계적으로 가속화되고 있는 사회적 현상으로, 특히 초고령 사회에 진입한 국가들은 그 파급 효과가 경제, 사회, 복지, 의료 등 전반적인 분야에 광범위하게 나타나고 있다. 이러한 인구 구조의 변화는 기존의 경제 시스템뿐만 아니라 물류 산업에도 새로운 도전과 기회를 제공하고 있다. 고령 인구의 증가는 소비 패턴의 변화와 함께 물류 수요를 급격히 변화시키고 있으며, 고령층을 대상으로 한 서비스의 혁신적 변화가 불가피하다. 이는 단순한 물품 배송에서 나아가, 고령자 맞춤형 서비스, 헬스케어와 연계된 정밀 물류, 지역 사회를 기반으로 한 커뮤니티 물류 시스템의 발전으로 이어진다. 특히, 신선식품과 필수품을 안정적으로 제공하는 시스템 구축, 고령자들의 이동성을 고려한 맞춤형 배달 서비스, 그리고 의료 및 복지 서비스를 지원하는 특화된 물류 체계가 더욱 중요해지고 있다.

이와 같은 변화 속에서 물류 산업은 새로운 전략적 대응이 필수적이다. 고령화가 진행될수록 물류는 단순한 공급망의 일부를 넘어, 사회 복지의 중요한 축으로 자리 잡게 될 것이며, 물류 네트워크의 유연성과 접근성은 사회 전반의 복지 수준을 결정짓는 중요한 요소로 작용할 것이다. 본 논문에서는 고령화가 사회 전반에 미치는 영향과 함께 물류 산업에서의 변화 양상을 구체적으로 분석하고, 물류 분야가 이러한 도전 과제에 어떻게 대응해야 할지에 대해 심층적으로 논의가 필요하다.

4-1
고령친화산업

고령친화산업은 고령자를 주요 소비자로 삼아 다양한 제품과 서비스를 연구, 개발, 제조, 건축, 제공, 유통, 판매하는 산업을 의미한다. 이 산업은 단순히 특정 제품군에 국한되지 않고, 고령자의 생활 전반을 지원하는 광범위한 제품과 서비스들을 포함한다.

고령친화제품에는 고령자들이 일상생활을 보다 안전하고 편리하게 영위할 수 있도록 돕는 여러 가지 제품과 서비스가 포함된다. 예를 들어, 의료기기, 거주시설, 요양서비스는 고령자의 건강 관리와 생활 환경 개선을 목표로 하며, 금융 및 자산관리 서비스는 고령자의 경제적 안정성을 지원하는 역할을 한다. 정보기기 및 서비스는 디지털 환경에서 고령자들이 겪을 수 있는 불편함을 줄이고, 여가, 관광, 문화, 건강지원서비스는 고령자들이 사회적 참여를 지속하고 삶의 질을 높일 수 있도록 돕는다. 농업용품과 영농지원 서비스도 고령 농업인들을 대상으로 한 특화된 서비스로, 고령자의 직업적 활동을 지원한다.

고령친화산업은 고령화와 경제 발전이 일정 수준에 도달한 시점에서 본격적으로 태동하기 시작했다. 일반적으로 고령인구 비율이 10%를 넘고 1인당 국민소득이 1만 달러를 초과한 시점에서 이 산업이 형성되기 시작했다고 볼 수 있다.

미국은 1970년대 말부터, 일본은 1985년부터 고령친화산업을 발전시키기 시작했으며, 소득 수준이 2만 달러를 초과한 이후 본격적인 성장세를 보였다. 미국에서는 1970년대 말부터 고령화가 가속화됨에 따라, 고령자를 위한 다양한 서비스와 제품 개발이 시작되었다. 이후 경제 수준이 2만 달러를 넘어서면서 고령친화산업은 건강 관리, 주거, 금융 등 다양한 분야로 확장되었으며, 정부와 민간이 협력하여 고령자들의 삶의 질을 향상시키기 위한 노력이 지속되었다.

일본은 1985년을 기점으로 고령친화산업이 본격적으로 발전하기 시작했다. 일본은 세계에서 가장 빠르게 고령화가 진행된 국가 중 하나로, 고령인구 증가에 따라 재택 개호서비스, 복지기기, 금융, 의료, 레저, 주거, 한방 등 다양한 분야에서 고령자를 위한 상품과 서비스가 확장되었다. 일본은 특히 고령자를 위한 맞춤형 서비스와 기술 개발에 주력하여, 고령친화산업의 선도국가로 자리매김하였다.[39]

법적으로는 고령친화산업에 포함되는 제품과 서비스의 범위가 더욱 명확하게 규정되어 있다. 의약품, 화장품, 교통수단 및 교통시설, 건강기능식품, 급식 서비스 등은 고령자의 건강과 생활을 지원하는 필수적인 요소들로 법적 범주에 포함된다. 이러한 법적 정의는 고령친화산업의 범위를 보다 구체화하고, 관련 산업의 발전을 체계적으로 지원하는 데 중요

---

[39] 김영기외, 「초고령사회 산업의 변화」, 김영기외, 브레인플랫폼(2024.4)

한 역할을 한다.

보건복지부와 한국보건산업진흥원에서는 고령친화산업을 9개의 주요 분야로 구분하여 제시하고 있다. 이 9개 분야는 의약품, 의료기기, 식품, 화장품, 용품, 요양, 주거, 여가, 금융으로, 고령자의 다양한 필요를 충족하기 위해 산업을 세분화한 것이다. 각 분야는 고령자의 건강 관리, 생활 안정성, 사회적 참여, 경제적 안전망 등을 지원하는 제품과 서비스를 포괄한다.

고령자들을 대상으로 한 조사 결과에 따르면, 고령친화산업에서 가장 높은 필요성을 보이는 제품군은 의약품과 의료기기이다. 이는 고령자들이 건강 문제에 직면할 가능성이 높아지면서, 이를 관리하고 개선하기 위한 제품과 서비스에 대한 수요가 크기 때문이다. 또한, 개인 건강 및 의료용품, 건강기능식품, 고령친화식품도 고령자들이 자주 필요로 하는 제품들로, 특히 식품에 대한 수요가 상당히 높은 것으로 나타났다. 이는 고령자들이 건강을 유지하고 생활의 질을 높이기 위해 건강에 좋은 식품을 찾는 경향이 강하기 때문이다.

고령친화산업의 특징[40]

고령친화산업은 고령자를 주요 소비자로 삼아 다양한 제품과 서비스를 제공하는 산업으로, 기존의 공급자 중심 산업과는 구별되는 몇 가지 독특한 특성을 가지고 있다. 이 산업은 상품 자체의 특성보다는 소비자, 즉 고령자의 특성에 중점을 두고 분류되고 이해되어야 한다.

---

[40] 김영기외, 「초고령사회 산업의 변화」, 김영기외, 브레인플랫폼(2024.4)

소비자 특성 중심의 분류

고령친화산업은 고령자라는 특정 소비자 집단의 필요와 요구를 반영하여 제품과 서비스를 개발, 제공하는 산업이다. 따라서 이 산업은 상품의 물리적 특성이나 생산 방식보다는 소비자, 특히 고령자의 생리적, 사회적, 경제적 특성을 중심으로 분류된다. 이는 고령친화산업이 기존의 일반 산업과 달리 소비자 특성에 기반한 분류 체계를 따른다는 것을 의미한다.

다양한 공급자 범주

고령친화산업의 공급자는 매우 다양하다. 크게 두 가지 주요 범주로 나눌 수 있는데, 하나는 생물학적 노화와 관련된 상품을 생산하는 산업으로, 여기에는 보건, 요양, 의료기기, 복지용품, 식품, 의약품, 한방, 장묘산업 등이 포함된다. 이들은 고령자들의 신체적 건강과 일상적인 생활을 지원하기 위한 제품과 서비스를 제공한다. 다른 하나는 사회경제적 능력 저하와 관련된 상품을 생산하는 산업으로, 금융, 문화 및 여가, 전자 및 정보, 주택, 교육, 교통, 농업, 의류 등이 포함된다. 이들은 고령자들이 사회적으로 활동을 지속하고 경제적 안정성을 유지할 수 있도록 돕는 제품과 서비스를 제공한다.

다양한 수요자 범주

고령친화산업의 수요자는 현재의 고령자뿐만 아니라 미래의 고령자, 즉 베이비붐 세대 등 장래 고령자까지 포함된다. 또한, 이 산업은 고령자뿐만 아니라 고령자의 생활을 지원하는 간병인, 주수발자, 도우미 등을 대상으로 한 소비와 투자 제품 및 서비스도 포함한다. 한편, 고령친화산업의 수요자는 현재의 고령자뿐만 아니라 베이비붐 세대 등 장래의 고령자도 포함된다. 이는 고령친화산업이 단순히 고령자 개인의 필요만을 충족하는 것이 아니라, 그들을 둘러싼 사회적 네트워크의 요구도 반영해야 함을 의미한다.

사회적 및 경제적 리스크 대응

고령친화산업은 고령화로 인해 발생하는 재정 위험, 저성장 위험, 건강 위험, 재무 위험, 생활 위험 등 다양한 사회적 및 경제적 리스크에 대응하는 유효한 수단이다. 고령화 사회에서 정부가 제공하는 공익적 서비스는 한계가 있기 때문에, 고령친화산업은 경제력을 가진 고령자들이 보다 질 높은 서비스와 재화를 소비할 수 있도록 하는 중요한 역할을 한다. 이를 통해 고령자들은 자신들의 삶의 질을 높이고, 사회 전반에 걸쳐 고령화로 인한 부정적 영향을 줄이는 데 기여할 수 있다.

한국의 고령친화 산업

한국의 고령인구 비율은 2000년대 들어 급격히 증가했으며, 2010년대 중반에는 1인당 국민소득이 2만 달러를 넘어섰다. 이 시점에서 한국에서도 고령친화산업이 본격적으로 주목받기 시작했다. 초기에는 의료기기, 요양서비스, 주거환경 개선 등에 집중되었지만, 점차적으로 금융, 여가, 문화, 한방, 정보기술 등 다양한 분야로 확장되었다.

한국 고령친화산업의 특징은 아래와 같다

급속한 고령화와 산업 성장

한국은 세계에서 가장 빠르게 고령화가 진행되고 있는 국가 중 하나다. 2020년 기준으로 65세 이상 인구는 전체 인구의 약 16%를 차지하며, 2025년에는 이 비율이 20%를 넘을 것으로 예상된다. 이러한 급격한 고령화는 고령친화산업의 성장을 촉진하는 주요 요인 중 하나이다.

의료기기 및 요양서비스의 발전

고령화가 진행됨에 따라 의료기기와 요양서비스에 대한 수요가 크게 증가하고 있다. 한국에서는 다양한 고령자용 의료기기와 요양서비스가 개발되고 있으며, 특히 재택 치료와 요양을 지원하는 기술들이 주목받고 있다. 예를 들어, 이동 보조 기기, 스마트 헬스케어 기기, 원격 진료 시스템 등이 고령자들의 삶의 질을 개선하는 데 중요한 역할을 하고 있다.

스마트 기술과 고령친화산업의 융합

한국은 IT 강국으로서, 고령친화산업에 스마트 기술을 접목하는 데 적극적이다. 인공지능(AI), 사물인터넷(IoT), 로봇 기술 등이 고령친화산업에 적용되어, 고령자들의 생활 편의성을 높이고 안전을 강화하는 데 기여하고 있다. 예를 들어, AI 기반의 돌봄 로봇, 스마트 주택 시스템, 원격 모니터링 서비스 등이 개발되어 고령자들이 보다 독립적이고 안전하게 생활할 수 있도록 돕고 있다.

고령자 맞춤형 금융 및 보험 서비스

고령자들의 경제적 안정성을 지원하기 위해 맞춤형 금융 및 보험 서비스가 확대되고 있다. 연금 상품, 역모기지, 고령자 전용 보험 상품 등이 다양하게 출시되었으며, 고령자들의 재무 관리와 자산 보호를 위한 금융 서비스들이 점점 더 중요해지고 있다.

고령친화 주거환경 및 시설 개발

고령자들이 안전하고 편리하게 생활할 수 있는 주거 환경 조성에 대한 관심이 증가하고 있다. 고령자 전용 주택, 실버타운, 무장애 주택 등의 개발이 활발히 이루어지고 있으며, 주거 시설 내에서의 건강 관리와 편의 서비스를 제공하는 것이 중요해지고 있다.

요양 서비스 인력 부족 문제

OECD는 2040년이 되면 한국이 요양 서비스 인력이 가장 부족한 국가가 될 것으로 전망하고 있다. 근골격계 질환 등으로 인해 돌봄 인력의 소진, 이직, 고령화 문제가 가속화되고 있으며, 이를 보완하기 위해 기술의 도움이 필요하다는 지적이 있다. 정부는 이러한 문제를 해결하기 위해 고령친화기술의 중요성을 인식하고, 관련 기술 개발에 박차를 가하고 있다.

노인 빈곤 문제와 소비력 강화 필요

현재 한국의 노인 빈곤율은 47.7%로, OECD 평균의 약 4배 수준에 달한다. 2016년 가계동향조사에 따르면, 65세 이상 노인가구의 평균 소득은 비노인가구 평균 소득의 약 3분의 1 수준에 불과하다.[41] 이러한 상황은 고령친화산업의 발전에 큰 걸림돌이 되고 있다. 고령자들의 소득 수준을 향상시켜 구매력을 높이는 것이 시급한 과제이다. 노인의 구매력이 증가하면 고령친화제품 및 서비스에 대한 수요도 자연스럽게 증가할 것이며, 이는 고령친화산업의 발전을 촉진할 것이다.[42]

노인들의 소비 성향을 분석해 보면, 보건 분야에 대한 지출이 비노인가구 대비 가장 크며, 주거 및 수도·광열, 식료품 및 비주류 음료 등에 대한 지출이 뒤를 잇고 있다. 반면, 교통과 교육 분야에 대한 지출은 상대적으로 낮게 나타난다. 이러한 소비 패턴은 인구 고령화가 진행됨에 따라 보건의료산업, 주거 관련 산업, 식품산업 등이 고령친화산업으로서 더욱 발전할 가능성이 높다는 것을 시사한다.

---

41 통계청의 사회조사에 따르면 60세 이상 인구의 생활비 마련 방법을 조사한 결과, 본인 및 배우자 부담이 69.9%, 자녀 또는 친척 지원이 20.2%, 정부 및 사회단체 지원이 9.9%를 차지하고 있다. 경제활동인구조사에서 65세 이상 인구의 30.7%가 고용되어 있을 만큼 근로 및 사업 소득의 비중이 높다. 본인 및 배우자 부담의 54.2%는 근로 및 사업소득, 재산소득은 10.3%, 연금 및 퇴직금은 28.1%, 예금이 7.3% 정도이다.
42 김대중 외, 「고령친화산업 수요 전망 및 인력 수요 추계 연구」한국보건사회연구원(2017.12)

4-2
인구변화와 물류산업[43]

인구변화는 현대 사회에서 가장 중대한 동인 중 하나이다. 세계 각지에서 진행되는 저출산, 빠른 고령화, 도시화, 그리고 1인 가구 증가와 같은 인구변화의 추세가 지속될 것으로 예상된다. 출생률 감소로 인해 인구 성장률은 둔화되거나 감소할 가능성이 크며, 이에 따라 고령 인구의 비중이 점점 커질 것이다. 많은 사람들이 도시로 이주하면서 도시 집중화 현상이 가속화될 것이고, 이에 따라 대도시와 주변 지역의 인프라와 주거 문제가 중요해질 것이다. 또한, 개인의 삶의 방식이 다양해지면서 1인 가구와 같은 새로운 가족 형태가 늘어날 것으로 보인다.

인구구조의 변화는 사회 전반에 걸쳐 큰 영향을 미치고 있으며, 이러한 변화는 산업계에는 기회와 위협을 동시에 가져올 것이다. 특히 물류산업은 인구변화에 따라 다양한 도전에 직면하게 될 것이며, 이에 대한 전략적 대응이 필요하다. 인구변화가 불러올 미래 트렌드와 물류산업의 대응

---

43   이상근, "인구변화가 불러올 미래 트렌드와 물류산업", 아웃소싱타임스(2024.6.17.)을 바탕으로 재작성되었습니다.

방안은 다음같이 정리할 수 있다

먼저, 세대와 가족 구조의 변화이다

나홀로 가구와 MZ세대가 늘어가는 상황에서 새로운 가족 모델이 등장하고 있다. 1인가구의 증가와 다양한 삶의 방식은 물류산업에 큰 영향을 미칠 것이다. 이러한 변화는 소형 패키지와 자주배송에 대한 수요를 증가시키고, 개인 맞춤형 서비스와 빠른 배송의 중요성을 더욱 부각시킨다.

예를 들어, 혼자 사는 30대 직장인 김 씨는 매일 바쁜 일정을 소화하느라 장을 볼 시간이 부족하다. 김 씨는 온라인 쇼핑몰을 통해 일주일치 식료품을 주문하고, 원하는 시간대에 맞춰 신속하게 배송받기를 원한다. 기존의 대형 패키지 대신, 소량의 식료품을 자주 배송받을 수 있는 서비스를 선호하는 것이다. 이처럼 1인가구는 대량 구매보다는 소량 구매를 자주하는 경향이 있어, 물류기업은 이를 충족시키기 위한 새로운 전략이 필요하다.

또 다른 예로, 20대 대학생 이 씨는 자취 생활을 하며 생활용품을 필요할 때마다 온라인으로 주문한다. 이 씨는 학업과 아르바이트로 바쁜 일상을 보내기 때문에, 빠른 배송과 더불어 자신이 집에 있는 시간에 맞춘 배송 서비스를 중요하게 생각한다. 물류기업은 이러한 고객의 요구를 반영하여, 당일배송이나 심야배송 등의 맞춤형 서비스를 제공함으로써 경쟁력을 확보할 수 있다.

특히, 1인가구를 대상으로 한 정기 배송 서비스는 큰 성장 가능성을 가지고 있다. 예를 들어, 매주 정해진 요일에 신선식품이나 생활용품을 정기적으로 배송받는 서비스는 바쁜 현대인들에게 매우 유용하다. 정기배송 서비스는 고객의 편의를 극대화할 뿐만 아니라, 물류기업 입장에서는 정기적인 매출을 확보할 수 있는 안정적인 비즈니스 모델이 된다.

이러한 트렌드 변화에 대응하기 위해, 물류기업은 소형 패키지 처리 능력을 강화하고, 배송 빈도와 시간을 유연하게 조절할 수 있는 시스템을 구축해야 한다. 또한, 고객의 생활 패턴을 분석하여 맞춤형 서비스를 제공할 수 있는 데이터 분석 기술의 도입이 필요하다. 예를 들어, 고객의 주문 이력을 분석하여 최적의 배송시간을 제안하거나, 개인의 선호에 맞춘 상품 추천 시스템을 도입할 수 있다.

나홀로 가구와 MZ세대의 증가로 인해 물류산업은 소형 패키지와 자주 배송, 개인 맞춤형 서비스의 중요성이 커지고 있다. 물류 업체는 이러한 변화에 발맞춰 유연하고 효율적인 서비스를 제공함으로써 새로운 성장 기회를 모색해야 할 것이다.

둘째, 도시와 주거 트렌드에서도 변화가 일어나고 있다

스마트 도시와 원도심의 활성화는 물류 인프라의 스마트화를 요구하고 있다. 교통 혼잡을 줄이고 효율적인 물류시스템을 구축하기 위해 자율주행 차량과 드론 배송 등의 기술이 도입될 필요가 있다. 또한, 원도심 지역에서의 물류서비스 강화와 신속한 배송이 중요하다.

예를 들어, 서울의 한 원도심 지역은 최근 몇 년간 젊은 층의 유입과 함께 다시 활기를 찾고 있다. 이 지역은 오래된 건물들이 많아 물류 차량의 접근이 어렵고, 좁은 도로와 복잡한 교통상황으로 인해 물류서비스가 원활하지 않다. 이러한 문제를 해결하기 위해, 물류기업은 자율주행 차량을 도입하여 효율적인 배송 시스템을 구축하고 검토하고 있다. 자율주행 차량은 도심의 복잡한 도로에서도 안정적으로 운행할 수 있으며, 교통 혼잡 시간대를 피해서 배송 일정을 조절할 수 있다.

스마트 도시의 물류 인프라 구축은 데이터 분석과 IoT 기술을 통해 가능하다. 스마트 도시는 물류 센터와 배송 차량에 IoT 센서를 설치하여 실시간으로 물류 흐름을 모니터링할 수 있다. 이 시스템은 배송 경로를 최적화하고, 교통 상황에 따라 유연하게 대응할 수 있도록 도와준다. 또한, 데이터 분석을 통해 고객의 주문 패턴을 예측하고, 이에 맞춘 효율적인 물류 계획을 수립할 수 있다.

원도심의 활성화와 함께 새로운 물류 허브가 필요하다. 예를 들어, 뉴욕의 브루클린 지역은 과거 산업 지대였으나, 최근에는 주거와 상업 지구로 변모하면서 새로운 물류 허브로 떠오르고 있다. 물류 업체는 브루클린에 소규모 물류 창고를 마련하여, 지역 내 빠른 배송을 가능하게 하고 있다. 이 창고는 지역 상점과 협력하여 재고를 관리하고, 당일 배송 서비스 등을 제공함으로써 고객의 요구를 충족시키고 있다.

이처럼 스마트 도시와 원도심 활성화는 물류 인프라의 혁신을 요구하고 있다. 자율주행 차량과 드론 배송, IoT와 데이터 분석 기술을 활용한 스마트 물류 시스템은 교통 혼잡을 줄이고, 효율적이고 신속한 배송을 가능하게 한다. 물류 업체는 이러한 기술을 도입하여 도시와 주거 트렌드의 변화에 대응하고, 고객 만족도를 높일 수 있을 것이다.

셋째, 복지와 고용 측면에서는 고령화 사회로의 진입이 큰 변화를 불러올 것이다

의료 및 간병 물품의 신속하고 안전한 배송이 중요해진다. 특수 관리가 필요한 물품에 대한 물류관리 능력을 강화하고, 고령층을 위한 맞춤형 서비스 제공이 필요하다.

서울의 한 노인요양원은 매주 의료용품과 간병용품을 대량으로 주문하고 있다. 이 요양원은 다양한 약품, 의료기기, 그리고 간병에 필요한 소모품 등을 정기적으로 공급받아야 하는데, 이중 상당 품목은 온도와 습도 관리가 중요한 특수관리 품목이 있다. 물류기업은 이러한 요구를 충족시키기 위해 냉장 및 냉동 기능을 갖춘 특수 배송 차량을 운영하고 있으며, 물류창고에서도 온도와 습도를 철저히 관리하고 있다. 이를 통해 요양원은 필요한 물품을 신속하고 안전하게 공급받아 환자들에게 안정적인 서비스를 제공할 수 있다.

만성 질환으로 인해 거동 불편자인 경우, 식재나 생활용품을 직접 구매하기 어려워 물류기업은 고령층 고객을 위해 정기배송 같은 맞춤형 서비스를 제공해야 한다. 고령층을 위한 맞춤형 서비스는 단순히 물품을 배송하는 것에 그치지 않는다. 물류기업은 고령층의 주거지까지 직접 방문하여 생필품 등을 배송해주고, 필요시 간단한 가정 수리나 청소 서비스도 제공할 수 있다. 이러한 서비스는 고령층의 생활 편의를 크게 향상시킬 뿐만 아니라, 그들의 안전과 건강을 지키는 데 중요한 역할을 한다.

특히, 고령층을 위한 의료 및 간병용품은 정기적이고 안정적인 공급이 필수적이다. 일부지만 의료기기 제조업체와 물류기업이 협력하여 전국의 병원과 요양원에 산소 발생기, 혈압계, 당뇨 측정기 등을 공급하는 사례도 있다. 이 과정에서 물류기업은 제품의 특성에 맞는 특수 포장과 배송 절차를 적용하여, 의료 기기가 안전하게 배송될 수 있도록 하고 있다. 또한, 기기의 사용법을 설명하는 자료를 함께 제공하여, 사용자들이 쉽게 기기를 사용할 수 있도록 지원하고 있다.

결론적으로, 고령화 사회로의 진입은 물류산업에 큰 변화를 가져올 것이다. 고령층의 특수한 요구를 충족시키기 위해 의료 및 간병 물품의 신속하고 안전한 배송이 중요하며, 이를 위해 특수 관리가 필요한 물품에 대한 물류관리 능력을 강화해야 한다. 또한, 고령층을 위한 맞춤형 서비스를 제공함으로써 그들의 생활 편의를 높이고, 건강과 안전을 지킬 수 있는 방안을 모색해야 할 것이다. 물류기업은 이러한 변화에 대응하기 위해 유연하고 혁신적인 물류 시스템을 구축하고, 고령층 고객의 요구를 철저히 반영하는 서비스를 제공해야 한다.

마지막으로, 시장과 사업의 변화이다

새로운 욕구와 시장 대응에 따라 물류산업은 기술혁신과 함께 성장할 수 있는 기회를 갖게 될 것이다. 드론배송, AI기반 물류시스템 등 기술투자를 통해 효율성을 개선하고, 고객의 요구에 맞춘 서비스를 제공해야 한다. 특히, 빠르게 변화하는 시장환경에 대응하기 위해 유연하고 신속한 물류전략이 필요하다.

예를 들어, 미국의 아마존은 드론배송 서비스를 시험 운영 중이다. 이 서비스는 고객이 주문한 상품을 드론을 통해 집 앞마당이나 지정된 위치에 빠르게 배송하는 것이다. 드론배송은 특히 교통 접근이 어려운 지역에서 유용하며, 고객에게 더욱 신속하고 효율적인 배송을 제공할 수 있다. 아마존은 이를 통해 고객 만족도를 높이고, 물류비용을 절감하는 효과를 보고 있다. 중국의 물류회사인 JD.com은 AI기반 물류 시스템을 도입하여 물류운영의 효율성을 크게 향상시켰다. 이 시스템은 고객의 주문 데이터를 분석하여 최적의 배송 경로를 실시간으로 계산하고, 배송차량과 창고의 운영을 자동으로 조정한다. 예를 들어, 특정 지역에서 주문이 급증할 경우, AI 시스템은 해당 지역의 창고에 필요한 상품을 미리 준비하고, 가장 가까운 배송 차량을 배치하여 빠르게 대응한다. 이를 통해 JD.com은 배송 시간을 단축하고, 물류 비용을 절감할 수 있었다.

유연하고 신속한 물류 전략의 중요성은 코로나19 팬데믹 동안 더욱 부각되었다. 예를 들어, 팬데믹 초기에는 마스크와 손 소독제 등의 방역 용품 수요가 급증했다. 많은 물류기업은 갑작스러운 수요증가에 대응하기 위해 물류전략을 신속하게 조정해야 했다. 물류기업은 AI기반 수요예측 시스템을 도입하여 재고를 관리하고 배송 일정을 조정할 수 있다. 이를 통해 고객들에게 필요한 물품을 적시에 공급할 수 있었고, 물류 서비스의 유연성을 높일 수 있다.

결론적으로, 시장과 사업의 변화는 물류 산업에 큰 기회를 제공한다. 새로운 기술을 도입하여 효율성을 개선하고, 고객의 요구에 맞춘 맞춤형 서비스를 제공함으로써 경쟁력을 확보할 수 있다. 드론배송, AI기반 물류 시스템 등 혁신적인 기술 투자는 물류산업의 효율성을 크게 향상시킬 수 있으며, 빠르게 변화하는 시장 환경에 대응하기 위해 유연하고 신속한 물류 전략이 필요하다. 물류기업은 이러한 변화에 발맞춰 지속적인 혁신과 유연한 대응 전략을 통해 성장할 수 있는 기회를 최대한 활용해야 할 것이다.

물류산업은 고령화에 따른 새로운 트렌드와
요구에 맞춰 전략적 대응을 해야 한다

인구변화는 물류산업의 미래에 결정적인 영향을 미치고 있다. 저출산, 빠른 고령화, 도시화, 인구 이동 그리고 1인 가구 증가와 같은 현상들은 물류 수요의 본질을 변화시키고, 새로운 서비스 모델의 필요성을 증대시키고 있다. 이러한 인구변화에 효과적으로 대응하기 위해서 물류산업은 더욱 유연하고 혁신적인 접근 방식을 채택해야 할 필요가 있다.

우리는 이 변화를 기회로 활용할 수 있다. 기술 혁신을 적극적으로 도입하고, 지속가능한 물류 방법을 개발하여 환경에 대한 부담을 줄이는 동시에, 고령화 사회의 요구를 충족시킬 수 있는 맞춤형 서비스를 제공해야 한다. 또한, 급변하는 인구구조에 대응하여 물류 인프라와 네트워크를 재구성하고, 다양한 지역 및 소비자 그룹에 맞춤화된 물류 솔루션을 제공함으로써, 전체적인 공급 체인의 효율성을 높이는 것이 중요하다.

결국, 인구변화에 따른 미래 트렌드를 선도하는 물류 산업은 기술과 혁신, 그리고 지속가능성이 결합된 새로운 전략을 통해 더 큰 성장과 발전을 이루어 낼 수 있을 것이다. 이는 단순히 물류 산업의 변화를 넘어서 사회적, 경제적 차원에서 긍정적인 영향을 미칠 수 있는 기회를 제공할 것이다.

4-3
식품사막 문제

식품사막(Food Desert)은 대형 소매점들이 중심 시가지에서 교외 지역으로 이전하면서 자가용이나 대중교통 수단을 이용할 수 없는 교통약자[44]인 고령층이나 저소득층 등의 취약계층이 녹황색 야채 등 영양 있는 식단을 위한 신선식품을 구매하기 곤란해진 지역과 상황을 의미하는 용어이다. 이 용어는 1990년대 초 스코틀랜드 서부지역의 공공주택지구를 가리키는 용어로 처음 사용되었다. 일본에서는 고령자 측면에서 '장보기 난민'이라는 표현으로 주로 사용되고 있다.

식품사막 지역에 거주하는 이들은 균형 잡힌 식생활에 어려움이 있고, 이러한 생활이 장기화되면 건강 악화와 빈곤이 반복되어 개인의 문제를 넘어 심각한 사회문제로 확대될 수 있으며, 국가의 의료·복지비의 증가로 이어지게 된다.

식품사막의 발생 요인은 공간적 요인(절대적 거리, 이동 수단의 부족, 신선식품의 부족 등)과 사회적 요인(빈곤 문제, 사회적 약자의 입장, 사회로부터의 고립 등)으로 구

---

44 교통약자는 개인이 차량을 소유하고 있지 않아 장거리 이동이 자유롭지 못한 사람을 말한다.

분한다. 이는 발생 지역, 즉 대도시의 재개발지역, 지방 도시, 농촌지역
등에 따라 달라질수 있다.

일본의 식품사막 대응

"지역공동체 최후의 젖줄이던 식료품점 20곳이 한꺼번에 사라졌다." 일
본 돗토리현의 식품사막 현상을 축약한 문장이다. 오랫동안 지역사회와
호흡해온 JA전농(일본 전국농업협동조합연합회) 계열 식료품점 다수가 단기간
에 문을 닫으며 주민들은 혼란에 빠졌다. 2023년 7월에서 9월 사이 동부
지역에 9개점이 문을 닫았고, 중부에선 같은 해 9월에서 올해 3월까지 7
개점이 폐점했다. 서부지역에선 2024년 1월 4개점이 사라졌다.[45]

신선 식품매장의 부족은 건강한 식단을 구성할 수 있는 충분한 양과 질
을 확보할 수 없는 원인이 된다. 즉, 판매되는 신선 식품의 절대적인 양
과 신선함에 있어 문제가 있는 경우를 말한다.

일본에서는 2000년 들어 대형 소매점들이 중심 시가지에서 교외 지역
으로 이전하면서 중심시가지 공동화 문제가 발생하기 시작했으며, 2007
년 이후 대형 소매점의 교외 집중을막기 위한 출점규제를 신설하였다.

이와 관련하여 경제산업성은 민간기업과 공동으로 '쇼핑 난민 지원사
업'을 창설하여 소형 밴을 이용하여 생필품을 대신 구매해주는 새로운 쇼
핑 기능을 제공하기도 하였다. 또한 민간에서도 고령화율이 50%를 넘는
대규모 주택단지 내에 편의점 병설형 커뮤니티를 개발하여 운영하는 등
의 사례도 등장하고 있다.

---

45 "반년새 마트 20곳 문닫은 일본 돗토리현… 마땅한 대책없어 고령층 '불안'", 농민신문
(2024.9.13.)

한국의 식품사막[46]

"서울시의 식품사막 발생 가능성과 유형에 대한 연구"를 살펴보면 우리나라 서울시의 경우 도심(점이지대)과 도시 외곽의 빈곤 지역에서 주로 발생하며 이때 빈곤층과 노인, 장애인이 가장 큰 영향을 받는다. 발생요인으로 빈곤, 거주환경, 고령화, 신선식품 매장 부족 등이 있다.

또한, 영국이나 미국과 달리 우리나라와 일본의 경우 영향 계층에 노인이 포함되어 있는데 양국 모두 급속하게 고령화된 국가로 후기고령자, 독거노인의 증가가 영향을 미치고 있음을 알 수 있다. 이러한 상황을 충분히 고려하여 식품사막의 대응책 마련을 해나가야 한다.

초고령사회인 일본에서는 기존의 상품이나 서비스만으로는 건강수명의 연장에 대응하기 어려운 상황이다. 경제산업성은 이를 커다란 유망한 시장으로 보고, 그림과 같이 헬스케어 산업으로 2025년까지 33조 엔 규모의 시장 형성을 위해 다양한 지원책을 내놓고 있다. 특히, 사회보장비의 절감을 포함하여 공적의료보험 및 개호보험 외 서비스 시장은 후생노동성, 경제산업성 양측이 함께 추진해야 할 과제로서 지자체와 기업의 연동과 대기업과 헬스케어 벤처와의 매칭 등이 필요하다.

즉, 향후 보험 외 서비스는 공적 보험의 대체로서 존재감이 크고, 장수사회의 새로운 축이 될 것으로 예측된다. 이러한 100세 시대에 있어서 새로운 시장을 '센츄리언 마켓'이라고 부르며, 다양한 플레이어가 자신들의 강점을 활용한 상품이나 서비스의 개발을 하고 있다.[47]

---

46 이누리 김걸, "서울시의 식품사막 사례 연구", 한국도시지리학회지(2017)

47 유선종외, [신노년의 삶, 웰에이징 트랜드], 박영사(2023.3)

4-4
고령자의 모빌리티와 접근성

초고령화 시대 이동권 문제[48]

초고령사회로 진입하게 되면 일반 국민에게까지 큰 영향을 미칠 것으로 예상되는 부문이 '대중교통'이다. 2023년 기준 서울시 택시기사의 50.39%가 65세 이상인 고령 인구이며, 개인택시 기사의 평균연령은 64.6세, 법인택시 기사의 평균연령은 63.1세이다. 이를 전국 통계로 확대해 봐도 65세 이상인 기사가 45%(10만7947명)이며, 특히 개인택시기사는 52%(8만4,954명)에 이른다.

택시가 아닌 버스의 경우에도 이런 고령화 추세가 유사하게 나타나고 있는데 버스 기사 부족으로 인해 버스가 운행되지 못하거나 노선이 사라지는 현상이 나타나고 있는 것이다. 충북의 경우, 60대 이상 기사의 비율이 61.6%에 이르고, 그중 80대가 4명이나 된다.

일본의 경우, 후생노동성 자료에 따르면 2022년 기준 택시 기사의 평

---

48 김영기 외, 「초고령사회 산업의 변화」, 김영기 외, 브레인플랫폼(2024.4)

균연령은 58.3세이고, 버스는 이미 기사 부족으로 노선 폐지가 잇따르는 중이다. 후쿠오카에서는 32개 노선이 사라지거나 단축되었고, 나가사키와 오사카에서는 16개의 노선의 폐지가 진행 중이다.

더욱이 2017년 기준 65세 이상 인구 비율이 28%에 달하는 일본의 경우 저출산·고령화로 2040년까지 전체지방자치단체의 절반이 넘는 896개가 소멸할 것으로 예상된다. 이 소멸의 결정적인 원인이 바로 대중교통의 단절인데, 운전기사들의 고령화와 도심 편중 현상이 심화되면서 차가 있어도 운행할 사람이 없는 문제가 발생하기 때문이다.

즉 택시 및 버스 기사의 고령화와 감소는 국민의 이동권 보장을 흔들며, 일상의 붕괴라는 사회문제로 대두되고 있다.

이러한 이동권 문제를 위해 주목받고 있는 분야가 바로 '자율주행'이다. 레벨4 이상의 자율주행 자동차에는 실제로 운전자가 필요하지 않기 때문에 기사 인력의 급감이나 지역 및 국가에 상관없이 대중교통을 운행할 수 있어서 국민의 이동권 보장을 위한 유력한 미래 기술로 대두되고 있다. 때문에 레벨4 자율주행 자동차의 법규(안전기준)가 전 세계적으로 제정되지 않은 현재 상황에서도 초고령사회의 사회적 문제 해결에 우선순위를 둔 국가들은 자율주행 자동차 상용화에 앞장서고 있다.

독일은 2021년 세계 최초로 레벨4 자율주행 자동차를 기업간거래(B2B)할 수 있는 법안을 공포하였는데, 이 목적을 '대중교통'과 '물류'로 한정하였다. 일본은 지난 2023년 도로교통법을 개정하여 '대중교통'과 '물류'로 사용하는 경우에 한해 레벨4 자율주행 자동차의 도로주행 제한을 해지하였다. 우리나라도 2024년 2월 자율주행차법 개정안이 국회를 통과하여 내년부터 기업 간 레벨4 자율차거래가 가능하게 되었으며, 이를 통해 레벨4 자율차의 상용화를 앞당겨 국민의 이동권이 개선될 것으로 기대되고 있다.

하지만 자동차의 사고는 탑승객에게 영향을 끼칠 뿐 아니라, 보행자와 타 차량 운전자 등 제3의 도로이용자에게 영향을 끼치기 때문에 이들이 자율주행 자동차의 공공도로 운행에 대해 수용할 수 있는 측면에서도 사회적 수용성 향상이 필수불가결한 요소이다. 이를 위해서는 상용화를 추진하는 정부뿐만 아니라 실제 자율주행자동차가 필요한 구간과 서비스에 대한 시민단체와 운수업계의 의견 수렴도 중요한 요소이다.

운전기사가 부족해 대중교통의 불편함을 쥐고 있는 구간이라든지, 수요가 많지 않아 운행이 제한되고 있는 소외지역 구간이라든지, 대중들의 불편함을 해소하고 삶의 질을 향상해 줄 수 있는 영역부터 자연스럽게 자율주행 기술이 녹아든다면 그것이야말로 사회적 수용성을 자연스럽게 향상시킬 수 있는 바람직한 방안이 될 것이다.

초고령사회에서 건강하고 행복하게 늙는 '웰에이징(Well-aging)'은 시대의 화두이자 모두의 바람이다. 따라서 구성원 모두가 나이가 들어도 기본권이 보장될 수 있는 시스템을 구축하는 것이 사회적 웰에이징이다. 자율주행 자동차가 이러한 사회적 웰에이징의 수단으로 활용되어 모빌리티 패러다임의 전환이라는 대변혁을 부드럽게 이끌어 내기를 기대해 본다.

2019년부터 고령 운전자로 인한 교통사고 문제가 주목되었다

경찰청에서는 면허제도 등 고령사회에 대응한 노력을 하고 있다. 자동차의 안전성능이 향상되어 일본 국토교통성은 피해 경감 브레이크(자동 브레이크)의 의무화를 안내하고, 지원형 차량 보급도 추진하고 있다. 그러나 지원형 차의 기능은 만능이 아니며 노인 운전자에 의한 사고는 피할 수 없다는 것을 간과하면 안 된다.

사고 방지에 가장 효과적인 것은 저속화이다. 국토교통성이 제창한 그린 슬로우 모빌리티는 19km/h 수준의 골프 카트이다. 속도가 느리지만 실제로는 그 정도의 속도가 쾌적하다고 호평을 받기도 한다. 그 외에 30km/h 정도로 달리는 초소형 모빌리티에 대해서도 동경모터쇼에서 다양한 차량이 전시되었다. 저속 6km/h대도 포함되어 경제산업성에서는 다양한 모빌리티의 보급을 목표로 노력하고 있다.

모빌리티는 이동 수단으로 이동 목적 또한 중요하기 때문에 마을 만들기, 커뮤니티 만들기에 의해 고령자가 외출하고 싶어지는 형태로 만들어야 한다. 모빌리티 제약이 건강 상태의 악화로 이어지면 의료비용이 들어가기 때문에 모빌리티에 투자를 하더라도 사회보장비가 절감될 수 있는 크로스 섹터 효과도 고려해야 한다.

'그린 슬로우 모빌리티'[49]

고령자들이 사회와의 접점을 지속적으로 이어가는 것은 건강수명 연장이라는 관점에서도 중요하다. 고령 드라이버의 사고에 대해서 면허 반납을 통해 리스크를 줄이는 것만으로는 근본적인 문제해결이 되지 않는다. 노년기에도 이용 가능한 안전하고 쾌적한 이동 수단을 확보하려는 것이 그린 슬로우 모빌리티의 등장 배경이다.

---

49 김범수 외, 「경제학의 관점에서 본 한국의 저출산 고령화 문제」, 고려대학교 출판문화원 (2017.6)

일본 국토교통성이 고령자의 이동수단 확보와 관광객에게 편리성이 높은 여행수단을 확보하기 위해서 저속 친환경 제품인 그린 모빌리티 서비스를 보급하려고 추진 중이다. 2018년도 이후 보급을 위한 실증사업을 지원하고 있으며, 2020년 기준 전국 약 50여 개 지역에서 실증사업을 진행했다.

차량은 4, 7, 10, 16인승이 있으며, 4인승(경)과 7인승(소형)은 골프 카트, 10인승(보통 자동차로 휠체어 리프트 사용 가능), 16인승(버스, 휠체어 리프트 사용 가능)은 미니버스를 사용하고 있다.

그린 슬로우 모빌리티의 평판은 비교적 좋은 편이며, 도어가 없는 차체에 천천히 이동하기 때문에 이동 중 탑승자와 보행자 사이에 커뮤니케이션이 가능해 즐거운 시간을 보낼 수 있다.

또한, 저속 운전을 하기 때문에 운전자도 실버인재를 채용하여 고령자의 사회참여를 독려하는 사례도 있으며, 그린 슬로우 모빌리티의 도입으로 자가용을 사용하지 않아도 되는 주거환경 만들기의 실천 사례와 사업화 사례도 있다.

사례 ──────── **동경 이케부쿠로(池) 'IKEBUS'[50]**
도심의 대표적인 활용 사례로 이케부쿠로의 'IKEBUS'를 들 수 있다. IKEBUS는 재개발이 진행되는 이케부쿠로의 볼만한 곳을 순회하는 전동 커뮤니티 버스로 7대가 도입되어 운행되고 있으며 미니버스 타입으로 22인까지 탑승할 수 있다. 고유한 디자인이 임팩트가 있어 지역의 얼굴로도 활용되고 있다.

---

50 https://willerexpress.co.jp/business/ikebus/

사례 ——— Universal Maas

노인 장애인 외국인 등 교통약자가 편리하게 이용할 수 있는 사회 실현을 위한 연계방안을 생각해보자. 고령화로 인해 교통약자가 일상적인 쇼핑이나 병원에 다니기에도 어려움을 겪는 상황에서 ANA, 케이큐(京急),요코스카시, 요코하마국립대학이 이동에 지장이 있는 사람들을 위해 연계 협력하여 이동서비스 Liniversal MaaS 제공을 시작했다. Universal MaaS란 고령자뿐만 아니라 장애인이나 외국인 등 다양한 이유로 아동에 지장이 있는 사람들이 쾌적하고 스트레스 없이 이동을 할 수 있도록 돕는 서비스로 공공 교통기관의 운임 및 운행 상황, 배리어프리 환승 루트 등의 정보를 제공함과 동시에 이용자의 실시간 위치 정보와 필요한 지원 내용에 대해서 교통사업자, 지자체 대학이 연계하여 이동을 돕는 것이다.

이러한 산학관 공동 연계 프로젝트는 2019년 6월부터 시작된 것으로 하네다공항 제2터미널에서 요코스카 미술관까지의 이동 시 활용가능한 고객용 어플(동시지원이 필요한 휠에어 이용자용 어플), 서비스 제공자용 어플(도움이 필요한 이용자의 위치 정보와 속성 정보를 열람가능)을 사용하여 휠체어 이용자와 각 서비스 제공자 쌍방의 의견을 반영한 Universal MaaS 프로토 타입을 구축했다.

고령자와 교통부문 불평등

교통부문 사회간접자본(social overhead capital, SOC)은 국가경제에 중요한 역할을 수행하는 근본적인 토대가 되는 기초로서 제조업 및 서비스업과 같은 산업 생산성에 직접적인 영향을 미치고 있으며 일반 국민들의 사회경제 생활에 필수적인 요소이다. 우리나라와 같은 수출중심의 경제구조를 보유하고 있는 국가는 수출입 상품의 운송, 보관 및 하역에 교통부문 사회간접자본이 지대한 영향을 미치고 있다. 정부는 이러한 교통부문 SOC 의 중요성을 파악하여 1994년 교통세(현재 교통에너지환경세)란 목적세와 교통시설특별회계를 도입하여 교통 SOC 투자에 공을 들이게 되었다. 교통에너지환경세 및 교통시설특별회계 도입 이전에는 교통부문 투자가 집중적으로 이루어지지 못하여서 운송 및 물류체

심각한 문제를 야기하여 국가경쟁력에 근본적인 한계를 드러내고 있었다. 그러나 교통에너지환경세 및 교통시설특별회계 도입으로 우리나라 교통부문 투자는 비약적으로 발전하여 큰 성과를 이루게 되었다.

1994년 중앙정부의 교통부문 투자금액은 약 4.5조 원 수준이었지만 그이후 교통부문 투자금액이 증가하기 시작하여 2015년에는 약 19조 원에 육박하고 있었다. 국내총생산 대비 교통투자금액 비중은 1994년에는 약 1.2% 수준을 유지하다가 계속 증가하여 1998년 및 1999년에는 약 2.0% 수준에 도달하였으며 그 이후 감소하는 추세를 유지하여 2015년에는 약 1.2% 수준에 머물고 있다. 명목수준으로 교통 SOC 투자금액의 연평균 증가율은 약 7.06%로서 국내총생산 증가율(7.14%)과 유사한 수준을 보이고 있으며 모드별로 살펴보면 철도의 연평균 증가율이 약 10.06%로 가장 높은 수준을 보이고 있다.

교통부문 집중적인 투자로 인하여 교통 SOC 스톡 수준도 크게 증가하였는데 도로연장은 2000년에 비해 2014년에 약 20% 증가하였으며 철도의 전철화율 및 복선화율도 약 2배 수준으로 증가하였다. 그리고 여객 및 화물의 항공수송실적은 2000년에 비해 2014년에는 각각 94% 및 55%

증가하였고 항만하역능력은 약 138%나 증가하였다.[51]

저출산과 고령화는 교통부문에서 불평등을 심화시키고 있다. 인구구조가 변화함에 따라 노인층과 1인 가구가 증가하면서 이들에 대한 교통 서비스의 접근성과 질이 중요한 이슈로 떠오르고 있다.

먼저, 저출산으로 인한 인구 감소는 대중교통 이용 인구의 감소로 이어진다. 특히 지방에서는 인구가 줄어들면서 대중교통 서비스가 축소되거나 폐지되는 경우가 많다. 이는 지역 간 교통 접근성의 격차를 확대시키고, 특히 비도시 지역에 거주하는 사람들의 교통 불편을 가중시킨다. 교통 서비스가 축소되면, 비도시 지역의 주민들은 자가용에 의존할 수밖에 없는데, 이는 경제적 부담을 증가시킬 뿐만 아니라 환경적 문제도 초래한다.

고령화 역시 교통 부문에서 불평등을 초래하는 주요 원인 중 하나이다. 노년층은 이동이 제한되거나 대중교통 이용에 어려움을 겪는 경우가 많다. 도시 지역에서는 대중교통 서비스가 상대적으로 잘 갖추어져 있어 노년층의 이동이 용이하지만, 비도시 지역에서는 이러한 서비스가 부족하여 이동권이 크게 제한된다. 특히, 비도시 지역의 노인들은 필수적인 의료 서비스나 생활 편의시설에 접근하기 어려운 상황에 처할 수 있다.

이러한 불평등을 해소하기 위해서는 교통약자를 위한 정책 확대가 필요하다. 교통 인프라의 접근성을 높이고, 대중교통 서비스의 질을 개선하며, 비도시 지역에서도 교통 서비스를 강화해야 한다. 예를 들어, 저상

---

51 김범수 외. 경제학의 관점에서 본 한국의 저출산 고령화 문제. 고려대학교 출판문화원
(2017.6)
[제6장 사회경제적 환경변화에 따른 교통부문 불평등 현황과 향후 과제' 이재민]

버스 도입 확대, 장애인 콜택시 서비스 개선, 노인층을 위한 맞춤형 교통 서비스 제공 등이 필요하다.

향후 과제로는 첫째, 지역별로 상이한 교통 수요에 대응하는 맞춤형 정책이 필요하다. 수도권과 비수도권, 도시와 농촌 간의 교통 격차를 줄이기 위한 정책적 배려가 요구된다.

둘째, 교통 인프라 투자에 있어서 안전과 유지보수를 고려한 지속가능한 접근이 필요하다. 단순히 새로운 교통 시설을 건설하는 것에 그치지 않고, 기존 시설의 유지와 안전을 강화하는 데도 집중해야 한다.

또한, 1인 가구 증가와 전자상거래의 확산에 대응해 물류 시스템의 효율성을 높이는 것도 중요한 과제이다. 물류 인프라를 강화하고, 화물 운송에 대한 새로운 접근 방식을 도입하여 효율성과 접근성을 동시에 향상시킬 필요가 있다.

결론적으로, 저출산과 고령화로 인한 교통 부문의 불평등 문제는 지역적, 계층적 특성을 고려한 세밀한 정책 접근이 필요하다. 교통약자를 배려한 서비스 확대와 인프라 개선을 통해 모든 계층이 평등하게 이동할 수 있는 사회를 만들어 나가야 할 것이다.

따라서 노년층과 같은 교통약자를 위하여 교통복지차원의 교통수요정책을 확대해 나가야 할 것이다. 그리고 저성장 기조와 인구구조 변화에 따라 복지예산 수요가 증가할 것이며 이로 인해 교통 분야 투자예산이 감소할 가능성이 높다. 그러므로 투자예산 축소를 감안하여 수요대응형 교통정책[52]을 펴나가야 할 것이다.

---

52 박상우외, "수요대응형 교통체계 평가모형 구축", KOTI(2008.12)
    수요 대응형 교통체계란 고정된 노선이나 운행계획표 없이 수요가 발생할 때, 즉 이용자의

또한 지역별 및 계층별 상이한 교통투자수요가 존재하는데 이에 대응하는 정책이 필요할 것이다. 예를 들어 수도권 지역의 인구집중은 더욱 심화될 것으로 판단되며 이에 대응하는 투자정책이 필요할 것이다. 그러나 낙후지역 및 인구희박지역의 경우에 대체교통수단이 부재한 이유로 교통투자의 지속적 유지도 필수적인 요청이다. 또한 건설 위주의 투자가 아니라 교통안전과 유지보수를 고려한 투자정책의 입안이 필요할 것이다. 특히 1인가구 증대와 전자상거래의 폭발적 증가는 물류분야 투자가 필요할 것이며 화물운송분야에 대한 패러다임 변화가 필요할 것이다.

요청이 있을 때 제공되는 교통서비스를 일컫는 개념이다. 따라서 이 서비스는 버스 등 기존 대중교통 서비스의 시·공간적 제약을 완화할 수 있는 준대중교통수단의 일환으로 이해할 수 있다. 미국이나 유럽 등 교통선진국에서는 이미 1960–70년대부터 수요 대응형 교통서비스를 제공해 오고 있다. 우리나라 또한 1980년 이후 시각 장애인 심부름센터, 2000년대 이후 장애인 콜택시 서비스가 제공되고 있다. 그러나 선진국과 우리나라 모두 서비스 공급 전 체계적인 검토 및 평가 없이 다분히 정책적 판단에 따라 사업을 시행해 온 면이 없지 않았다. 그 결과 운영기관의 생산성과 효율성은 저하되고 이용자의 서비스 만족도는 개선되지 못하는 실정에 있다.

4-5
고령화 지역의 물류 문제

고령화 지역은 몇 가지 공통된 문제를 가지고 있으며, 이는 물류 서비스의 제공에 큰 어려움을 초래합니다. 다음은 고령화 지역에서 물류 접근성을 저해하는 주요 문제들이다.

첫째, 인구 밀도가 낮은 지역에서는 물류 서비스의 수익성이 떨어질 수 있다

적은 주문량으로 인해 배송 비용이 증가하고, 이는 물류 서비스 제공에 큰 장벽이 된다. 이러한 지역에서는 물류 운영이 경제적으로 부담이 될 수 있으며, 기업들은 이러한 문제를 해결하기 위해 추가적인 전략을 필요로 한다. 인구 밀도가 낮으면 물류 서비스의 빈도도 줄어들게 된다. 이는 고령자들이 필요한 물품을 제때에 받지 못하게 하여, 생활의 불편함을 초래한다. 물류 서비스의 빈도 감소는 특히 정기적인 물품 수령이 중요한 고령자들에게 큰 문제로 다가온다.

둘째, 고령화 지역은 종종 도로와 교통 인프라가 열악하다

이는 물류 차량의 접근성을 저해하고, 배송 시간이 길어지며, 물류 비용을 증가시키는 요인으로 작용한다. 열악한 도로 조건과 부족한 교통 인프라는 물류 운영의 효율성을 크게 떨어뜨릴 수 있다. 또한, 물류 창고, 분류 센터 등 물류 시설이 부족하여 효율적인 물류 운영이 어렵다. 물류 시설의 부족은 물류 서비스의 품질과 신속성을 저해하며, 물품의 안전한 보관과 신속한 분류를 어렵게 한다.

셋째, 고령자의 특수 요구를 반영하지 못하면 실질적인 접근성이 떨어진다

고령자들은 거동이 불편할 수 있으며, 따라서 물품을 직접 수령하는 데 어려움을 겪을 수 있다. 이는 물류 서비스가 고령자의 특수 요구를 반영하지 못하면 실질적인 접근성이 떨어진다는 문제로 이어진다. 고령자들의 생활을 지원하기 위해서는 물류 서비스가 더욱 편리하고 접근 가능하도록 설계되어야 한다. 또한, 고령자들은 정기적으로 의료 물품과 약물을 필요로 하는 경우가 많다. 이러한 물품의 적시 배송은 고령자들의 건강 관리에 필수적이다. 정기적인 의료 물품 및 약물의 배송은 고령자들이 건강을 유지하고 관리하는 데 중요한 역할을 한다.

이러한 요인들은 고령화 지역에서 물류 서비스의 제공을 어렵게 만드는 주요 문제들이다. 이를 해결하기 위해서는 물류 인프라의 개선, 특수 요구를 반영한 맞춤형 서비스 제공, 경제적인 물류 운영 모델 개발 등이 필요하다. 물류 기업들은 이러한 도전에 대응하여 고령화 지역에서도 효율적이고 지속가능한 물류 서비스를 제공할 수 있는 방안을 모색해야 한다.

물류 접근성 향상을 위한 전략

고령화 지역의 물류 접근성을 향상시키기 위한 전략은 지역 특화 물류 네트워크 구축, 드론 배송 도입, 지역 사회와의 협력 등 여러 가지로 구분할 수 있다.

우선, 지역 특성을 고려한 물류 네트워크를 설계하는 것이 중요하다

이를 위해 인구 분포와 물품 수요를 분석하여 물류 네트워크를 최적화해야 한다. 고령화 지역의 인구 분포와 수요를 정확히 파악하면 물류 서비스의 빈도를 조정하고 효율성을 높일 수 있다. 또한, 대규모 중앙 물류센터 대신, 지역 특성에 맞춘 소규모 분산형 물류 허브를 구축하는 것도 필요하다. 분산형 물류 허브를 통해 각 지역에 필요한 물품을 신속하게 배송할 수 있으며, 이는 특히 고령자들에게 중요한 서비스를 제공하는데 큰 도움이 된다.

지방 물류 인프라를 강화하는 것도 중요한 전략 중 하나다. 이를 위해지역 도로를 개선하고 교통 인프라를 확충해야 한다. 지방 정부와 협력하여 도로와 교통 인프라를 개선하면 물류 차량의 접근성을 높이고 배송 시간을 단축할 수 있다. 또한, 물류 창고와 분류 센터 등 지역 물류 시설에 대한 투자를 확대하는 것도 중요하다. 이러한 시설 투자는 물류 운영의 효율성을 높이고, 지역 사회와의 협력을 통해 공공 물류 시설을 구축하는 방안도 고려할 수 있다.

둘째, 드론 배송 도입도 고려할 만하다

드론 배송 네트워크를 구축하면 지리적 제약을 극복할 수 있다. 드론은 도로가 열악한 지역에서도 신속하게 물품을 배송할 수 있는 장점이 있다. 이를 위해 각 가정이나 커뮤니티에 드론 착륙지점을 설치하여 드론이 안전하게 물품을 배송할 수 있도록 하는 것이 중요하다.

드론 배송 시스템을 구축하면 응급 상황에서 필요한 의료 물품이나 약물을 신속하게 배송할 수 있으며, 이는 고령자들의 건강과 안전을 지키는 데 큰 도움이 된다. 또한, 정기 배송 서비스와 드론 배송을 연계하여 고령자들이 정기적으로 필요한 물품을 신속하게 받을 수 있도록 하는 것도 효과적인 방법이다.

셋째, 지역 사회와의 협력도 중요하다

물류 서비스 운영에 지역 주민을 채용하여 고용 창출과 지역 경제 활성화에 기여할 수 있다. 이를 통해 지역 사회의 지지를 얻고, 물류 서비스의 품질을 높일 수 있다. 지역 커뮤니티와 협력하여 물류 인프라를 개선하고, 공동의 물류 허브를 구축하는 것도 좋은 방법이다. 이를 통해 지역 내 물류 서비스의 접근성을 높일 수 있다.

공공 및 민간 협력도 중요한 요소다. 지방 정부와 협력하여 물류 인프라 프로젝트를 추진하고, 도로 개선, 물류 시설 투자 등 공공 인프라 개선을 통해 물류 서비스의 접근성을 높일 수 있다. 또한, 민간 기업과의 파트너십을 통해 물류 솔루션을 개발하고, 고령화 지역에 적용할 수 있다. 예를 들어, 기술 기업과 협력하여 드론 배송 시스템을 도입하거나, 의료 기업과 협력하여 정기 배송 서비스를 강화하는 방법 등이 있다. 이러한 공공 및 민간 협력을 통해 고령화 지역의 물류 접근성을 획기적으로 향상시킬 수 있다.

고령화 지역의 물류 접근성 문제는 물류 업계가 해결해야 할 중요한 과제이다.

지역 특화 물류 네트워크 구축, 드론 배송 도입, 지역 사회와의 협력 등을 통해 고령화 지역의 물류 접근성을 향상시킬 수 있다. 이러한 전략을 통해 물류 업계는 고령자들이 필요한 물품을 신속하고 효율적으로 받을 수 있도록 지원하며, 사회적 책임을 다할 수 있다. 고령화 사회에서 지속 가능한 발전을 이루기 위해 물류 접근성 향상은 필수적이며, 이를 위한 지속적인 노력이 필요하다.

4-6
고령자를 위한 맞춤형 배송 서비스

고령자들은 일반적인 물류 서비스와는 다른 요구를 가질 수 있으며, 이를 반영한 맞춤형 배송 서비스가 필요하다. 맞춤형 배송 서비스는 고령자들의 편의를 극대화하고, 그들의 삶의 질을 향상시키는 데 중요한 역할을 한다.

첫째, 의료용품은 민감하고, 적절한 취급이 필요하다

고령자들이 자주 사용하는 의료용품은 민감하고, 적절한 취급이 필요하다. 이를 위해 특수 포장재를 사용하여 외부 충격으로부터 보호하고, 안전하게 배송해야 한다. 예를 들어, 약물, 주사기, 의료 기기 등은 충격 방지 포장재로 포장된다. 고령자들이 섭취하는 식품의 신선도를 유지하는 것도 매우 중요하다. 냉장 또는 냉동 식품은 온도를 유지하기 위해 특수 포장재와 냉장/냉동 차량을 사용하여 배송된다. 신선 식품의 경우, 신속한 배송을 통해 품질을 유지해야 한다.

고령자들에게 민감한 물품을 안전하게 배송하기 위해 배송 인력에게

특별한 교육을 제공하는 것도 중요하다. 이를 통해 물품을 안전하게 취급하고, 고령자들의 요구를 이해하며 대응할 수 있다. 또한, 배송 과정에서 물품의 상태를 실시간으로 모니터링하여 문제가 발생할 경우 즉각적인 조치를 취하는 시스템을 구축하는 것이 필요하다. 예를 들어, 온도 변화를 실시간으로 감지하여 신선 식품의 신선도를 유지할 수 있다.

둘째, 편리한 배송 옵션이 필요하다

고령자들이 물품을 안전하게 받을 수 있도록 무접촉 배송 서비스를 제공하는 것이 필요하다. 배송 기사가 물품을 문 앞에 두고, 고령자가 직접 수령할 수 있도록 하여 접촉을 최소화하는 방식이다. 고령자들이 특별한 요구를 가지고 있을 경우, 이를 반영한 맞춤형 배송도 제공해야 한다. 예를 들어, 문 앞에 물품을 놓고 사진을 찍어 전송하거나, 특정 장소에 두도록 요청을 처리하는 방식이다.

고령자들이 원하는 시간대에 맞춰 물품을 배송하는 유연한 배송 시간도 중요하다. 예를 들어, 오전, 오후, 저녁 등 선택 가능한 시간대를 제공하여 고령자들이 편리한 시간에 물품을 받을 수 있도록 한다. 또한, 고령자들이 사전에 배송 시간을 예약할 수 있는 서비스를 제공하여, 자신이 원하는 시간에 물품을 받을 수 있으며, 불필요한 대기를 줄일 수 있다.

이와 같이, 고령자들의 특수한 요구를 반영한 맞춤형 배송 서비스를 제공함으로써 그들의 편의를 극대화하고, 삶의 질을 향상시킬 수 있다. 의료 용품과 신선 식품의 안전한 취급, 무접촉 배송과 유연한 배송 시간 제공 등은 고령자 맞춤형 물류 서비스의 핵심 요소이다. 이러한 서비스를 통해 고령자들은 더욱 편리하고 안전하게 필요한 물품을 받을 수 있을 것이다.

셋째, 고령자에게는 개인화된 물류 서비스 제공이 필요하다

고령자들의 개인적인 요구를 반영한 개인화된 물류 서비스를 제공함으로써 그들의 삶의 질을 향상시키고 만족도를 높일 수 있다. 맞춤형 배송 계획과 강화된 고객 지원 서비스는 고령자들이 필요로 하는 물품을 적시에 제공받고, 물류 서비스 이용 과정에서 발생할 수 있는 문제를 신속히 해결하는 데 도움을 준다.

①고령자의 생활 패턴과 필요에 맞춘 배송이 필요하다

정기적으로 약물을 복용해야 하는 고령자들에게는 각자의 약물 복용 시간에 맞춰 약물을 배송하는 개인 맞춤형 배송 일정을 수립한다. 예를 들어, 아침과 저녁에 약물을 복용해야 하는 고령자에게는 해당 시간에 맞춰 약물을 배송하여 약물 복용의 연속성을 보장할 수 있다. 이러한 서비스는 고령자들이 약물을 적시에 복용할 수 있도록 도와 건강을 유지하는 데 큰 역할을 한다. 또한, 각 고령자의 일상 생활 패턴을 고려하여 배송 시간을 조정하는 것도 중요하다. 외출 시간이 많은 고령자에게는 집에 있는 시간에 맞춰 배송 일정을 잡아 물품 수령의 편의성을 높일 수 있다.

특수 요구를 반영하는 것도 중요하다. 특정 식품 알레르기가 있는 고령자에게는 해당 식품을 제외한 안전한 식품을 배송한다. 이를 위해 고객의 알레르기 정보를 사전에 수집하고 이를 배송 계획에 반영해야 한다. 예를 들어, 알레르기 정보를 바탕으로 고령자가 알레르기 반응을 일으킬 수 있는 식품을 피하고, 그 대신 안전한 식품을 제공함으로써 건강 위험을 줄일 수 있다.

각 고령자의 건강 상태에 맞춘 맞춤형 배송 서비스를 제공할 필요가 있다. 예를 들어, 당뇨병이 있는 고령자에게는 저당분 식품을 제공하고, 심장 질환이 있는 고령자에게는 저염 식품을 배송하는 등의 방식으로 개인화된 서비스를 제공할 수 있다. 이러한 맞춤형 서비스는 고령자들이 건강을 유지하고 관리하는 데 큰 도움이 된다. 고령자의 건강 상태에 따라 맞춤형 배송 계획을 수립함으로써 그들의 건강 관리에 실질적인 지원을 제공할 수 있다.

고령자들의 개인적인 요구를 반영한 개인화된 물류 서비스를 제공함으로써 그들의 삶의 질을 향상시키고 만족도를 높일 수 있다. 맞춤형 배송 계획과 강화된 고객 지원 서비스는 고령자들이 필요로 하는 물품을 적시에 제공받고, 물류 서비스 이용 과정에서 발생할 수 있는 문제를 신속히 해결하는 데 큰 도움을 준다.

결론적으로, 고령자들의 개인적인 요구를 반영한 개인화된 물류 서비스는 그들의 삶의 질을 향상시키고, 물류 서비스 이용 과정에서 발생할 수 있는 문제를 신속히 해결하는 데 큰 도움을 준다. 맞춤형 배송 계획과 강화된 고객 지원 서비스는 고령자들이 필요로 하는 물품을 적시에 제공받고, 건강을 유지하는 데 중요한 역할을 한다. 이러한 서비스는 고령화 사회에서 물류 서비스의 미래를 선도하고, 지속가능한 발전을 도모하는 데 필수적인 요소가 될 것이다.

사례 ———— CVS Health의 맞춤형 배송 서비스[53]

CVS Health는 고령자 맞춤형 배송 서비스를 제공하면서 고객의 피드백을 정기적으로 수집하고, 유연하게 대응하는 전략을 취하고 있다. 예를 들어, CVS Health는 약물 복용 시간이 있는 고객에게 정기적으로 피드백을 요청하고, 이를 바탕으로 배송 일정을 조정한다. 또한, 고객의 건강 상태가 변화할 경우, 즉각적으로 맞춤형 약물 배송 계획을 조정하여 새로운 건강 관리 요구에 맞춘 서비스를 제공한다.

정기적으로 고객 피드백을 수집하고 이를 바탕으로 서비스의 질을 평가하고 개선하는 것은 고령자 맞춤형 물류 서비스에서 매우 중요하다. 이를 통해 고객의 만족도를 높이고, 지속가능한 서비스를 제공할 수 있다. 설문조사, 직접 피드백 수집, 유연한 배송 계획 조정 등을 통해 고령자들의 요구를 충족시키고, 그들의 삶의 질을 향상시킬 수 있다. 이러한 노력을 통해 물류 업계는 고령화 사회에서 중요한 역할을 할 수 있으며, 고객 중심의 서비스를 제공하는 데 기여할 수 있다.

②정기적으로 고객 피드백을 수집하여 서비스의 질을 평가하고 개선하
　는 것도 중요하다
정기적으로 고객 피드백을 수집하여 서비스의 질을 평가하고 개선하는

---

53 CVS Health의 소매 부문인 CVS Pharmacy는 Target 및 Schnucks 식료품점 내에 1,700개 이상의 약국을 포함하여 약 10,000개의 지점을 보유한 미국 최고의 소매 약국이다. CVS Pharmacy는 환자, 고객 및 간병인에게 더 간단하고 접근하기 쉬운 경험을 제공하는 혁신적인 의료 솔루션을 제공하기 위해 최선을 다하고 있다. CVS Pharmacy는 진열대에서 담배 제품을 제거한 유일한 전국 약국이며 미국 전역에서 검사 및 예방 접종을 제공함으로써 COVID-19 팬데믹에 대응하는 데 주도적인 역할을 했다.
출처 : Pharmacyhttps://www.cvshealth.com/news/pharmacy/ cvs-pharmacy-upgrades-prescription-delivery-benefit-for-carepass.html)

것은 고객 만족도를 높이고, 지속가능한 물류 서비스를 제공하는 데 중요한 역할을 한다. 특히, 고령자 맞춤형 물류 서비스에서는 이러한 피드백 수집과 유연한 대응이 더욱 중요하다.

고령자들로부터 피드백을 체계적으로 수집하기 위해 정기적인 설문조사를 실시할 수 있다. 이 설문조사는 배송 서비스의 다양한 측면을 평가하는 질문들을 포함하여, 서비스의 질을 객관적으로 평가하는 데 도움을 준다. 예를 들어, 배송 시간의 정확성, 배송물품의 상태, 배송 기사의 태도 등에 관한 질문을 포함할 수 있다. 설문조사를 통해 수집된 데이터를 분석하여, 서비스의 강점과 개선이 필요한 부분을 파악할 수 있다.

고령자의 건강 상태나 생활 패턴이 변화할 때마다 배송 계획을 유연하게 조정하는 것도 필요하다. 예를 들어, 건강 상태가 악화된 고령자에게는 더 자주 의료 용품을 배송하거나, 새로운 건강 관리 요구에 맞춘 물품을 제공할 수 있다. 이는 고령자의 건강 상태를 지속적으로 모니터링하고, 필요에 따라 즉각적인 조치를 취하는 것을 포함한다.

계절 변화나 환경 변화에 따라 배송 계획을 조정하여 고령자들이 필요로 하는 물품을 적시에 받을 수 있도록 해야 한다. 예를 들어, 겨울철에는 난방용품을, 여름철에는 냉방용품을 추가로 배송하는 방식이다. 이러한 유연한 대응은 고령자들이 계절에 맞게 필요한 물품을 적시에 제공받을 수 있도록 보장한다.

배송 완료 후 직접 피드백을 수집하는 것도 중요한 방법이다. 이를 위해 배송 기사와의 인터뷰나 전화 상담을 활용할 수 있다. 배송 기사는 고객과 직접 상호작용하기 때문에, 고객의 만족도와 서비스 개선 사항을 실시간으로 파악할 수 있다. 예를 들어, 배송 기사는 물품이 잘 도착했는

지, 배송 과정에서 불편함이 없었는지 등을 확인하고, 이를 바탕으로 피드백을 수집할 수 있다.

③고객 지원 서비스 강화를 위해 전담 고객 지원팀을 운영하는 것도 필요하다

고령자들의 특수 요구를 이해하고 친절하고 전문적인 서비스를 제공할 수 있도록 전담 고객 지원팀을 운영한다. 이 팀은 고령자들의 문의와 요청에 신속하게 대응하며 필요한 지원을 제공한다. 단순한 문제 해결뿐만 아니라 고령자들에게 심리적 지원도 제공할 수 있다. 예를 들어, 물품 사용 방법에 대한 상담이나 생활 전반에 대한 조언을 제공하는 것이다.

다양한 문의 채널을 제공하여 고령자들이 편리하게 문의할 수 있도록 하는 것도 중요하다. 전화 지원 서비스를 통해 고령자들이 쉽게 접근할 수 있도록 하고, 전화로 접수된 문의나 요청에 신속히 대응한다. 전화 외에도 이메일과 채팅을 통해 문의할 수 있는 다양한 채널을 제공하여 고령자들이 편리한 방법으로 문의할 수 있도록 한다.

④개인 맞춤형 교육을 제공하여 고령자들이 물류 서비스를 원활하게 이용할 수 있도록 도와주는 것도 중요하다

사용자 친화적인 안내 자료를 제공하여 고령자들이 물류 서비스를 쉽게 이용할 수 있도록 하는 것도 필요하다. 사용자 친화적인 가이드북과 동영상을 제공하여 배송 신청 방법, 물품 수령 방법 등을 쉽게 이해할 수 있도록 한다. 안내 자료는 고령자들이 쉽게 이해할 수 있도록 간단한 언어와 시각 자료를 활용한다. 복잡한 용어나 전문 용어를 지양하고 누구

나 쉽게 이해할 수 있도록 작성해야 한다.

　온라인 주문 방법을 모르는 고령자에게는 1:1 교육을 통해 주문 방법을 안내한다. 교육 내용은 고령자의 이해 수준에 맞춰 개인 맞춤형으로 제공되며 필요 시 반복 교육을 실시할 수 있다. 필요에 따라 고객 지원팀이 직접 고령자를 방문하여 현장 교육을 제공하는 것도 좋은 방법이다. 예를 들어, 온라인 주문 시스템 사용 방법을 직접 시연하고 고령자가 직접 실습해볼 수 있도록 도와주는 것이다.

　이러한 다양한 전략과 서비스 개선을 통해 고령자들의 개인적인 요구를 반영한 맞춤형 물류 서비스를 제공할 수 있다. 이는 고령자들의 삶의 질을 향상시키고 물류 서비스 이용 과정에서 발생할 수 있는 문제를 신속히 해결하는 데 큰 도움이 될 것이다.

사례 ─── 월그린 24시간 배달 서비스[54]
약국체인점인 월그린이 도어대시 또는 우버이츠를 통해 주 7일 24시간 배송 서비스를 시작했다. 월그린은 하루 24시간 운영하는 약 400개 매장에서 서비스를 제공한다. 소비자들은 24시간 배송 서비스를 통해 2만7000개 이상 제품 구매가 가능하며 처방전, 기프트카드, 주류와 사진 관련 제품은 제외다. 월그린 웹사이트(Walgreens.com)나 월그린 앱에서 당일배송 옵션을 선택하면 주 7일 24시간 배송 서비스를 신청할 수 있다. 최근 소매업계는 도어대시 또는 쉬프트 같은 배송 서비스나 드론을 이용해 배송속도를 높이는 것이 고객 확보 경쟁의 핵심 방식으로 부상하고 있다. 아마존은 아마존 프라임 에어 서비스를 통해 고객이 구매한 상품을 드론을 이용해 배송한다. 월마트도 2022년 말까지 드론 배송 네트워크를 확장할 계획이다.

---

54 "월그린도 24시간 배달 서비스", 미주한국일보(2022.12.5.)

사례 ─────── Yamato Transport의 맞춤형 물류 서비스[55]

Yamato Transport는 일본에서 가장 큰 물류 서비스 제공자 중 하나로, 특히 고령자를 위한 맞춤형 물류 서비스를 운영하고 있다. Yamato의 'TA-Q-BIN' 서비스는 고령자들에게 맞춤형 배송 서비스와 정기적인 의료용품 배송을 제공하여 그들의 삶의 질을 향상시키는 데 기여하고 있다.

TA-Q-BIN은 Yamato Transport의 대표적인 소화물 배송 서비스로, 일본 전역에 걸쳐 신속하고 정확한 배송을 제공한다. 이 서비스는 특히 고령자들을 위한 다양한 맞춤형 옵션을 포함하고 있다.

①맞춤형 의료 용품 배송

Yamato Transport는 고령자들이 정기적으로 필요한 의료용품을 안전하고 신속하게 배송하는 맞춤형 서비스를 제공한다.

②정기 배송 서비스

고령자들이 정기적으로 필요한 약물이나 의료용품을 정기적으로 배송하여, 그들이 필요한 시기에 적절한 물품을 받을 수 있도록 한다. 예를 들어, 특정 약물을 매월 정해진 날짜에 배송하는 서비스를 통해 약물 복용의 연속성을 보장한다.

③의료 기기 배송

혈압계, 혈당 측정기 등의 의료 기기를 안전하게 배송하며, 필요한 경우 설치와 사용 방법을 안내하는 서비스를 제공한다. 이를 통해 고령자들이 필요한 의료 기기를 쉽게 사용할 수 있도록 지원한다.

④시간 지정 배송

고객이 원하는 시간대에 맞춰 물품을 배송해주는 서비스이다. 고령자들이 외출 시간을 피하고 집에 있을 때 물품을 받을 수 있도록 유연한 배송 시간을 제공한다.

---

55 https://www.kuronekoyamato.co.jp/ytc/en/send/services/

⑤냉장 및 냉동 배송

고령자들이 자주 필요한 신선 식품과 약물을 안전하게 배송하기 위해 냉장 및 냉동 차량을 운영한다. 이를 통해 식품과 약물의 신선도를 유지하고, 안전하게 배송할 수 있다.

⑥TA-Q-BIN Collect

고객이 물품을 수령할 때 대금을 지불하는 서비스로, 고령자들이 온라인 결제에 익숙하지 않거나 불편함을 느낄 경우 유용하다. 이 서비스는 물품의 대금을 현금으로 지불할 수 있어 편리함을 제공한다.

사례 ——— Sagawa Express의 맞춤형 물류 서비스[56]

Sagawa Express는 일본의 주요 물류 기업으로, 고령자를 위한 맞춤형 물류 서비스를 제공하는 데에도 앞장서고 있다. 특히, 신속하고 안전한 배송 서비스로 유명하며, 고령자들이 필요로 하는 다양한 물품을 적시에 제공하는 데 중점을 두고 있다.

①정기적 의료 용품 배송

Sagawa Express는 고령자들이 정기적으로 필요한 의료 용품을 적시에 제공하는 서비스를 운영하고 있다.

②정기 배송 서비스[57]

고령자들이 필요로 하는 약물과 의료 용품을 정기적으로 배송하여, 그들이 제때에 필요한 물품을 받을 수 있도록 한다. 예를 들어, 매월

---

56 https://www.sagawa-exp.co.jp/english/
57 이상근, "면도기도 '구독'하는 시대, 물류는 잘 따라오고 있나요?", 로지스팟 물류연구소 19(2021.8.30.)
구독비즈니스는 유통기업에게 대량 계획구매를 통해 가격 협상력을 강화할 수 있고, 물류측면에서 예측 가능한 물류 운영을 가능하게 한다. 이는 물류센터 내 적정 재고 유지와 계획적인 작업, 계획배송을 가능케 해 안정적이고 균질화된 물류서비스를 제공할 수 있다. 또 물동량의 예측과 조정이 가능해 가동률과 생산성이 향상되며, 고객의 니즈에 맞는 물류서비스를 가능케 한다. 또한 AI, 빅 데이터를 활용한 자동주문, 예측배송, 미리배송, 고객맞춤 포장, 선호 시간대 배송, 상품별 배달 장소지정 등의 물류서비스가 가능해져 고객의 충성도를 높이는데 크게 기여할 것이다.

일정한 날짜에 약물을 배송함으로써 약물 복용의 연속성을 보장한다.

③응급 물품 배송

응급 상황에서 필요한 의료 물품이나 약물을 신속하게 배송하는 서비스를 제공하여, 고령자들의 건강과 안전을 지킬 수 있도록 한다. 이를 통해 응급 상황에서도 필요한 물품을 적시에 제공받을 수 있다.

④시간 지정 배송

고령자들이 원하는 시간대에 물품을 받을 수 있도록 유연한 배송 시간을 제공한다. 이를 통해 고령자들이 외출 시간을 피하고 집에서 편안하게 물품을 수령할 수 있도록 한다.

⑤냉장 및 냉동 배송

신선 식품과 약물의 안전한 배송을 위해 냉장 및 냉동 차량을 운영한다. 이를 통해 식품과 약물의 신선도를 유지하고, 고령자들에게 안전하게 배송할 수 있다.

Yamato Transport와 Sagawa Express는 일본의 대표적인 물류 서비스 제공자로, 고령자 맞춤형 물류 서비스를 통해 그들의 삶의 질을 향상시키고 있다. 이러한 맞춤형 서비스는 고령자들이 필요한 물품을 적시에 안전하게 받을 수 있도록 지원하며, 그들의 건강과 안전을 보장하는 데 중요한 역할을 하고 있다. Yamato와 Sagawa의 사례는 고령화 사회에서 물류 서비스가 어떻게 진화하고 있는지를 잘 보여주고 있으며, 다른 물류 기업들에게도 많은 시사점을 제공한다.

고령화 사회에서의 맞춤형 물류 서비스의 중요성

고령화 사회는 물류 업계에 새로운 도전과 기회를 동시에 제공하고 있다. 고령자 맞춤형 물류 서비스는 고령자의 특수한 요구를 반영하여 그들의 삶의 질을 향상시키고, 만족도를 높이는 데 중요한 역할을 한다.

고령자들은 일반적인 물류 서비스와는 다른 요구를 가지기 때문에, 이들의 특수한 필요를 반영한 맞춤형 물류 서비스가 필수적이다. 고령자들이 자주 사용하는 의료용품은 민감하고 적절한 취급이 필요하며, 식품의 신선도 유지도 매우 중요하다. 따라서 특수 포장재를 사용하여 외부 충격으로부터 보호하고, 냉장 또는 냉동 차량을 사용하여 배송해야 한다. 이러한 세심한 관리가 고령자들의 건강과 안전을 보장하는 데 기여한다.

편리한 배송 옵션 역시 고령자 맞춤형 물류 서비스의 핵심 요소이다. 무접촉 배송 서비스와 유연한 배송 시간 제공을 통해 고령자들이 물품을 안전하고 편리하게 받을 수 있도록 해야 한다.

데이터 기반의 맞춤형 서비스는 고령자들의 개인적인 요구를 충족시키는 데 매우 효과적이다. 각 고령자의 생활 패턴과 건강 상태를 면밀히 분석하여 맞춤형 배송 계획을 수립함으로써, 정기적인 약물 복용 시간에 맞춰 약물을 배송하거나, 특정 건강 요구에 맞춘 식품을 제공할 수 있다. 고객 피드백을 정기적으로 수집하고, 이를 바탕으로 서비스 품질을 지속적으로 개선하는 것도 중요하다.

Yamato Transport와 Sagawa Express는 고령자 맞춤형 물류 서비스의 성공적인 사례를 제공한다. Yamato의 'TA-Q-BIN' 서비스는 고령자들에게 정기적인 의료 용품 배송과 맞춤형 배송 서비스를 제공하여 그들의 삶의 질을 크게 향상시키고 있다. Sagawa Express 역시 신속하고 안전한 배송 서비스를 통해 고령자들이 필요로 하는 물품을 적시에 제공하는 데 중점을 두고 있다.

이들 기업은 고령자 맞춤형 물류 서비스의 필요성을 인식하고, 고령자들의 특수한 요구를 반영한 다양한 맞춤형 옵션을 제공함으로써, 고객 만족도와 서비스 품질을 높이고 있다. 이러한 노력은 고령화 사회에서 물류 서비스가 진화하고 있는 방향을 잘 보여주며, 다른 물류 기업들에게도 많은 시사점을 제공한다.

고령화 사회에서 물류 업계는 고령자 맞춤형 물류 서비스를 통해 그들의 삶의 질을 향상시키고, 건강과 안전을 보장하는 데 중요한 역할을 할 수 있다. 맞춤형 배송 서비스, 데이터 기반의 개인화된 서비스, 고객 피드백 수집 및 대응, 전담 고객 지원팀 운영 등 다양한 전략을 통해 고령자들의 특수한 요구를 충족시키는 것이 필요하다. Yamato Transport와 Sagawa Express의 사례는 이러한 맞춤형 물류 서비스의 성공적인 모델을 제공하며, 다른 물류 기업들에게 많은 영감을 준다.

앞으로도 물류 업계는 고령화 사회의 도전에 대응하기 위해 지속적으로 혁신하고, 고령자 맞춤형 서비스를 강화해야 할 것이다. 이를 통해 물류 서비스의 미래를 선도하고, 지속가능한 발전을 도모하는 데 기여할 수 있을 것이다.

4-7
고령화 사회를 위한 헬스케어 물류 서비스

고령화 사회에서 의료 서비스의 수요는 급증하고 있다. 고령자들은 만성 질환 관리, 정기적인 건강 검진, 약물 배송 등 다양한 의료 서비스를 필요로 한다. 이러한 의료 수요의 증가는 노후 난민[58], 넷카페 난민[59], 하류 노인 등 고령화 사회에서 나타나는 다양한 사회적 문제와 밀접한 관련이 있다.

먼저, 노후 난민은 고령자가 기본적인 의식주뿐만 아니라 필요한 의료 서비스조차 제대로 받지 못하는 상황을 의미한다. 이는 고령화로 인한 인구구조 변화가 가져온 사회 문제로, 고령자들이 만성 질환이나 건강 문제를 스스로 해결하지 못하고 사회적 지원도 받지 못하는 상태에 놓이

---

[58] 강성호, 류진식, "이슈 노후 난민화 가능성 검토와 향후 과제", KIRI 리포트(2015)
난민의 일반적 의미는 생활이 곤궁한 국민, 전쟁이나 천재지변으로 곤궁에 빠진 이재민을 말한다. 그러나 최근에 발생하는 난민들은 자연적 원인보다는 전쟁이나 정책 등 정치사회적 원인에 의해 발생하는 경우가 많아 난민 문제는 더 이상 불가피한 재해가 아닌, 사회 제도적 방법으로 해결 가능한 사회문제로 바라보아야 한다.
우리보다 앞서 고령화로 사회문제를 겪고 있는 일본에서 처음 사용된 신조어로, 고령자가 기본적인 '의·식·주' 등에 필요한 서비스조차 받을 수 없거나 가족과 사회로부터 소외되어, 일상생활에 큰 곤란을 겪고 있는 고령자를 '노후난민'이라고 부른다

[59] 일정한 주거 없이 인터넷 카페(PC방)에서 지내면서 생활하는 사람들을 표현하는 신조어

게 된다. 이러한 상황에서 의료 서비스의 필요성은 더욱 커지지만, 경제적 어려움과 사회적 고립으로 인해 필요한 서비스를 받지 못하는 고령자들이 늘어나고 있다.

또한, 하류 노인은 생활보호 수준의 소득으로 살아가는 고령자를 지칭하는데, 이들은 경제적 어려움뿐만 아니라 사회적 고립 상태에 있어 의료 서비스를 제대로 이용하지 못하는 경우가 많다. 만성 질환 관리와 같은 지속적인 의료 서비스가 필요하지만, 저축 부족과 낮은 소득으로 인해 이러한 서비스에 접근하기 어려운 상황이다. 특히, 질병이나 사고로 인해 지속적으로 의료비를 지출해야 하는 경우, 하류 노인으로 전락할 위험이 커지며, 이로 인해 더욱 의료 서비스의 필요성이 증대된다.

고령화 사회에서 이러한 문제들이 방치되면, 사회 전체의 경제적 부담이 커질 뿐만 아니라, 고령자들의 존엄성이 상실되고, 나아가 현재의 청장년층이 미래에 하류 노인으로 전락할 위험도 높아진다. 결국, 고령자들이 필요한 의료 서비스를 안정적으로 받을 수 있도록 사회적 관심과 대응이 절실히 요구된다. 의료 서비스의 수요 증가는 단순히 개인의 문제가 아니라, 사회 전체가 함께 해결해야 할 중요한 과제다.[60]

일본의 헬스케어 시장의 변화 및 개발 트렌드[61]

일본은 2020년을 기점으로 시니어 헬스케어 비즈니스의 큰 전환점을 맞

60 유선종외, [신노년의 삶, 웰에이징 트랜드], 박영사(2023.3)
61 "헬스케어 산업의 시장 규모", 月刊 SENIOR BUSINESS MARKET 2020년 4월호

이하고 있으며, 개호보험 제도에만 의존한 비즈니스 모델은 인적자원의 제약으로 양적 확대 전략의 한계에 직면해 있다. 또 다른 측면에서 노인 인구의 증가 및 노인 세대 교류에 의한 헬스케어 서비스의 다양화가 진행되고 있는 상황에서 변화에 대응할 수 없는 사업자는 퇴출로 올리고 있다.

변화를 일으킬 수 있는 큰 힘은 헬스케어 분야 전반에서 발생하고 있는 개혁이다. 일적인 서비스의 제공이 아닌 질과 효율성이 높은 복합적인 헬스케어 서비스를 고객의 라이프스타일에 맞춰 제공하는 시대가 도래했다.

단기적으로는 사업자가 창의성을 발휘하여 성장을 방해하는 요소를 극복할 필요가 있다. 예를 들어 노인복지시설 및 주택 사업자의 경우, 제한된 자원을 자신이 가장 잘 아는 고객과 서비스에 집중해야 한다. 또한, 암이나 난치병 등 질환에 특화된 고난도의 개호서비스를 제공하는 것뿐만 아니라 자립 노인이 살기 좋은 주택을 제공하는 방향도 있을 것이다.

향후 20년 전망에서, 사업자는 시니어 헬스케어 비즈니스의 최종 목표인 '고령자의 라이프스타일 유지·발전을 위해 타 업종과의 융합 및 개호 서비스를 초월한 가치를 창출해 내야 한다. 업계 전체에서 고령자의 라이프 스타일 유지와 고도의 헬스케어 서비스 제공이라는 두 축의 서비스 품질 향상이 요구되고 있다.

고령자의 라이프 스타일 유지 측면에서는 개호사업 이외의 영역, 예를 들어 데이터나 로보틱스를 활용한 식사를 포함한 각종 호스피탈리티, 생활 서비스 제공이 과제라고 할 수 있으며, 타 업종과의 협조와 통합이 필요하다. 특히, 고도의 헬스케어 서비스 관점에서는 의료업계와의 협조와 분업이 중요한데, 최근에는 주요 질환에 특화한 케어에 관한 논의가 이루어지고 있으며, 폭넓은 질환의 특성에 맞는 케어가 확립되고 있다.

개호서비스 사업자에 대해서 상위 기업에 의한 M&A를 포함한 사업 규모 확대는 지속되고 있다. 대규모 사업자에만 집중할 것이 아니라 중견 중소 지역 밀착 기업이 존재한다는사실을 잊지 말아야 한다.

미국에서도 대기업 과정 시장이 되지는 않았다. 개호 서비스 사업자의 매수에 의한 대규모 확대를 지향할 것이 아니라, 개호사업자를 포함하여 시니어 헬스케어 사업자에 대한 플랫폼이나 업계에서 DX[62]사업자 등을 목표로 하는 움직임이 나타나고 있다.

구체적으로는 개호 기록 등의 데이터 업무 시스템, 센서, 식사관련 사업 인력 관련사업 등의 분야가 있다. 이 업계에는 사업자뿐만 아니라 펀드 쪽에서도 높은 관심을 보이고, 매수안건도 있다. 또한, 미국의 고령자 시설 서비스 사업자는 사업 전체의 1/3 정도는 매니지먼트 계약으로 하는 운영 위탁 업무이며, 일본에서도 이러한 사업의 통합으로 플랫폼이 출현하고 미국과 같은 사업 모델로 개발해 나갈 가능성이 있다.

의료 물류 서비스의 중요성도 커지고 있다

고령화 사회에서 의료 서비스의 수요는 급증하고 있으며, 이에 따라 의

---

62 디지털 트랜스포메이션(Digital Transformation)은 디지털적인 모든 것으로 생겨나는 다양한 변화에 디지털 기반으로 회사의 전략, 조직, 프로세스 비즈니스모델, 문화, 커뮤니케이션, 시스템을 근본적으로 변화시키는 경영전략. 사업자에게 DX가 필요해진 가장 큰 이유는 비즈니스의 변화 속도가 빨라졌기 때문이다.

료 물류 서비스의 중요성도 커지고 있다. 고령자들은 만성 질환 관리, 정기적인 건강 검진, 약물 배송 등 다양한 의료 서비스를 필요로 한다. 물류업계는 이러한 요구를 효율적으로 충족시키기 위해 특화된 물류 시스템을 구축해야 한다.

고령화 사회에서는 의료 서비스의 수요가 급증하며, 이에 따른 의료물류 서비스의 중요성이 커지고 있다. 고령자들은 만성 질환 관리, 정기적인 건강 검진, 약물 배송 등 다양한 의료 서비스를 필요로 한다. 물류업계는 이러한 의료 서비스를 효율적으로 제공하기 위해 특화된 물류 시스템과 정기배송서비스를 구축해야 한다.

의료물류 인프라는 온도 조절이 가능한 차량, 고도화된 재고 관리 시스템, 신속한 응급 배송 시스템 구축이 중요하다.

①온도 조절이 가능한 차량은 의료물류 인프라에서 중요한 요소다.
냉장 및 냉동 차량을 통해 일부 의료물품, 특히 백신과 같은 민감한 물품을 특정 온도를 유지하면서 안전하게 운송할 수 있다. 이러한 차량은 의료물품의 품질을 보장하는 데 필수적이다. 또한, 실시간 모니터링 시스템을 통해 차량 내부의 온도를 실시간으로 모니터링하고, 운송 중 온도 변화를 즉시 파악하고 조치할 수 있다. 이를 통해 온도에 민감한 의료물품의 품질을 보장할 수 있다.

②고도화된 재고 관리 시스템도 필수적이다.
의료물품의 추적성을 확보하기 위해 RFID 기술과 바코드 시스템을 사용하여 의료물품의 위치와 상태를 실시간으로 추적할 수 있다. 이를 통

해 재고의 정확성을 높이고, 필요한 시점에 적절한 물품을 공급할 수 있다. 또한, 자동 재고 보충 시스템을 도입하여 재고 수준을 자동으로 모니터링하고, 필요 시점에 재고를 자동으로 보충할 수 있다. 이를 통해 재고 부족 문제를 방지하고, 의료 서비스의 연속성을 유지할 수 있다.

③신속한 응급 배송 시스템도 중요하다.

응급 상황에 필요한 의료물품을 신속하게 배송할 수 있는 네트워크를 구축함으로써, 교통 혼잡이나 지리적 제약을 극복하고 신속한 배송을 보장할 수 있다. 응급 차량과 드론을 활용하여 이 목표를 달성할 수 있다. 또한, 24시간 운영되는 물류센터를 마련하여 언제든지 필요한 의료물품을 신속하게 제공할 수 있도록 준비해야 한다. 이는 응급 상황에서의 대응력을 높이고, 필요한 시점에 즉각적인 지원을 제공하는 데 필수적이다.

정기배송 서비스는 고령자들의 건강 관리를 지원하는 중요한 서비스로 고객 맞춤형 배송 서비스도 중요하다.

①약물 및 의료용품의 정기배송은 고령자들의 건강 관리를 지원하는 중요한 서비스다.

고령자들이 정기적으로 복용해야 하는 약물을 일정한 주기마다 배송함으로써 약물 복용의 연속성을 보장할 수 있다. 이는 고령자들의 건강 유지에 큰 도움을 줄 수 있다. 또한, 고령자들이 일상적으로 사용하는 의료용품, 예를 들어 혈압계나 혈당 측정기 등을 정기적으로 배송하여, 필요한 시점에 적절한 의료 용품을 제공받을 수 있도록 한다. 이를 통해 고령자들이 필요할 때마다 적절한 의료 용품을 사용할 수 있게 된다.

②고객 맞춤형 배송 서비스도 중요하다.

시간대 선택 서비스를 제공하여 고령자들이 편리한 시간에 배송을 받을 수 있도록 한다. 이는 고령자들의 일상 생활에 방해가 되지 않도록 배송 일정을 조정할 수 있게 한다. 또한, 고령자들이 직접 물품을 받기 어려운 경우 집 앞까지 배송하는 서비스를 제공하여 물품 수령의 편의성을 높이고, 고령자들의 부담을 줄일 수 있다. 이를 통해 고령자들이 더욱 편리하고 안전하게 필요한 물품을 받을 수 있다.

이러한 다양한 전략과 기술을 통해 의료물류 인프라를 구축하고, 고령자들의 건강과 생활을 지원할 수 있다. 의료물류의 효율성을 높이고, 필요한 시점에 적절한 지원을 제공함으로써 고령화 사회에서 지속가능한 발전을 도모할 수 있을 것이다.

맞춤형 헬스케어 물류 시스템

고령화 사회에서는 개별적인 건강 상태와 필요에 맞춘 맞춤형 의료 서비스가 중요하다. 물류업계는 데이터를 기반으로 한 맞춤형 헬스케어 물류 시스템을 구축하여, 개인화된 서비스를 제공할 수 있다.

헬스케어 데이터와 물류 데이터를 통합하는 것이 첫 단계다.
고령자들의 건강 상태, 의료 기록, 약물 복용 이력 등의 헬스케어 데이터를 수집하여 각 환자의 건강 상태와 필요를 정확히 파악한다. 수집된 데이터를 분석하여 각 환자에게 맞춤형 의료 물품을 제공할 수 있는 물류 계획을 수립한다. 예를 들어, 특정 환자가 정기적으로 필요한 약물을 예측하여 적시에 공급할 수 있다.

개인 맞춤형 물류 서비스를 제공하기 위해 각 환자의 생활 패턴과 필요에 맞춘 맞춤형 물류 서비스를 제공한다. 특정 시간대에만 약물을 복용하는 환자에게는 그 시간대에 맞춰 약물을 배송하는 방식이다. 또한, 환자의 건강 상태가 변화할 때마다 물류 계획을 조정하여 필요한 의료 용품을 적시에 제공할 수 있도록 한다. 이러한 맞춤형 배송 계획은 고령자들의 생활을 더욱 편리하고 안전하게 만든다.

원격의료 서비스와 연계하는 것도 중요하다.

원격의료 서비스와 연계하여 고령자들이 가정에서도 전문적인 진료를 받을 수 있도록 지원하는 것도 중요하다. 원격 진료 시 필요한 의료 기기와 약물을 신속하게 배송함으로써 원격 의료의 효과를 극대화할 수 있다. 예를 들어, 혈압계, 혈당 측정기, 심전도 기기 등 필요한 의료 기기를 제공하고 정기적으로 유지 보수를 지원하는 것이다.

응급 상황 대응 능력을 강화하는 것도 필요하다

응급 상황 발생 시 필요한 의료 기기와 약물을 신속하게 배송하여 즉각적인 의료 조치를 지원해야 한다. 드론과 같은 신속한 배송 수단을 활용하여 응급 대응 시간을 단축할 수 있다. 또한, 원격 의료 서비스와 연계하여 응급 상황 발생 시 즉각적인 연락 체계를 구축하는 것도 중요하다. 이를 통해 신속한 대응과 필요한 의료 물품의 즉각적인 제공을 보장할 수 있다.

맞춤형 의료물류 시스템은 고령자의 삶의 질을 향상시키는 데 큰 역할을 한다

물류업계는 고령자들의 건강 관리와 의료 서비스 접근성을 향상시키기 위해 특화된 물류 시스템을 구축해야 한다. 의료물류 인프라 구축과 정기배송 서비스를 통해 고령자들의 건강을 지원하며, 데이터 기반 맞춤형 의료물류 시스템을 통해 개인화된 서비스를 제공이 필요하다. 또한, 원격의료와 연계하여 고령자들이 가정에서도 전문적인 의료 서비스를 받을 수 있도록 지원해야 한다. 이러한 노력을 통해 물류업계는 고령화 사회에서 의료 서비스의 질을 높이는 중요한 사회적 책임을 다하고, 지속가능한 성장을 이루어낼 수 있을 것이다.

4-8

고령친화산업과 물류의 성공요소

고령친화산업 물류에서의 주요 문제점

고령친화산업 물류에서 발생하는 다양한 문제점들은 고령층의 특수한 요구에 부응하지 못하거나, 기존 물류 시스템의 효율성이 떨어지는 상황에서 발생한다.

①고령자 맞춤형 서비스 부재

고령자들은 연령, 건강 상태, 생활 패턴 등에 따라 다양한 요구를 가지고 있으나, 현재의 물류 서비스는 이를 충족시키지 못하는 경우가 많다. 맞춤형 배송 시간대 제공, 배송 기사와의 직접적인 상호작용 등이 부족하다. 또, 고령자들이 자주 사용하는 의약품이나 건강보조 제품 등은 신속하고 정확하게 배송되어야 하지만, 종종 배송 지연이나 실수로 인해 중요한 제품이 제때 도착하지 않는 경우가 발생한다.

②고객 서비스와 신뢰성 부족

고령자들은 디지털 기기나 온라인 시스템에 익숙하지 않을 수 있어, 문제 발생 시 쉽게 문의하거나 해결할 수 있는 고객 지원 시스템이 부족하다. 이는 제품 사용법이나 반품 및 교환 절차에서 불편함을 초래할 수 있다. 또, 배송 중 제품의 손상, 배송 오류 등의 문제로 인해 고령자들 사이에서 서비스에 대한 신뢰가 떨어질 수 있다. 고령자들은 신뢰성 있는 서비스를 매우 중요하게 여기지만, 현재 시스템은 이를 충분히 보장하지 못하는 경우가 많다.

③기술적 혁신의 부족

사물인터넷(IoT), 인공지능(AI), 빅데이터와 같은 기술이 고령자 맞춤형 서비스에 적용되는 사례가 많지 않다. 이는 고령자의 요구를 빠르고 정확하게 파악하고 대응하는 데 한계를 초래한다. 또, 물류 창고에서의 자동화, 주문 및 배송 추적의 디지털화 등 기술적 혁신이 미비하여 물류 운영의 효율성이 낮습니다. 특히, 고령자들이 사용하는 물품에 대한 특화된 시스템이 부족하다.

④역물류 관리의 비효율성

반품 및 교환 시스템의 미흡: 고령자들은 제품을 마음에 들어 하지 않거나 사용하기 어려운 경우 반품이나 교환을 요청하는 빈도가 높을 수 있지만, 이를 효율적으로 처리하는 역물류 시스템이 부족한 경우가 많다. 복잡한 절차는 고령자들에게 큰 불편함을 줄 수 있다. 또, 물류 과정에서 발생하는 폐기물, 특히 고령자용 제품의 포장재와 반품 처리 과정에서 환경친화적인 대처가 부족하다. 이는 환경 문제를 악화시키고, 장기적으로 브랜드 이미지에 부정적인 영향을 미칠 수 있다.

[표 1-12] 고령친화산업 물류의 문제점

문제점	설명
개별화된 요구 충족 미흡	고령자의 다양한 요구를 충족시키지 못함
배송 속도와 정확성 문제	신속하고 정확한 배송이 이루어지지 않음
고객 지원 시스템 미흡	문제 발생 시 쉽게 문의할 수 있는 시스템 부족
서비스 신뢰성 문제	제품 손상 및 서비스 품질 저하로 인한 신뢰성 부족
스마트 물류 기술 도입 미비	사물인터넷, AI 등 스마트 기술의 물류 적용 부족
자동화 및 디지털화 부족	물류 창고 및 배송 시스템의 자동화 및 디지털화 부족
반품 및 교환 시스템의 미흡	복잡한 반품 및 교환 절차로 인한 고객 불편
지속가능성 고려 부족	반품 및 폐기물 처리의 환경친화적 대처 부족
전문업체와의 협력 부족	고령친화산업 관련 분야와의 협력 부족
지역 사회와의 협력 부족	지역 요양 시설, 병원 등과의 협력 체계 부족
전문 인력 부족	고령자 맞춤형 소통 및 응급 대처 능력 부족
고령 인력 활용 부족	고령자와의 신뢰 형성에 도움이 되는 고령 인력 부족
정책적 지원 활용 미흡	정부의 세제 혜택 및 연구개발 지원 활용 미흡
규제 대응 능력 부족	고령친화용품 관련 규제에 대한 대응 부족

⑤파트너십 및 협업 부족

고령친화산업에는 의료기기, 요양 서비스, 주거 관련 산업 등 다양한 전문성이 필요하지만, 각 분야 전문가들과의 협력이 부족하여 최적의 물류 솔루션을 개발하는 데 한계가 있다. 또, 고령자들은 지역사회와 밀접하게 연계된 서비스가 필요하지만, 물류 서비스가 지역 요양 시설, 병원, 복지 센터 등과 충분히 연계되지 않아 지역 맞춤형 서비스 제공이 부족하다.

⑥전문 인력 부족 및 인력 관리 문제

고령친화산업 물류는 고령자들과의 소통, 응급 대처 능력 등이 요구되지만, 이에 맞는 전문 인력이 부족한 경우가 많다. 고령자 대상의 제품을 다루는 데 필요한 지식과 역량이 부족한 상태에서 물류 서비스가 운영되는 경우도 있다. 또, 고령자들은 자신과 비슷한 연령대의 사람들과 더 잘 소통하고 신뢰하는 경향이 있지만, 고령 인력을 활용한 물류 서비스는 아직 활성화되지 않았다. 이는 고객과의 신뢰 형성에 제한을 줄 수 있다.

⑦정부 정책 및 규제 대응 부족

고령친화산업에 대한 정부의 지원이 충분하지 않거나, 기업들이 이를 잘 활용하지 못하고 있다. 정부가 제공하는 세제 혜택, 연구개발 지원 등을 적절하게 활용하지 못해 사업 확장 및 물류 시스템 최적화가 지연될 수 있다. 또, 고령친화용품과 관련된 법적 규제나 요구 사항에 대한 대응이 미흡하여, 법적 규제를 준수하면서도 혁신적인 물류 시스템을 구축하는 데 어려움을 겪고 있다.

고령친화산업 물류에서의 핵심 성공요소

고령친화산업 물류의 문제점들은 고령자들의 특수한 요구와 일반 물류 시스템 간의 차이에서 발생한다. 맞춤형 서비스 부재, 신뢰성 부족, 기술 혁신의 미비, 역물류 관리 문제, 파트너십 부족, 인력 관리 및 정부 지원 활용의 어려움 등이 이러한 문제점들로 나타나고 있다. 이를 해결하기 위한 성공요소들을 적절히 도입하고 통합함으로써, 고령친화산업의 물류 시스템을 보다 효율적이고 신뢰성 있게 운영할 수 있다.

고령친화산업의 물류에서 핵심적인 성공요소는 여러 가지가 있으며, 이 요소들이 잘 조합되고 실행될 때 비로소 성공적인 물류 운영이 가능해진다.

①고령자 맞춤형 서비스 제공

고령자들은 연령, 건강 상태, 생활 습관 등에 따라 다양한 요구를 가지고 있다. 이러한 개별적인 요구를 충족시키기 위해 맞춤형 서비스가 필요하다. 예를 들어, 특정 시간대에만 배송을 요청하거나, 배송 기사에게 제품 사용법 설명을 요청하는 등의 서비스를 제공하는 것이 중요하다. 또, 고령자들이 주로 사용하는 제품들은 건강과 직접적으로 연관된 경우가 많습니다. 따라서, 정확하고 신속한 배송은 필수적이며, 이를 통해 고객 만족도를 높일 수 있다.

②고객 서비스와 신뢰성

고령친화용품의 사용 방법, 문제 발생 시 해결 방법 등을 쉽게 문의할 수 있는 고객 지원 시스템이 중요하다. 이 시스템은 물류 과정에서 발생하는 모든 문제에 대해 신속하게 대응할 수 있어야 한다. 또, 고령자들은 제품과 서비스의 신뢰성을 매우 중요시한다. 배송 중 제품이 손상되거나, 서비스 품질이 낮을 경우 신뢰를 잃게 될 수 있으므로, 안정적이고 신뢰성 있는 서비스 제공이 핵심이다.

③기술적 혁신

사물인터넷(IoT), 인공지능(AI), 빅데이터 등을 활용한 스마트 물류 시스템은 물류 효율성을 높이고, 고령자 맞춤형 서비스를 제공하는 데 중요한 역할을 한다. 예를 들어, IoT를 활용한 실시간 위치 추적, AI를 통한 최적 경로 설정 등이 가능해야 한다. 또, 물류센터에서의 자동화, 로봇을 이용한 상품 이동, 디지털 플랫폼을 통한 주문 및 배송 추적 등 자동화 및 디지털화 기술을 도입함으로써 물류 운영의 효율성을 극대화할 수 있다.

④역물류 관리

고령자들은 제품이 마음에 들지 않거나, 사용하기 어려울 경우 반품 또는 교환을 요청할 수 있다. 이러한 역물류를 효율적으로 관리하는 시스템이 필요하며, 이는 고객 만족도를 유지하는 데 중요한 요소이다. 또, 고령친화용품의 반품이나 폐기물 처리를 환경친화적으로 진행하는 것이 중요하다. 지속가능성을 고려한 물류 시스템은 브랜드 이미지를 높이고, 장기적으로 비용을 절감할 수 있다.

⑤파트너십과 협업

고령친화산업은 다양한 분야의 전문성이 요구된다. 의료기기, 주거환경, 문화 여가 등 각 분야의 전문가와 협력하여 최적의 물류 솔루션을 개발하고 제공하는 것이 중요하다. 또, 고령자들이 거주하는 지역 사회와의 협력도 중요한 요소이다. 지역의 요양 시설, 병원, 복지센터 등과의 협력을 통해 지역 맞춤형 물류 서비스를 제공할 수 있다.

⑥지속적인 교육과 인력 관리

고령친화산업의 물류는 일반 물류와는 다른 전문성이 요구되므로, 이를 위한 인력 교육과 훈련이 필수적이다. 특히, 고령자들과의 소통 능력, 제품 사용법 설명, 응급 상황 대처 능력 등이 필요하다. 또, 고령자들은 자신들과 같은 연령대의 사람들에게 더 신뢰감을 느낄 수 있다. 따라서, 물류 현장에서도 고령 인력을 활용하여 고객과의 신뢰를 높이는 전략이 필요하다.

⑦정부 정책과 지원 활용

고령친화산업은 정부의 지원과 규제 완화가 중요한 역할을 한다. 정부가 제공하는 세제 혜택, 연구개발 지원 등을 최대한 활용하여 사업을 확장하고, 물류 시스템을 최적화할 수 있다. 또, 고령친화용품과 관련된 다양한 규제에 대응할 수 있는 능력도 중요하다. 관련 법규를 준수하면서도 혁신적인 물류 서비스를 제공하는 것이 필요하다.

고령친화산업의 물류에서 성공하기 위해서는 고객 맞춤형 서비스, 기술적 혁신, 효율적인 역물류 관리, 협력과 파트너십, 인력 관리, 정부 지원의 활용 등이 핵심 성공요소로 작용한다. 이러한 요소들을 효과적으로 통합하고 실행함으로써, 고령친화산업의 물류는 지속가능한 성장과 경쟁력을 확보할 수 있을 것이다.

[표1-13] 고령친화산업 물류의 핵심성공요소

핵심성공요소	설명
맞춤형 서비스제공	고령자의 요구에 맞춘 개인화된 서비스제공. 정확하고 신속한배송. 설치 및 사용법 설명을 포함.
고객서비스와 신뢰성	고객지원시스템 구축 및 신뢰성있는 서비스제공을 통해 고령고객과의 신뢰를 유지.
기술적 혁신	IoT. AI 및 자동화를 활용한 스마트물류시스템을 도입하여 효율성을 높이고 맞춤형 서비스를 제공.
역물류 관리	반품, 교환 및 재활용을 효율적으로 관리하며, 지속가능성과 고객만족에 중점을 둠.
파트너십과 협업	전문가 및 지역사회와 협력하여 최적의 물류솔루션을 개발하고 지역맞춤형 서비스를 제공.
지속적인 교육 및 인력관리	전문인력을 양성하고 고령인력을 활용하여 고객과의 소통과 신뢰를 증진.
정부정책 및 지원활용	정부지원, 세제혜택 및 연구개발 지원을 최대한 활용하고, 규정을 준수하면서 물류서비스를 혁신.

5

인구구조변화와 지속가능한 물류[63]

21세기는 전 세계적으로 빠른 인구 고령화가 진행되고 있다. 일본과 우리나라를 비롯한 여러 나라에서 이미 현실화되고 있는 초고령사회로의 진입은 사회 전반에 걸쳐 많은 변화를 요구하고 있다. 우리는 초고령사회로의 진입에 따른 산업 변화에 주목할 필요가 있다. 물류산업에서는 인구고령화가 물류산업에 미치는 영향, 초고령자를 위한 맞춤형 물류서비스, 지속가능한 물류솔루션의 확장, 그리고 이러한 변화가 미래에 어떤 전망과 도전을 가져올지에 주목할 필요가 있다.

고령화로 인해 물류기업들은 다양한 도전과 기회에 직면하고 있다

인구의 고령화는 전 세계적으로 물류산업에 중대한 영향을 미치고 있으

---

63 이상근, "초고령사회 진입과 지속가능한 물류", 아웃소싱타임스(2024.5.7.)을 바탕으로 재작성되었습니다.

며, 이로 인해 물류기업들은 다양한 도전과 기회에 직면하고 있다. 특히, 노동력 부족 문제와 고령 인구 대상의 서비스 확대가 주요 이슈로 부각되고 있다. 이에 대응하여 세계 여러 나라의 물류기업들은 기술혁신과 서비스 개선을 통해 새로운 물류 솔루션을 도입하고 있다.

일본의 경우, 세계에서 가장 빠르게 고령화가 진행되고 있는 국가 중 하나로서, 노동력 부족을 극복하기 위해 물류 자동화에 큰 투자를 하고 있다. 예를 들어, 다이후쿠(DAIFUKU) 같은 기업은 고속 정렬 컨베이어 시스템과 자동 보관 및 보충 시스템(AS/RS)을 통해 인력이 부족한 상황에서도 물류센터의 효율성을 극대화하고 있다.

독일에서는 쿠카(KUKA) 같은 물류기업이 로봇기술을 활용하여 창고운영의 자동화를 추진하고 있다. 로봇 팔을 이용한 제품 분류 및 포장 자동화는 특히 물리적 노동이 어려운 고령 노동자들에게 유리하며, 전체적인 생산성 향상에 기여하고 있다.

미국에서는 플랙스포트(Flexport)와 같은 스타트업이 AI와 빅데이터를 활용하여 물류 프로세스를 최적화하고 있다. 이들 기술은 운송경로 최적화 및 배송시간 단축을 가능하게 하여, 인력 부족 문제를 완화하고 운영 비용을 절감하는 데 효과적이다.

일본에서는 물류기업이 고령자를 위한 맞춤형 서비스를 확대하고 있다. 식품, 의약품, 생필품 등을 고령자의 거주지까지 직접 배송하는 이러한 서비스는 고령자의 생활 편의성을 크게 향상시키는 동시에, 외출이 어려운 고령자들이 필요한 상품을 쉽게 이용할 수 있도록 돕고 있다.

이러한 사례들을 통해 볼 때, 전 세계 물류기업들은 인구 고령화라는 도전을 기술 혁신과 서비스의 맞춤화를 통해 기회로 전환하고 있다. 이러한 노력은 물류산업의 지속적인 발전을 가능하게 하며, 다양한 인구 집단의 요구에 부응하며 성장하고 있다. 이는 고령화 사회의 특성을 반영한 적극적이고 창의적인 접근 방식이 물류 산업의 미래를 형성하는 중요한 요소임을 보여준다.

초고령사회로의 진입은 물류산업에 맞춤형 서비스의 필요성을 증가시키고 있다

고령자의 특수한 요구와 편의성을 중심으로 설계된 맞춤형 물류서비스는 이들의 독립적인 생활을 지원하고 삶의 질을 향상시키는 데 결정적인 역할을 하고 있다. 전 세계적으로 진행되고 있는 초고령화 사회에 대응하는 물류산업의 주요 사례를 살펴보겠다.

일본에서는 고령화가 급속도로 진행되면서, 물류기업은 고령자들을 위한 서비스를 통해 고령자들의 일상적인 필요를 충족시키고 있다. 이 서비스는 의약품, 건강식품, 일용품들을 정기적으로 배송하며, 사용하기 쉬운 포장과 배달 직원의 건강 체크 서비스를 통해 고령자의 건강과 안전을 동시에 책임지고 있다.

미국에서는 비스트로엠디(Bistro MD)의 Silver Cuisine 같은 맞춤형 식단 배송 서비스가 고령자의 영양 상태와 건강을 지원하고 있다. 이 서비스는 고객의 건강상태와 식이 제한을 고려하여 개인화된 식사를 제공하며, 간편하게 준비할 수 있는 고품질의 식사를 통해 고령자가 건강하고 독립적인 생활을 유지할 수 있도록 돕는다.

유럽에서는 몇몇 물류회사가 지역 병원, 요양원과 협력하여 고령자를 위한 웰니스 프로그램(Wellness Program)을 지원하는 물류 서비스를 제공하고 있다. 이 서비스는 건강 관리 제품과 재활 기구를 정기적으로 배송하며, 배송 직원이 제품 사용법을 설명하고 간단한 건강 점검을 수행하여 고령자와 그 가족에게 안도감을 제공한다.

이러한 사례들을 통해 볼 때, 초고령사회를 대비하는 물류산업은 개인화되고 세심한 서비스를 통해 고령자들의 삶의 질을 향상시키는 데 주력하고 있다. 이는 물류산업이 단순히 상품의 이동에 그치지 않고, 사회적 책임과 고객 중심의 서비스로 진화하고 있음을 보여준다. 이러한 변화는 향후 물류 산업의 성장과 혁신을 이끌 중요한 요소로 작용할 것이다.

지속가능한 물류 솔루션은 초고령화 사회 진입과 물류 트렌드 변화에 큰 영향을 받고 있다

이러한 변화는 환경보호와 효율성 향상을 동시에 추구하는 물류산업에 중요한 도전과 기회를 제공하고 있다. 이러한 관점에서 본 혁신적인 접근방식을 채택하고 있는 지속가능한 물류 솔루션의 사례들이다.

첫째, DHL의 GoGreen 프로그램은 세계적으로 환경 친화적인 물류 서비스를 선도하고 있다. 이 프로그램은 특히 고령인구가 많은 지역에서의 배송효율성을 높이기 위해 전기 배송트럭과 전기 오토바이를 도입하고 있다. 이는 도시 내 빠른 배송을 가능하게 하며, 고령자에게 더욱 접근하기 쉬운 서비스를 제공한다.

둘째, UPS는 대체 연료와 첨단 기술 차량을 통한 배출 감소 노력을 확장하고 있다. 이러한 차량들은 고령사회의 특성을 고려한 친환경적이고 효율적인 배송 방법을 제공하며, 이는 고령자의 증가하는 필요와 건강에 미치는 영향을 줄이는 데 기여할 수 있다.

셋째, 세계 최대의 해운 회사 머스크(Maersk)는 저유황 연료의 사용과 탄소중립 선박의 개발을 통해 배출을 줄이고 있다. 이러한 노력은 글로벌 무역의 지속가능성을 향상시키며, 고령화 사회에서 필요한 의료 및 건강 관련 제품의 안전하고 환경 친화적인 운송에 기여할 수 있다.

마지막으로, FedEx는 태양광 에너지를 활용하여 자사 시설의 에너지 효율성을 높이고 있다. 이러한 노력은 운영비용을 절감하고, 고령인구가 많은 지역에서도 지속가능한 방식으로 서비스를 제공할 수 있는 기반을 마련한다

초고령화 사회로 진입에 따른 물류산업의 미래와 도전 과제

물류산업은 지속적인 변화와 발전의 길을 걷고 있으며, 특히 초고령화 사회로의 진입과 기술혁신, 글로벌 경제의 변동이 큰 영향을 미치고 있다. 이러한 변화는 다양한 기회와 도전을 동시에 만들어내고 있다. 초고령화 사회 진입에 따른 물류산업의 미래 전망과 이에 따른 주요 도전 과제들을 살펴보겠다.

먼저, 기술혁신의 가속화는 초고령화 사회에서 물류산업의 효율성을

크게 향상시키고 있다. 자동화, 로봇공학, 인공지능(AI), 빅데이터의 활용이 증가하면서, 고령 인구를 위한 특화된 서비스 제공이 가능해지고 있다. 예를 들어, 자율주행차량과 드론 배송은 고령자에게 보다 접근하기 쉬운 배송 수단으로 자리잡을 전망이다.

지속가능한 물류솔루션의 확장도 중요한 전망 중 하나이다. 환경보호에 대한 전 세계적인 인식의 증가는 물류기업들로 하여금 지속가능한 운영방식을 도입하도록 유도하고 있다. 이는 재생 가능 에너지 사용의 증가, 배출가스 감소, 자원의 효율적 사용 등을 포함하며, 특히 고령 인구가 많은 지역에서 환경 친화적인 배송 옵션을 제공이 더욱 중요해지고 있다.

초고령화 사회에서 글로벌 무역 패턴의 변화도 새로운 기회와 도전을 제공한다. 경제적, 정치적 요인에 따라 변화하는 글로벌 무역 패턴은 다국적 물류 네트워크의 재편을 필요로 하며, 고령자에게 필요한 상품과 서비스의 효율적인 배송을 보장하는 데 중요한 역할을 할 것이다.

도전 과제로는 먼저 노동력 부족이 있다. 많은 선진국에서 노동 인구의 감소는 물류산업에 큰 도전이 되고 있으며, 특히 고령인구가 많아 운전 및 창고 관리 분야에서 심각한 인력 부족이 예상된다. 이는 자동화 기술의 도입을 촉진할 수 있다.

사이버 보안 위협도 중요한 도전 과제이다. 물류산업이 점점 더 디지털화되고 네트워크화됨에 따라, 데이터 침해나 시스템 해킹은 물류운영에 심각한 영향을 미칠 수 있다. 특히 개인정보 보호가 중요한 고령자의 데이터 보안에 대한 철저한 조치가 필요하다.

규제와 법적 도전도 물류산업에 영향을 미치고 있다. 환경규제의 강화와 국제 무역의 법적 제한은 특히 국경을 넘는 물류활동에 복잡성을 추가하며, 기업들은 이를 준수하기 위해 추가 비용을 지출해야 한다.

마지막으로, 경제변동성도 물류에 직접적인 영향을 미친다. 경제의 불확실성이 높아짐에 따라, 특히 고령자 시장을 겨냥한 제품과 서비스의 수요와 공급 변화에 물류기업들은 유연하게 대응할 필요가 있다.

지금이 물류산업이 지속가능한 발전을 위해 적극적으로 변화를 주도해야 할 시점이다

인구고령화는 우리 사회 전반에 걸쳐 다양한 변화를 요구하고 있으며, 물류산업은 이러한 변화의 최전선에 있다. 초고령사회로의 진입은 물류서비스의 개선과 혁신을 촉진하는 동시에, 지속가능한 운영방식의 도입을 가속화하는 계기가 되고 있다. 여기서 살펴본 사례들은 물류산업이 기술적, 환경적, 사회적 요구를 어떻게 충족시키고 있는지를 보여준다. 또한, 이들 사례는 향후 물류산업이 직면할 전망과 도전을 탐색하는 데 있어 중요한 교훈을 제공한다.

앞으로 물류산업은 더욱 복잡해지는 고객의 요구와 환경적 책임을 효과적으로 관리하기 위해 끊임없이 혁신해야 할 것이다. 이를 위해 산업 전반에 걸친 지속적인 투자와 연구가 필요하며, 전 세계적인 협력과 정책적 지원 역시 중요한 역할을 할 것이다. 결국, 물류산업의 미래는 우리 사회가 어떻게 이러한 변화를 수용하고 최적화할지에 달려 있다. 지금이 바로 물류산업이 지속가능한 발전을 위해 적극적으로 변화를 주도해야 할 시점이다.

초고령화 사회에서의 물류 혁신과 대응 전략

초고령화 사회는 물류 업계에 새로운 도전과 기회를 동시에 제공하고 있다. 고령화로 인한 노동 인력 부족, 고령자 맞춤형 서비스의 필요성 등 다양한 이슈들이 물류 업계에 큰 영향을 미치고 있다. 이러한 상황에서 물류 기업들은 자동화와 디지털화를 통해 효율성을 극대화하고, 고령자들의 특수한 요구를 반영한 맞춤형 서비스를 제공하여 지속가능한 발전을 도모해야 한다.

노동 인력 부족 문제와 대응 전략

고령화로 인해 많은 노동자들이 은퇴하고, 젊은 인력의 공급이 줄어드는 상황에서 물류 업계는 심각한 인력 부족 문제에 직면하고 있다. 이는 운영 효율성 저하, 서비스 품질 저하, 비용 증가 등 여러 문제를 초래할 수 있다. 이를 해결하기 위해 물류 기업들은 자동화와 디지털화를 도입하여 인력 의존도를 줄이고, 운영 효율성을 높여야 한다. 예를 들어, 아마존의 자동화 창고 시스템과 같이 로봇을 통해 물품을 자동으로 분류하고 이동시키는 시스템을 도입하면 인력 부족 문제를 해결하는 데 큰 도움이 될 수 있다.

또한, 고령 노동자들을 재교육하고 재훈련하여 이들의 경험과 지식을 최대한 활용하는 것도 중요한 전략이다. 유연한 작업 시간과 맞춤형 역할을 제공함으로써 고령 노동자들의 생산성을 높일 수 있다.[64] 동시에,

---

64 반은퇴자는 유능하고 경험이 풍부한 일꾼이다.
생산 연령 인구의 감소와 관련해 생각해야 할 점은 '다소의 수입이다. 먼저 '연금'이 있고, 또

파트타임 근무와 재택근무 등의 유연 근무제를 도입하여 다양한 인력 풀을 활용하는 것도 필요하다. 해외 인력 유입을 통해 노동 인력 부족 문제를 해결하는 방안도 고려할 수 있다.

고령자 맞춤형 물류 서비스의 필요성

고령화 사회에서 고령자 맞춤형 물류 서비스는 매우 중요하다. 고령자들은 일반적인 물류 서비스와는 다른 요구를 가질 수 있으며, 이를 반영한 맞춤형 서비스가 필요하다. 맞춤형 배송 서비스는 고령자들의 편의를 극대화하고, 그들의 삶의 질을 향상시키는 데 중요한 역할을 한다. Yamato Transport의 'TA-Q-BIN' 서비스는 고령자들에게 맞춤형 배송 서비스와 정기적인 의료 용품 배송을 제공하여 큰 성공을 거두고 있다.

고령자 맞춤형 물류 서비스는 안전한 배송과 편리한 배송 옵션을 제공하는 것을 포함한다. 의료 용품과 식품은 특별한 포장과 취급 방법을 통해 안전하게 배송되어야 한다. 예를 들어, 의료 용품은 충격 방지 포장재로 포장되어야 하며, 냉장 또는 냉동 식품은 온도를 유지하기 위해 특수 포장재와 냉장/냉동 차량을 사용하여 배송되어야 한다. 또한, 고령자들이 직접 물품을 받기 어려운 경우에는 문 앞 배송 서비스를 제공하고, 유연한 배송 시간을 통해 고령자들이 원하는 시간에 물품을 받을 수 있도록 해야 한다.

'같은 회사에서 재고용 혹은 정년 연장을 통한 수입', '다른 회사에 다니거나 개인 사업을 통한 수입 나아가서는 '유상 자원 봉사'로 크게 나눌 수 있다. '어느 정도의 수입을 얻을 수 있는 상황. 다시 말해 은퇴가 아니라 '반은퇴'semi-retirement가 '소비' 마인드를 형성한다. 투자와 함께 생각하면 '돈을 불리는 것' 더하기 '은퇴'가 소비 마인드를 만든다.[사카모토 세쓰오 「2020 시니어 트렌드」, 한스미디어(2016.9)]

데이터 기반의 맞춤형 의료 물류 서비스

데이터 기반의 맞춤형 의료 물류 서비스는 고령화 사회에서 매우 중요한 역할을 한다. 헬스케어 데이터와 물류 데이터를 통합하여 각 환자의 건강 상태와 필요에 맞춘 맞춤형 물류 서비스를 제공함으로써 고령자들의 건강 관리를 지원할 수 있다. CVS Health와 같은 헬스케어 서비스 기업은 고령자들의 건강 상태와 생활 패턴을 면밀히 분석하여 맞춤형 배송 계획을 수립하고, 이를 통해 고령자들이 필요로 하는 의료 용품을 적시에 제공받을 수 있도록 하고 있다.

원격 의료 서비스와 연계하여 고령자들이 가정에서도 전문적인 진료를 받을 수 있도록 지원하는 것도 중요하다. 원격 진료 시 필요한 의료 기기와 약물을 신속하게 배송하고, 응급 상황 발생 시 신속하게 대응할 수 있는 시스템을 구축하여 고령자들의 건강과 안전을 지킬 수 있다.

초고령화 사회에서 물류 업계는 다양한 도전과 기회를 마주하고 있다

노동 인력 부족 문제를 해결하고, 고령자 맞춤형 물류 서비스를 제공하는 것은 물류업계의 지속가능한 발전을 위한 중요한 과제다. 자동화와 디지털화를 통해 운영 효율성을 극대화하고, 고령자들의 특수한 요구를 반영한 맞춤형 서비스를 제공함으로써 물류업계는 고령화 사회에서 중요한 역할을 할 수 있다. Yamato Transport와 Sagawa Express의 사례는 고령자 맞춤형 물류 서비스의 성공적인 모델을 보여주며, 다른 물류 기업들에게도 많은 시사점을 제공한다. 앞으로도 물류 업계는 이러한 혁신과 노력을 통해 초고령화 사회에서 지속가능한 성장을 이루어 나가야 할 것이다.

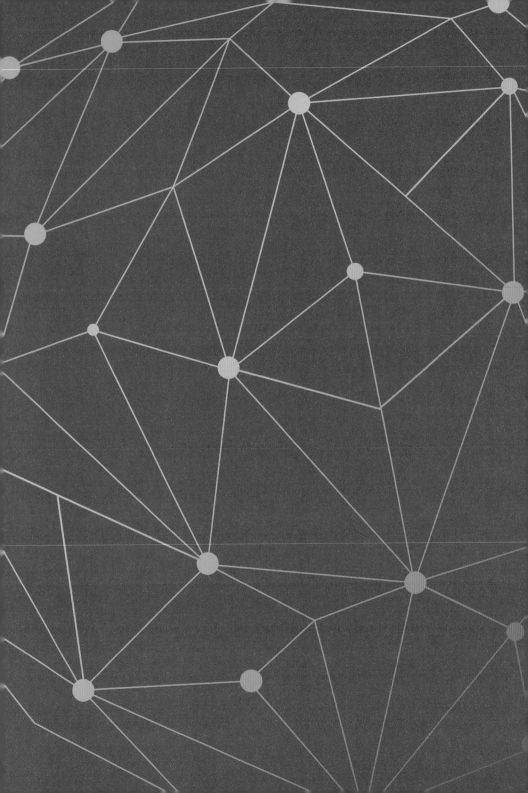

제2부

도시화, 지방소멸과 물류

1

도시화와 사회문제

21세기 들어 도시화는 세계 여러 나라에서 일어나고 있는 주요 현상으로, 인구가 도시 지역으로 집중되면서 다양한 사회적, 경제적 변화를 초래하고 있다. 도시화와 지방소멸은 전 세계 많은 국가에서 나타나는 두드러진 사회적 현상으로 자리 잡았다. 도시화는 인구와 자원이 대도시에 집중되는 과정을 말하며, 그 반대편에는 지방과 농촌의 인구 감소 및 경제적 쇠퇴라는 '지방소멸' 현상이 있다. 이는 단순한 인구 이동의 문제가 아니라, 경제, 사회, 문화 전반에 걸친 변화를 수반하고 있으며, 특히 지방 경제의 쇠퇴, 지역사회 붕괴, 그리고 지속가능한 발전에 대한 심각한 도전 과제를 야기하고 있다.

도시화는 인구와 자원이 대도시에 집중되면서 진행되는 과정이다

이는 전 세계적으로 산업화와 경제 발전이 이루어지면서 자연스럽게 발생한 현상으로, 더 나은 일자리, 교육, 의료, 문화적 혜택을 제공하는 도시가 사람들을 끌어들이는 구조이다. 한국도 예외는 아니며, 서울, 인천, 경기 등 수도권으로 인구가 몰리면서 지방 인구 감소가 가속화되고 있다. 이러한 도시화는 대도시의 경제 성장과 문화적 발전을 촉진하는 긍정적인 측면이 있는 반면, 주거 비용 상승, 교통 혼잡, 환경 문제 등 도시 내부의 과밀화 문제를 야기한다. 또한, 농촌과 지방의 경제적 자원과 인구가 고갈되면서, 지역 경제의 불균형이 심화되고 있다.

지방소멸은 주로 저출산, 고령화, 도시로의 인구 유출로 인해 지방과 농촌 지역의 인구가 급격히 줄어들고, 경제 활동이 위축되는 현상을 말한다. 이는 단순히 인구가 줄어드는 문제가 아니라, 경제적 붕괴와 사회적 위기를 동반한다. 인구가 줄어들면 소비가 감소하고, 산업 활동이 축소되며, 지방의 기초 서비스 제공조차 어려워진다. 특히 지방의 고령화는 젊은 층이 도시로 떠나면서 더욱 심화되고, 지역 내 인구구조가 왜곡되면서 장기적으로는 지방이 생존 자체가 어려운 상황으로 내몰리게 된다.

통계에 따르면, 한국의 228개 시·군·구 중 절반가량이 소멸 위험 지역으로 분류되고 있다. 20~30대 여성 인구가 고령 인구보다 적은 지역은 출산율 감소와 경제 쇠퇴가 가속화되며, 이는 지역 경제의 악순환을 불러일으킨다. 이는 곧 지방의 소멸로 이어질 수 있는 심각한 사회적 문제이다.

도시화와 지방소멸이 맞물려 나타나는 주요 문제들은 크게 세 가지로 나눌 수 있다.

첫째, 경제적 불균형이다

도시화가 가속화되면서 대도시는 더욱 번성하지만, 지방의 경제는 쇠퇴하고 있다. 산업 기반이 약화된 지방에서는 일자리가 줄어들고, 청년층이 대도시로 떠나며 경제적 활력을 잃는다. 이로 인해 지방 경제는 소득 감소, 부동산 시장 침체 등 악순환을 겪으며, 도시와 지방 간의 경제적 불균형은 더욱 심화된다.

둘째, 사회적 불평등과 갈등이 심화된다

도시와 지방 간의 격차가 커지면서 사회적 불평등도 심화되고 있다. 지방에서는 교육, 의료, 문화 서비스 접근성이 점점 낮아지고, 이는 삶의 질 저하로 이어진다. 지방 주민들은 기회의 불평등 속에서 상대적 박탈감과 소외를 느끼며, 이는 사회적 갈등의 씨앗이 될 수 있다.

셋째, 지방 경제와 물류 네트워크가 붕괴된다

지방 인구 감소는 곧 물류 수요 감소로 이어진다. 이는 지방 물류 네트워크가 점차 약화되는 결과를 초래한다. 물류기업들은 인프라 유지 비용이 높아지면서 배송 시간이 길어지고 운송비가 상승하는 문제를 겪게 된다. 특히 농어촌 지역에서는 필수 물품의 수급이 어려워지는 등 경제적 부담이 커지게 된다.

도시화와 지방소멸이라는 두 현상은 서로 대립되는 것처럼 보이지만, 결국 국가적 균형 발전을 위해서는 상호 보완적인 해결책이 필요하다
지방의 인구 감소와 경제 쇠퇴 문제를 해결하지 않으면 국가 전체의 경

제 성장이 지속가능하지 않으며, 도시의 과밀화로 인한 문제 역시 해결하기 어렵다. 따라서 정부와 민간은 함께 지방 활성화와 도시-지방 간 균형 발전을 위한 구체적 정책을 마련해야 한다.

지방의 특성을 살린 산업 기반 강화와 지방 일자리 창출을 위한 투자 확대로 지방산업 활성화가 필요하다. 또한, 교육, 의료, 교통 인프라를 확충하여 지방 주민들의 삶의 질을 높이고, 지방소멸의 악순환을 끊을 수 있는 지속가능한 지역사회 구축을 위한 사회적 기반을 조성해야 한다. 물류 네트워크 강화도 필요하다. 스마트 물류 기술을 도입하여 지방의 물류망을 활성화하고, 지방에서도 효율적이고 경제적인 물류 서비스를 제공해야 한다.

도시화와 지방소멸은 현대 사회가 직면한 복합적이고 상호 연결된 문제이다. 도시로의 인구 집중은 필연적으로 지방의 경제적, 사회적 쇠퇴를 초래하고 있으며, 이로 인한 불균형은 지속가능한 발전을 저해하는 중요한 요인이다. 지방소멸을 막기 위해서는 정부, 기업, 지역사회의 협력 아래 균형 발전을 위한 종합적인 전략과 정책이 필요하다.

도시화의 사회적 문제

도시화가 가져올 사회적문제는 지방소멸, 유통난민 증가, 식량사막 문제, 인구병(인구감소, 인구이동) 등이 있다.

지방소멸

지방소멸현상은 인구가 도시로 집중됨에 따라 지방의 인구가 급격히 감소하고, 이로 인해 지방 사회가 붕괴하는 현상이다. 젊은 층이 도시로 이동하면서 지방의 경제 활동이 침체되고, 인구구조가 급격히 고령화되어 지역 경제가 악순환에 빠진다. 지방의 일자리 부족, 의료 및 교육 서비스의 부재는 젊은 인구의 유출을 가속화시키며, 지방 경제의 지속가능성을 위협한다. 이러한 경제 침체는 지방의 물류 수요 감소로 이어지며, 물류업체들은 지방 서비스를 축소하거나 철수하게 된다.

지방소멸현상으로 인해 사회적 인프라가 무너진다. 학교, 병원, 공공 서비스 기관 등이 운영을 유지하기 어려워지면서 주민들의 생활 여건이 악화된다. 이는 주민들의 추가적인 유출을 유발하고, 지역 사회의 기능을 더욱 약화시키는 결과를 초래한다. 예를 들어, 의료 서비스의 부족으로 인해 주민들은 도시로 이동해야 하는데, 이는 지방의 인구 감소를 가속화시킨다. 결과적으로 지방의 소멸은 국가 전체의 균형 발전을 저해하고, 지역 간 격차를 심화시킨다. 이와 같은 인프라 붕괴는 물류 서비스의 효율성을 저해하며, 물류업체들이 지방에서의 운영을 더욱 어렵게 만든다.

유통난민 증가

유통난민은 유통 인프라의 부족으로 인해 일상적인 쇼핑이 어려운 사람들을 의미한다. 대형 슈퍼마켓이나 쇼핑센터가 철수하면서 지방 주민들은 기본적인 생활필수품을 구하기 위해 먼 거리를 이동해야 한다. 이는 특히 고령층과 이동이 불편한 주민들에게 큰 불편을 초래한다. 이는 물류업체들이 이러한 지역에 접근하는 데 어려움을 초래하며, 배송 비용이 증가하고, 배송 시간이 길어지게 된다.

유통난민은 제한된 선택지로 인해 비싼 비용을 지불하게 된다. 이는 생활비 증가로 이어지며, 경제적 취약 계층의 부담을 가중시킨다. 유통난민은 제한된 선택지로 인해 고가의 물품을 구매할 수밖에 없는 상황에 처하게 된다. 또한, 신선한 식료품을 구하기 어려워 건강 문제가 발생할 수 있으며, 이는 생활비의 증가로 이어지며, 경제적 취약 계층의 부담을 가중시킨다. 물류업체들은 이러한 지역에 배송을 하기 위해 추가적인 비용을 부담해야 하며, 이는 운영 비용을 증가시키고 서비스 품질을 저하시킬 수 있다.

유통난민 문제는 사회적 고립을 심화시킨다. 쇼핑이 단순히 물건을 구매하는 행위가 아닌 사회적 교류와 활동의 기회로 작용한다. 유통난민은 이러한 기회를 상실하게 되며, 이는 고립감과 우울증 등의 정신 건강 문제를 초래할 수 있다. 물류업체들은 이러한 지역에서의 물류 서비스를 제공하기 어려워지며, 이는 사회적 고립을 더욱 심화시킨다.

식량사막 문제

식량사막은 신선하고 영양가 있는 식품을 구하기 어려운 지역을 의미한다. 이는 주로 저소득층이 밀집한 지역이나, 유통 인프라가 부족한 지방에서 발생한다.

먼저, 주민의 영양상태가 악화된다. 식량사막은 신선하고 영양가 있는 식품을 구하기 어려운 지역을 의미한다. 대형 슈퍼마켓이 철수하고, 소형 상점들은 높은 운영 비용으로 인해 신선 식품을 제공하기 어려워진다. 대형 슈퍼마켓의 부재와 소형 상점의 고비용 구조가 주된 원인이다. 이러한 환경에서는 과일, 채소, 고품질 단백질 등의 접근성이 제한되며, 주민들의 영양 상태가 악화된다. 이러한 상황은 특히 저소득층이 밀집한 지역에서 심각하다. 물류업체들은 이러한 지역에 신선 식품을 제공하기 위해 추가적인 비용과 노력을 기울여야 하며, 이는 운영의 지속가능성을 위협한다.

둘째, 건강 문제를 일으킨다. 식량사막 지역의 주민들은 영양가 높은 식품 대신 가공식품과 패스트푸드에 의존하게 된다. 이는 비만, 당뇨, 심혈관 질환 등의 만성 질환 발생률을 높인다. 특히 어린이와 노인 등 취약 계층의 건강에 심각한 영향을 미치며, 이는 사회적 비용의 증가로 이어질 수 있다. 물류업체들은 이러한 지역에 건강한 식품을 제공하기 위해 특별한 물류 시스템을 구축해야 하며, 이는 추가적인 비용과 인프라 투자를 요구한다.

셋째, 식량사막은 사회적 불평등을 심화시킨다. 저소득층이 주로 거주하는 지역에 발생하는 이 문제는 경제적 여건에 따라 건강과 생활 수준이 크게 차이 나는 결과를 초래한다. 이는 사회적 불평등을 심화시키며, 장기적으로 사회 통합을 저해할 수 있다. 물류업체들은 이러한 지역에서의 서비스 제공을 위해 특별한 전략을 마련해야 하며, 이는 경제적 부담을 증가시키고, 서비스 품질을 유지하는 데 어려움을 초래할 수 있다.

인구병(인구감소, 인구이동)

인구병은 인구감소와 인구이동이 맞물려 나타나는 일종의 사회적 질병이다. 이 현상은 특히 지방과 농촌지역에서 심각하게 나타나며, 지역의 경제적, 사회적 기반을 약화시키는 주요 요인으로 작용하고 있다. 절대적인 인구감소와 상대적인 인구유출이 동시에 발생하는 과소지역은 이러한 인구병의 직접적인 충격을 받게 된다. 이는 '인구감소 → 세수 하락 → 지출 부족 → 유지 불능'이라는 악순환으로 이어지며, 결국 지방소멸을 촉진한다.[65]

이중구조와 인구 집중

반면, 대도시 블랙홀로 불리는 인구 집중 지역에서는 거주 혼잡이 심화되는 이중구조가 펼쳐진다. 인구가 몰리면서 대도시는 인프라의 한계와 높은 주거비용으로 인해 삶의 질이 저하되는 문제가 발생한다. 이런 현상은 대도시로의 인구 이동을 더욱 촉진하며, 지방은 더 빠르게 인구를 잃게 된다.

이러한 상황 속에서 정책의 방향은 한정된 자원의 균형 배분에 맞춰져야 한다. 경제성장은 멈췄지만 재정지출은 커지고 있는 시기, 균형적인 정책 수급이 시급하다. 인구감소 문제를 해결하기 위한 출발점은 적정 인구의 유지 확보이다. 이는 지방소멸을 막기 위한 중요한 요소로 작용하며, 도농 균형을 이루는 핵심이다.

인구 이동과 출산 문제

인구병의 핵심은 인구 이동이다. 많은 논의는 청년 인구의 출산율 저하에 초점을 맞추지만, 사실 더 중요한 문제는 청년층의 도시 이주이다.

---

65 전영수, 「피파세대 소비 심리를 읽는 힘」, 라의눈(2016.9)

20~39세의 가임기 여성들이 학업과 취업을 위해 지방을 떠나 대도시로 이동하면서 지방에서의 출산율은 더욱 저하되고 있다. 예를 들어, 전남 지역의 출산율은 서울보다 높지만, 열악한 출산·양육 환경으로 인해 서울에서는 출산을 포기하는 사례가 많다. 이는 지방에서 낳을 아이가 서울에서는 태어나지 않는다는 의미로, 인구 이동이 출산율 저하에 미치는 영향을 보여준다.

또한, 수도권의 인구 집중은 심각한 도넛 현상을 일으키고 있다. 서울 내에서는 높은 주거비로 인해 인구가 감소하는 반면, 수도권 전체로는 과밀화가 더욱 심화되고 있다. 이로 인해 수도권 외곽 지역에서는 인구가 증가하는 이중적인 인구구조가 형성된다. 해외 이입으로 노령화 문제를 해결할 수 있다는 생각도 착각이다. 그러려면 비현실적일 만큼 높은 수준의 이입이 필요하고, 이주자들도 나이를 먹기 때문이다. 결국 경제성장과 맞물린 인구 노령화에 따라 노동력 부족이 지속되거나 더 증가할 가능성이 크다.[66]

국내이주와 지방소멸

국내 이주, 특히 수도권으로의 이주는 지방소멸 문제를 가속화하는 주요 원인 중 하나이다. 많은 사람들이 더 나은 일자리, 교육, 생활 인프라를 찾아 대도시로 이주하면서, 지방의 인구는 급격히 감소하고 있다. 이 중에서도 청년층의 수도권 이주는 두드러지며, 이는 지방 경제와 사회의 지속가능성에 심각한 위협이 된다.

---

66   헤인 데 하스, 「이주, 국가를 선택하는 사람들」, 세종서적(2024)

도시로의 이주는 여러 긍정적인 측면도 있지만, 그로 인한 부작용 역시 간과할 수 없다. 지방을 떠난 이주자들이 도시에서 기회를 찾으며 경제적 발전을 도모할 수 있지만, 이주로 인해 지방의 인구는 줄고 지역 경제는 약화된다. 특히 청년층의 유출은 지방의 노동력 부족을 초래하고, 지역 산업이 침체되는 결과를 낳는다.

또한, 수도권으로의 이주가 해결책이 될 수 없는 이유는 수도권 내에서도 이미 과밀화와 주거 문제, 일자리 부족 등으로 인해 많은 사람들이 어려움을 겪고 있기 때문이다. 대도시의 주거비 상승, 젠트리피케이션 현상 등은 기존 주민들뿐 아니라 이주자들 모두에게 부담을 주고 있으며, 결국 이는 도시 내 불평등을 심화시키는 요인으로 작용한다.

결국, 지방의 소멸을 막기 위해서는 도시로의 이주를 완화하고, 지방에서의 삶을 지속가능하게 만드는 정책적 노력이 필요하다. 이를 위해 지방에 양질의 일자리와 생활 인프라를 제공하고, 지방에서도 안정적인 생활을 영위할 수 있는 환경을 조성하는 것이 중요하다.

2
지방소멸

전 세계적으로 도시화가 급속히 진행되는 가운데, 많은 지방 도시들이 경제적, 사회적, 재정적 어려움에 직면하고 있다. 이러한 도시는 흔히 '지방소멸'이라는 용어로 표현되며, 이는 인구 감소, 경제 침체, 재정 위기 등으로 인해 도시 기능을 상실해가는 과정을 의미한다. 이는 주로 젊은 층의 인구 유출과 고령화로 인해 발생하며, 지방 도시의 경제 및 사회 구조를 약화시킨다. 지방소멸은 단순히 인구 감소 문제로 국한되지 않으며, 지역 경제의 침체, 세수 감소, 사회 복지 비용 증가 등의 복합적인 문제를 포함한다.

지방소멸은 인구 감소와 도시화로 인해 지방 도시와 농촌 지역이 점차 소멸하는 현상을 의미한다. 이러한 현상은 경제, 사회, 문화 등 다양한 측면에서 큰 문제를 초래한다. 한국과 일본, 두 나라는 지방소멸 위기라는 공통된 문제에 직면해 있다. 인구 감소와 수도권으로의 집중은 두 나라 모두에서 심각한 사회적, 경제적 도전을 야기하고 있다. 이러한 문제를 해결하기 위해 다양한 지역 활성화 정책이 추진되고 있지만, 그 과정에서 성공과 실패가 혼재된 상황이다.

지방소멸이라는 개념은 더 이상 미래의 일이 아니다. 한국의 경우, 2021년 행정안전부는 인구감소로 소멸 위기에 처한 89개의 시·군·구를 '인구감소지역'으로 지정했다. 이들 대부분은 비수도권 지역에 위치하며, 수도권으로의 인구 집중은 날로 심화되고 있다.

일본에서도 '지방소멸'이라는 용어는 2014년 도쿄대 마스다 히로야 교수가 발표한 '소멸가능성도시 896개 리스트'를 통해 처음 공론화되었다. 일본의 인구는 2008년을 정점으로 급격히 감소하기 시작했으며, 2060년에는 8,674만 명, 2110년에는 4,286만 명으로 감소할 것이라는 예측이 나왔다. 이러한 인구 감소는 지역의 경제 활동을 위축시키고, 결과적으로 지역의 소멸로 이어질 수 있다는 우려를 낳고 있다.[67]

인구 감소로 소멸하는 지방

지방에서 수도권으로 인구가 유입되고 저출산 기조가 지속함으로써 수도권보다 지방에서 인구가 빠르게 줄어들고 있다. 더욱이, 지방에서는 여성 인구가 급격하게 줄어들고 있기에 지방소멸 위험이 더욱 심각해지고 있다. 지방의 경우, 가임기 젊은 여성 및 생산가능인구의 유출로 인해 출산율 둔화 및 고령화 심화로 이어지고, 이는 다시 지방소멸 위기에서 벗어나기 어려운 환경으로 이어져 악순환이 벌어진다.

특히, 2022년 기준으로 수도권 출생 비중은 53.1%에 달해, 이제는 태어나는 신생아마저 수도권에 더 집중되고 있다. 이 속도대로라면 2030년

---

[67] 마스다 히로야, 「지방소멸」, 와이즈베리(2015)

대 중반에는 60% 가까이 수도권에서 태어날 것이다. 가뜩이나 태어나는 아이의 수도 적은데, 그마저도 수도권에 집중되면 지방에서 아이를 낳고 기르기가 더 어려워질 수밖에 없다. 이미 산부인과 하나 없는 기초지방 자치단체가 수두룩하다. 이런 상황이 지속하면, 자녀를 낳아 기르고 싶은 사람들은 수도권으로 몰리게 되고, 수도권 출생 비중은 더 높아질 가능성이 크다.

[그림2-1] 인구감소지역

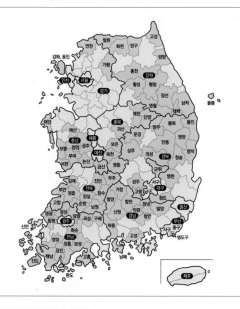

출처 : 대한민국 공식 전자정부 누리집
(https://www.mois.go.kr/frt/sub/a06/b06/populationDecline/screen.do)

한편, 2040년경에는 농어촌과 산간 지역뿐만 아니라 지방 중소도시를 중심으로도 지방소멸 가능성이 심각할 정도로 높아지게 된다. 따라서 지방소멸 현상은 먼 미래의 이야기가 아니라, 지방소멸 위험이 현실화한 상황이다. 전국 대부분 지역이 '지역소멸위험지수[68]'상으로 '소멸 위험주의 지역'에 해당하는 상황이기 때문이다. 이미 전국 228개 시·군·구 기초지방자치단체 중 절반이 소멸 위험 지역이다.어서 '지역소멸위험지수'는 한 지역의 20-39세 여성 인구를 65세 이상 고령인구로 나눈 값이다. 이 지수가 20~39세 여성 인구가 65세 이상 고령인구보다 적은 1.0 미만이면 '소멸 위험 주의 지역', 0.5 미만이면 '소멸 위험지역', 0.2-0.5 미만이면 '소멸 위험 진입 지역', 0.2 미만이면 '소멸 고위험 지역'으로 분류된다. 지역소멸 위험이 가장 심각한 곳은 경북, 전남, 경남의 군 지역이다.

특히, '지역소멸위험지수'가 악화하는 지방의 소멸 위험 지역을 중심으로 부동산 가격이 하락하여 부동산 시장이 침체될 가능성은 매우 높고, 이 파장은 전국으로 확산될 것이다. 이와 더불어, 빈집과 노후주택이 늘어나는 문제도 심각한 상황이다. 지방에서의 인구 감소 때문에 빈집과 노후주택이 증가하는 추세는 지방경제에 악영향을 미치게 된다. 따라서 지역소멸 위험이 높은 상황에서 빈집과 노후주택에 대한 실효적인 중장

---

68 지방소멸위험지수는 2014년 5월 일본 도쿄대 마스다 히로야(増田寛也) 교수가 자국 내 지방이 쇠퇴해가는 현상을 분석하기 위해 내놓은 〈지방소멸〉에 제시한 분석 기법에 기초해 개발된 것이다. 당시 마스다는 해당 저서를 통해 2040년까지 일본 기초단체 1799곳 가운데 절반인 896곳이 인구 감소로 소멸 가능성이 있다는 예측을 내놓은 바 있다.
한 지역의 20~39세 여성 인구를 65세 이상 인구로 나눈 값으로 이 지수가 0.5 미만이면 소멸위험지역으로 분류된다. 즉, 이 지수 수치가 낮으면 인구의 유출·유입 등 다른 변수가 크게 작용하지 않을 경우 약 30년 뒤에는 해당 지역이 없어질 가능성이 높다는 의미를 갖고 있다.
지방소멸위험지수는 구체적으로 ▷지수가 1 이하일 때(20~39세 여성 인구가 65세 고령인구보다 적을 경우) '소멸 주의' 단계로 ▷지수가 0.5 이하일 때는 소멸 위험이 큰 것으로 정의된다.
[네이버 지식백과] 지방소멸위험지수 (시사상식사전, pmg 지식엔진연구소)

기 대책 없이는 부동산 가격 하락으로 부동산 시장이 무너질 가능성이 크다.[69]

한편, 고령인구의 증가와 더불어 1인 가구의 증가도 부동산 시장에 악영향을 미친다. 지방을 중심으로 빈집과 노후주택이 늘어나는 것은 1인 가구 증가와 맞물려 지역경제에 심각한 부동산 침체를 유발하게 될 것이다. 특히, 인구의 급격한 감소로 부동산 시장에 진입할 절대적 수요자가 해를 거듭할수록 가속도로 줄어드는 것도 문제이다. 이 상태가 지속하다 보면, 수십 년 후에는 도심 외곽에도 오래된 빈집이 넘쳐나지 말라는 보장이 없다.

수도권 집중과 무너지는 지방경제[70]

지방 인구의 상당수는 소득, 고용, 교육 등의 기회를 찾아 대도시로 떠난다. 그중에서도 청년 인구의 수도권 이동은 가히 폭발적이다. 2015년 4

---

69 "빈집 13만채·농촌 인구 소멸에 팔 걷은 정부…활성화 대책은?", 동아일보(2024.9.14.)
국토부와 농림축산식품부, 해양수산부 등의 2022년 빈집 현황 자료에 따르면 1년 이상 전기나 상수도를 쓰지 않은 '정비 대상 빈집'은 전국에 13만 2000채로 집계됐다. 이 가운데 6만 1000채는 인구감소가 심각한 비수도권 지역에 있다.
2024년 3월 농식품부에서 발표한 '농촌소멸 대응 추진 전략' 가운데 '생활인구·관계인구 창출'의 주요 과제에는 ▲농촌 빈집은행 활성화 지원(13억 5000만 원) ▲농촌소멸 대응 빈집 재생 지원(1억 8900만 원) ▲농촌 체류형 복합단지 조성 시범사업(4억 5000만 원) 등이 있다.
농촌소멸 대응 빈집 재생 지원은 농식품부 및 지자체와 대·중소기업·농어업협력재단 등 민간이 협력해 빈집이 밀집된 곳(빈집우선정비구역)을 우선으로 빈집을 재생하거나 정비해서 주거·창업·업무 공간으로 활용할 수 있도록 만드는 사업이다.
체류형 복합단지 조성 시범사업은 농촌 체험과 '4도3촌(4都3村등·4일은 도시, 3일은 농어촌지역에 머무는 생활)'에 대한 도시민의 높아진 관심과 수요를 고려하여 농촌 체류, 여가, 체험 관광을 함께 묶어 제공할 수 있는 체류형 복합단지 3곳(1곳당 총사업비 30억 원)을 조성하는 게 핵심 목표이다.
70 이상민, 「저출산 프랑스는 어떻게 극복했나」, 고북이(2024.6)

만 2천여 명에 불과했던 수도권으로의 순유입이 2020년에는 무려 8만 9천여 명으로 늘어나서, 5년 만에 2배 이상 증가했다. 지난 10년간 시도별 인구의 전입과 전출을 살펴보면, 가장 눈에 띄는 것은 산업인력의 핵심 역할을 하는 15세부터 35세 이하의 청년 인구가 서울, 경기, 인천의 수도권으로 집중하는 현상이다. 전국에서 이 연령대의 인구가 수도권으로 집중하고 있는데, 이 연령의 인구 이동은 지역 간 인구 이동량의 절반 이상을 차지한다.

더욱이, 전국 대학생 절반 가까이와 전국 대학원생 절반 이상이 수도권에서 배출되는 실정이다. 수도권에서 이런 비율로 대학생과 대학원생이 배출되는 것은 청년층 인재 확보 측면에서 수도권이 절대로 유리함을 의미한다. 이를 통해, 산업에서의 수도권 입지가 강화되어 수도권으로의 청년층 인구의 전입이 가속화되고 있다. 이는 교육기관이 수도권에 집중되어 인력을 공급하기 때문이며, 교육을 마친 청년층 인구가 출신 지역으로 돌아가는 것이 아니라 취업을 위해 수도권에 정착하기 때문이다.

수도권 가운데 특히 서울은 모든 지방을 황폐화하면서 빨아들이고 있다. 그 결과, 지방은 인구소멸, 학령아동 소멸, 학교 소멸 등으로 지역소멸을 겪고 있다. 물론, 서울은 한국의 수도이고 경제의 중심이다 보니 다양하고도 풍부한 자원의 절대다수가 서울에 집중되어 있다. 청년층의 삶의 질에 영향을 주는 양질의 일자리, 여가시설과 문화공간, 많은 친구를 만나고 사귈 기회, 교육 시설 등 거의 모든 것이 서울에 집중된 것이다.

지역간 균형발전 불평등도

2022년 산업연구원은 '국가균형발전특별법'에 명시된 '균형발전' 정의에 기반하여 '발전의 기회균등', '자립적 발전역량', '삶의 질', '지속가능발전' 등의 4개 분야를 구분하고, 이와 밀접한 관련성이 있는 27개 지표를 사용하여 지역균형발전 불평등도를 측정하였다. 이 자료에 따르면, 지역간 균형발전 불평등도의 수도권과 비수도권 사이의 격차가 매년 점진적으로 확대되는 추세를 보이다가 이 격차가 2018년부터는 전체 불평등 수준의 70% 이상을 차지하는 것으로 나타났다. 한국의 불평등 수준에서 비수도권 내의 격차는 전체의 약 30%에 지나지 않지만, 수도권과 비수도권의 격차가 대부분을 차지한다는 의미이다.

이러한 수도권 일극 중심 체제의 구조는 비수도권의 인구 이동을 가속화하고 지방소멸 위기를 더욱 앞당기는 역할을 한다. 아울러, 이 같은 현상 때문에 비수도권의 지역민은 상대적 박탈감과 소외감에 젖어있으며, 이들에게는 기회의 균등과 정의가 사라졌다는 인식이 팽배하다. 특정 지역에서 태어났다고 해서 일자리의 양과 질이 다르고, 자산의 크기가 달라지며, 심지어는 혼인까지도 어려움을 겪는 현실에 놓여 있다.

청년층의 수도권 집중은 한국 사회의 저출산 현상의 원인 중 하나로 꼽히고 있다

대기업이 수도권에 집중해 있고 산업의 고도화로 지방에 양질의 일자리가 부족한 상황에서, 지방의 청년층은 출신 지역에는 안정적으로 삶을 유지할 일자리가 없다고 판단한다. 그리하여, 높은 주거비와 치열한 취업 경쟁을 무릅쓰고 수도권으로 향하게 된다. 그래서 대학도 소위 '인(in) 서울' 대학 혹은 수도권 소재 대학에 가야 하고 직장도 서울이나 수도권에서 구해야 한다는 강박관념이 청년층에게 경쟁심과 미래에 대한 불안감을 극도로 높여온다. 과밀화된 수도권에서의 주거비와 양육비 부담 때문에, 특히 여성의 경우 경력단절 이후의 불투명한 미래 전망때문에, 나아가 이런 상황에서 경쟁에 뒤처지지 않으려고, 결혼하여 자녀를 낳는 일은 자연스럽게 뒤로 미루어진다.

한편, 기업이 지방 이전이나 지방 투자를 주저하는 대표적 원인으로 지방에서 인력 수급이 어렵다는 점을 들 수 있다. 기업이 지방으로 이전하게 되면 인재가 이탈하고 인력 수급에 어려움을 겪기 때문이다. 결국, 기업이 지방으로 이전하고 투자하는 과정에서 가장 큰 어려움은 인력 이탈로 인한 대체인력을 확보하는 문제이며, 지역 내에서 기업이 필요로 하는 고급 인력을 확보하는 문제이다. 마찬가지로, 비수도권에서의 창업이 불리한 것도 역량 있는 인재 확보가 어렵다는 점이 첫 번째 이유로 꼽힌다. 그리고 지방으로의 이전을 고려했으나 실행하지 않은 것도 우수인력 유치가 어렵기 때문이다. 결국, 수도권 이외의 지역에서 청년층 인구가 이탈하여 수도권으로 집중하는 문제는, 지역별 교육과 산업 여건의 격차를 가속화하는 요인이 된다. 더욱이, 생산연령인구도 수도권으로 집중함으로써 수도권과 비수도권 사이의 격차는 갈수록 심해지고 있다.

국가 경제성장의 기초는 지역경제가 활성화하는 데에 달려 있다

지역경제가 살아야 국가도 성장하고 발전한다는 것이다. 그래서 지방자치단체는 각 지역별로 특화된 산업을 기반으로 성장 동력을 찾아 지역발전을 위해 애쓰고 있다. 지역마다 산업의 차이가 있고 산업의 규모와 파급 효과가 다르기는 하지만, 지역산업의 기초에는 언제나 관련 노동력과 인구가 있었다. 하지만 산업구조가 빠르게 재편되고 있는 현 상황에서, 생산연령인구의 감소와 인구의 고령화 현상은 지역경제에 위협을 가하고 있다. 말하자면, 인구 유출이 급격히 일어나는 지역에서는 지역산업을 원활히 유지하고 활성화하기가 어렵다. 역으로, 산업기반이 취약한 지역에서는 인구 유출을 막기 힘든 것도 사실이다. 중앙정부와 지방자치단체가 적절한 대안을 마련하지 않는다면, 지역 인구 감소와 수도권 집중때문에 생겨날 지역 경제의 타격과 지방소멸이라는 원하지 않는 결과가 곧 나타날 것이다.[71]

사라지고 있는 지방 버스터미널[72]

2020년부터 2022년까지 3년 동안 폐업한 버스터미널은 전국적으로 18곳에 이른다. 이는 전국에 운영 중인 버스터미널은 296곳으로 이 중 6.9%에 해당하는 수치이다. 버스터미널 폐업이 증가하는 것은, 근본적으로 저출산에 의한 인구 감소로 버스를 이용하는 승객이 크게 줄고 있기 때문이다. 이에 따른 적자 폭이 눈덩이처럼 불어남에 따라 업주는 사업을 포기할 수밖에 없는 처지가 되었다. 게다가 코로나19 때문에 매표 수익이 급감하면서 버스터미널의 경영 상황은 더욱 악화하였다. 코로나19가 터지기 전인 2019년과 비교하면 전국적으로 버스터미널의 매출액은 반 토막이 난 상황이며, 지역에 따라 심하면 2019년 대비 80%까지 떨어진 예도 있다.

　이처럼 수익성 때문에 버스터미널이 사라지면, 이 피해는 대중교통에 의지하던 교통 약자에게 고스란히 돌아간다. 특히, 교통 약자인 지역민

71　이상민, 박동열, [저출산, 프랑스는 어떻게 극복했나],고북이(2024.6)

72　"코로나 끝나도 감감 무소식" 멈춰선 시외버스가 돌아오지 않는다", 조선일보(2023.5.20.)

은 다른 선택의 여지없이 버스를 이용할 수밖에 없는데도, 버스터미널이 사라지면 교통 약자가 겪는 불편과 고통은 갈수록 커질 것이다. 하지만 이에 대해 지방자치단체는 뾰족한 해결 방안이 없다며 손을 놓고 있다. 사실상, 버스터미널은 민간기업의 영역이지 지방자치단체가 관리할 수 있는 영역이 아니기 때문이다. 따라서 관련 법령에 지원 근거도 없고 재정을 지원한 선례도 없기에, 지방자치단체가 버스터미널의 경영상 어려움에 대해 개입할 수단도 없다.

그래서 교통복지 차원에서라도 지방자치단체 등이 나서서 버스터미널의 폐업을 막기 위한 예산을 지원해야 한다는 주장이 나온다. 실제로 전국 지방자치단체 226곳 중 45곳은 지난 2020-2021년까지 코로나19 등의 이유로 지원한 사례가 있다. 실제로 경제적 논리로 보면 버스터미널이 존재할 이유가 점점 없어질 수 있다. 하지만 교통복지 차원에서 버스터미널은 교통 약자의 이동권을 보장할 수 있는 최소한의 서비스를 제공하는 시설이다. 일례로, 버스는 산간 오지 같은 교통 소외지역에까지 대중교통망을 연결하는 교통시설인 만큼 지역 주민에게 필요한 공공재로 볼수 있다. 도시에서의 버스터미널 폐업은 이를 대체할 교통수단이 그나마 있지만, 지방 소도시나 외딴 지역에 거주하는 교통 약자에게는 마땅한 이동 수단이 없다.

[그림 2-2] 2020년 이후 폐업한 버스터미널

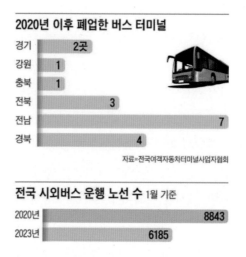

자료 : 전국여객자동차터미널사업협회(동아일보 2023.5.20 재인용)

지금 버스터미널이 떠난 자리에 교통 공백을 메우기 위해 지방자치단체나 버스회사가 승차권 판매 업무를 떠맡아 임시 정류소를 운영하지만, 관리 부실로 불편 민원이 잇따른다. 일례로, 문을 닫은 버스터미널을 대신해 시가 버스 6대를 세울 수 있는 임시 터미널을 근처에 만들지만, 공간이 협소해 이동 동선이 혼잡해지고 화장실 등 시설도 일체 사용할 수 없어 불편이 심해지고 있다. 건물로 운영되던 터미널 형태가 전통시장 앞 버스 정류장 형태로 바뀌는 실정이니 전보다 부실하게 관리될 수밖에 없는 것이다. 준 공용시설에 해당하는 버스터미널이 문을 닫을 거라고는 생각도 하지 않다가 실제로 버스터미널 폐쇄가 이어짐으로써, 이에 따른 충격은 그만큼 더 심해지고 직접 불편과 고통을 겪는 지역민의 허탈감은

말로 표현할 수 없는 지경이다.

폐업한 버스터미널 중에는 성남시, 원주시, 익산시 등 인구 30만여 명이 거주하는 지역 거점 도시의 버스터미널도 포함되어 있다. 휴업 중인 버스터미널도 30여 곳에 달해 전국적으로 버스터미널 폐업은 갈수록 심해질 전망이다. 이처럼 버스터미널 폐업이 지방 소도시나 외딴 지역을 시작으로 지역 거점 도시로 점점 번져나가면, 대도시의 복합환승센터를 제외하고는 지방 버스터미널 인프라가 거의 무너질 거라는 예상이다. 특히, 지방소멸이 진행될수록 지방 운송업의 수익은 더욱 악화하는 일만 남아 있다. 지역과 지역을 이어주던 매개인 버스터미널 인프라가 무너짐으로써, 지방의 소도시와 외딴 지역을 시작으로 지방소멸은 시간이 갈수록 가속화할 전망이다.

지역소멸의 해결책은 '지역부활'이다

도시화는 지방소멸현상, 유통난민, 식량사막과 인구병 같은 다양한 사회적 문제를 야기한다. 이러한 문제들은 서로 긴밀하게 연관되어 있으며, 종합적인 접근이 필요하다. 이동 슈퍼마켓과 같은 혁신적인 물류 서비스와 지역사회의 협력은 이러한 문제를 해결하는 데 중요한 역할을 할 수 있다. 지속가능한 지방 발전을 위해서는 정책적 지원과 지역 사회의 적극적인 참여가 필수적이다.

무엇보다 지방소멸을 막기 위해서는 인구 이동의 흐름을 변화시키는 정책도 필요하다. 저출산 문제 해결을 위한 출산 장려 정책도 중요하지만, 그보다 먼저 지방의 인구 이동을 막고 지방에서의 직주 환경을 개선하는 것이 우선 과제이다. 청년들이 지방에서 일자리를 찾고 결혼과 출산을 할 수 있는 환경을 조성해야 하며, 이를 통해 지방의 자생력을 강화해야 한다.

고령 인구의 도시 이주도 중요한 문제이다. 농촌 지역에서 거주하던 고령층이 더 나은 의료와 생활 환경을 찾아 도시로 이주하면서, 농촌 지역은 더욱 쇠퇴하고 있습니다. 고령 인구의 도시 이주는 자연스러운 현상이지만, 그 규모가 커지면 지방소멸을 가속화시킬 수 있다. 따라서 고령 인구의 도시 이주를 줄이기 위한 정책적 배려가 필요하다.

결국, 인구 감소와 지방소멸 문제의 해결책은 '지역 부활'에 있다. 지역 맞춤형 성장 전략을 통해 지방에서도 청년들이 일자리를 찾고, 결혼과 출산을 할 수 있는 기반을 만들어야 한다. 이를 통해 청년들이 굳이 도시로 떠나지 않아도 고향에서 안정적으로 정착할 수 있는 환경을 조성해야 한다. 동시에 고령 인구의 도시 이주를 줄이는 정책적 대응도 필요하다.

이러한 노력이 뒷받침될 때, 지방은 자생력을 회복하고 지역소멸을 방지할 수 있으며, '직주 완성 → 인구 이동 약화 → 세원 확보 → 지역 부활 → 인구 증가'라는 긍정적인 사이클을 형성할 수 있다. 이를 통해 한국 사회가 직면한 인구 감소의 후폭풍을 줄이고, 건강한 지역 부활을 이룰 수 있을 것이다.[73]

다양한 지역 활성화 전략을 추진하고 있다

한국에서는 주로 관광 정책을 통해 지역 경제를 활성화하려는 노력이 두드러진다. 예를 들어, 출렁다리, 집라인, 케이블카 등의 시설이 전국적으

---

73 전영수, 「피파세대 소비 심리를 읽는 힘」, 라의눈(2016.9)

로 도입되었지만, 이러한 하드웨어 중심의 접근은 지역 간 경쟁만 심화시키고, 차별화에 실패하는 경우가 많다. 최근에는 워케이션과 같은 새로운 근무 형태를 도입하여 지역 경제 활성화를 꾀하려는 시도가 있지만, 여전히 실효성이 부족한 사례들이 많다.

반면, 일본은 2014년 '지방창생법'을 제정하여 인구 감소와 도쿄로의 인구 집중을 막고자 했다. 이 법은 도쿄로의 일극 집중을 시정하고, 지역 과제를 해결하며, 젊은 층의 취업, 결혼, 육아를 지원함으로써 정주 인구를 늘리고 지속가능한 사회를 유지하려는 목적을 가지고 있었다. 이를 위해 일본 정부는 지방창생본부를 설치하여 종합적인 전략을 수립하고, 디지털 기술을 접목한 지역 활성화 프로젝트도 추진했다. 그러나 정주 인구를 늘리는 데는 한계가 있었고, 디지털화를 통해 이러한 한계를 극복하려는 시도가 계속되고 있다.[74]

한국과 일본의 지역 활성화 전략에서 중요한 차이점 중 하나는 '창생'과 '재생'의 개념이다. '창생'은 새로운 것을 만들어내는 것을 의미하며, '재

---

74 2014년 5월, 현재의 인구감소 추세대로라면 일본의 절반, 896개 지자체가 소멸한다는 '마스다 보고서'에 일본 전역 충격. 일본 아베 정권은 「지역, 사람 일자리 창생법(약칭 지방창생법) 2014년 11월 가결. 내각의 간판정책이 됨.
관광입국과 농수산물 해외수출이 지방창생의 핵심.
소멸위기의 지역들이 관광을 통해 회생. 2018년 외국인 관광객 소비액 4조5천억엔(45조원), 우리나라도 일본관광에 연 18조원 지출.
관광자원과 관련하여 집과 거리를 깨끗하게 청소 및 정리, 지역특화음식 판매 등 새로 무엇을 대규모로 돈을 들여서 하기 보다는 기존의 것을 깨끗하고 예쁘게 하는데 중점을 둠.
일본 지방창생 정책은 인구감소에 대한 대응책에 중점을 두고 있다는 점에서 지난 20여 년 동안 일본의 지방정책에서 다루어졌던 시책들과 다름.
지방창생 정책은 기존에 분권화와 재정건전성의 양대 정책노선에서 논의가 이루어져 왔던 일본의 지방정책 패러다임에서 벗어나 있음. 지방창생 정책은 인구문제에 대한 대응을 위한 국가개조 전략임.
(출처 : 이정환 (2018). 일본 지방창생 정책의 탈지방적 성격, 서울대학교 국제학연구소)

생'은 기존의 것을 되살리는 것을 의미한다. 일본의 지방창생 정책은 "그 지역에 없었던 새로운 것을 창조하거나 실행하여 지역의 진흥을 도모하는 것"으로 정의된다. 반면, 한국에서는 주로 '도시재생'이라는 용어가 자주 사용되며, 이는 기존의 도시나 시설을 재활용하는 차원에서 이루어진다. 예를 들어, 낡은 공장이나 건물을 카페나 전시장으로 탈바꿈시키는 것이 도시재생의 대표적인 사례다. 그러나 시골이나 소규모 지방 도시는 이러한 시설이 부족하기 때문에, 재생보다는 창생이 더 적합한 접근이다.

지역 활성화를 위해서는 먼저 지역자원에 대한 철저한 파악이 필요하다

지역 자원은 자연, 역사, 문화, 특산물 등 다양한 형태로 존재하며, 이를 효과적으로 활용하는 것이 중요하다. 일본의 사례에서 볼 수 있듯이, 지역 자원을 창의적으로 활용하여 지역 경제를 활성화하는 것이 가능하다. 예를 들어, 오카야마현의 구라시키 미관지구는 지역의 특색을 살려 관광객을 끌어들이고 있으며, 도쿠시마현의 히나마쓰리 축제는 전통적인 일본 관습을 즐기면서도 지역 경제를 활성화하는 중요한 역할을 하고 있다. 또한, 도쿠시마현의 아이즈미초는 전통적인 쪽염색 기법을 현대적으로 재해석하여 관광객을 유치하고, 지역 경제에 기여하고 있다.

한국에서도 이러한 사례를 찾아볼 수 있다. 전남 구례군의 쌍산재라는 고택은 관리가 어려워 흉가로 여겨졌지만, 한옥호텔로 개조되면서 그 가치를 인정받기 시작했다. 강원도 양양군은 서핑 문화를 도입하여 사계절 내내 활기찬 지역으로 변모했으며, 문경시의 화수원은 고택 카페 사업을 통해 핫플레이스로 떠올랐다. 이러한 사례들은 지역 자원을 잘 활용하면, 지역 경제 활성화에 큰 기여를 할 수 있음을 보여준다.

지역축제는 단순한 관광이나 여가 활동을 넘어, 지역민의 소득 증대와 지역 경제 활성화에 기여할 수 있다. 특히, 지역 생산 농가에게는 중요한 판매 채널로 기능하며, 관계인구의 유입을 통해 지역과의 연관성을 강화하는 역할을 한다. 일본의 히나마쓰리 축제나 한국의 다양한 지역축제들은 이러한 역할을 잘 보여준다.

그러나 지역축제가 성공적으로 운영되기 위해서는 새로운 평가 기준이 필요하다. 기존의 관광 효과뿐만 아니라, 판매 실적, 관계인구 유입 등 새로운 항목을 추가하여 축제의 실질적인 효과를 반영해야 한다. 이를 통해 지자체가 지역축제를 기반으로 지역 활성화 전략을 더욱 강화할 수 있다.

3
도시 파산[75]

인구 감소는 경제 활동의 축소로 이어지며, 이는 지역 내 기업의 매출 감소와 일자리 축소를 초래한다. 이로 인해 남아 있는 인구는 생활의 질이 하락하고, 지역 사회는 공동체 의식과 결속력을 잃게 된다. 이러한 부정적인 악순환은 지방 도시가 자립할 수 없는 상태로 몰아가며, 결국 재정 위기와 도시 파산으로 귀결될 수 있다.

---

75 아래 글들을 참조하여 작성했습니다.
- Sid Hayward, LGIU, "인구 감소: 지방 정부를 위한 사례 연구 및 자원 Depopulation: Case studies and resources for local government – LGiU", (2024.5.21)
- Calvin Beale, 「(미국과 유럽의 축소 도시(Shrinking Cities in the US and Europe」), 2010
- Peter Matanle, 「21세기 일본의 인구 감소 지역 (Japan's Shrinking Regions in the 21st Century)」, 2011
- Brookings Institution, 「Reimagining Rural Policy: Organizing Federal Assistance to Maximize Rural Prosperity」, 2022
- Uttara Sutradhar, Lauryn Spearing, Sybil Derrible, "Depopulation and Associated Challenges for US Cities by 2100", Nature(2024)
- "Japan's Vanishing Towns and US Rust Belt Decline", Bloomberg (July 15, 2021)
- "The American Towns That Are Disappearing", The New York Times(February 20, 2020)
- Uttara Sutradhar, Lauryn Spearing & Sybil Derrible, "Depopulation and associated challenges for US cities by 2100", nature cities(11 January 2024)

지방소멸 문제는 단순한 인구 감소를 넘어 도시 파산과 같은 심각한 재정적 위기를 초래할 수 있다. 인구 감소로 인한 세수 감소는 지방 정부의 재정 부담을 가중시키며, 고령화로 인해 증가하는 사회 복지 비용은 재정 압박을 심화시킨다. 지방 도시가 이러한 재정적 압박에 제대로 대응하지 못할 경우, 공공 서비스와 사회 복지의 축소, 공공 인프라의 붕괴 등으로 이어질 수 있다. 이는 도시 기능의 상실로 직결되며, 최악의 경우 지방 자치 단체가 파산에 이르게 된다.

도시 파산은 지역 경제와 사회에 막대한 부정적 영향을 미친다. 파산한 도시는 필수적인 공공 서비스를 제공할 수 없게 되어 주민들의 삶의 질이 하락하고, 지역 경제는 더욱 침체된다. 기업들은 불확실한 재정 상태로 인해 투자를 꺼리게 되고, 이는 지역 경제의 활력을 저하시킨다. 또한, 인프라 유지와 보수에 필요한 재원이 부족해지면서 도로, 교통, 상하수도 등 기본적인 도시 기능이 붕괴될 위험이 크다. 이러한 문제들은 지역 사회의 붕괴를 초래할 수 있으며, 주민들은 지속적으로 이탈하여 상황을 더욱 악화시킨다.

지방소멸과 도시파산 현황

지방소멸은 주로 인구 감소와 고령화로 인해 지방도시의 경제와 사회구조가 약화되는 현상을 가리킨다. 일본에서는 이미 수십 년 전부터 지방소멸이 주요 사회적 문제로 떠올랐으며, 많은 도시들이 이로 인해 위기를 맞고 있다. 일본의 사례를 살펴보면, 인구가 급감한 도시에서는 세수가 줄어들고, 고령화로 인해 복지 비용이 증가하면서 재정 부담이 가중되었다. 이러한 상황에서 많은 도시들이 재정적 위기를 맞고, 일부 도시는 파산에 이르게 되었다.

미국의 지방 도시들도 유사한 문제를 겪고 있다. 경제 불황, 산업 쇠퇴, 인구 감소 등의 요인이 복합적으로 작용하면서, 디트로이트와 스톡턴 같은 대도시들도 파산을 선언한 바 있다. 이들 도시는 한때 번영을 누렸으나, 경제 구조의 변화와 산업의 쇠퇴로 인해 급격한 인구 감소와 함께 재정 위기를 맞았다. 이는 결국 도시 파산으로 이어졌고, 지역 경제의 기반이 무너지는 결과를 낳았다.

일본의 지방소멸

일본은 지방소멸 문제가 가장 심각한 국가 중 하나다. 일본 총무성에 따르면, 일본의 인구는 2008년을 정점으로 감소세를 보이고 있으며, 특히 지방 도시에서의 인구 감소는 더 빠르게 진행되고 있다. 많은 지방 도시들이 인구 유출과 고령화로 인해 경제적 활력을 잃고 있으며, 이는 지방소멸로 이어지고 있다. 일본의 지방소멸 문제는 다음과 같은 주요 요인들로 인해 발생한다.

①인구 감소와 고령화

일본의 인구 감소는 저출산과 고령화로 인해 가속화되고 있다. 젊은 층이 일자리를 찾아 대도시로 이동하면서 지방 도시는 인구가 급감하고 있다. 이러한 인구 유출은 지방 도시의 경제적 기반을 약화시키며, 고령화로 인한 복지 비용 증가는 지방 정부의 재정 부담을 가중시킨다.

예를 들어, 홋카이도 유바리시는 한때 석탄 산업의 중심지였으나, 산업 쇠퇴와 함께 인구가 감소하면서 도시 경제가 침체에 빠졌다. 유바리시는 2007년에 파산을 선언했으며, 이는 일본 지방 자치단체 중 최초의 파산 사례로 기록되었다. 인구 감소로 인한 세수 감소와 고령화로 인한 복지 비용 증가가 주요 원인으로 작용했다.

②경제 구조의 변화

일본의 많은 지방 도시들은 특정 산업에 의존하고 있었으며, 이러한 산업의 쇠퇴는 지역 경제의 침체로 이어졌다. 예를 들어, 일본의 제조업 중심지였던 효고현 아마카사키시는 버블 경제 붕괴 이후 경기 침체를 겪었고, 이로 인해 세입이 급감하며 재정 위기에 빠졌다. 아마카사키시는 1992년에 파산을 선언했고, 이는 일본 지방 도시의 산업 쇠퇴와 경제 침체의 대표적인 사례로 남아 있다.

③재정 관리 실패

일부 지방 도시들은 부적절한 재정 관리로 인해 재정적 위기에 빠지기도 했다. 과도한 인프라 투자와 비효율적인 예산 관리로 인해 부채가 급증하였고, 이는 파산으로 이어졌다. 나가노현 오오마치정은 관광과 농업 중심의 경제 구조를 가지고 있었지만, 관광 산업의 쇠퇴와 무리한 투자로 인해 2006년에 파산을 선언했다. 오오마치정은 채무를 조정하고 인근 지역과의 협력을 통해 경제적 부담을 줄이는 노력을 기울였다.

미국 지방 도시의 파산

미국의 지방 도시들도 일본과 유사한 문제를 겪고 있다. 경제 불황, 산업 쇠퇴, 인구 감소 등의 요인이 복합적으로 작용하면서 많은 도시들이 재정 위기에 직면했다. 이러한 문제는 특히 미국의 중서부와 북동부 지역에서 두드러지게 나타나고 있으며, 몇몇 대도시들도 파산을 선언하는 사례가 있었다.

①경제 불황과 산업 쇠퇴

미국의 일부 지방 도시는 과거에 번영을 누렸던 산업이 쇠퇴하면서 경제적 위기에 처하게 되었다. 디트로이트는 한때 미국 자동차 산업의 중심지로 번영을 누렸지만, 자동차 산업의 쇠퇴와 글로벌 경쟁의 심화로 인해 경제가 침체에 빠졌다. 디트로이트는 급격한 인구 감소와 세입 감소로 인해 2013년에 파산을 선언했으며, 이는 미국 도시 역사상 최대 규모의 파산으로 기록되었다. 이 사례는 경제 구조 변화가 지방 도시의 재정에 얼마나 큰 영향을 미치는지를 잘 보여준다.

②인구 감소와 세입 감소

미국의 지방 도시들은 인구 감소로 인한 세입 감소 문제를 겪고 있다. 젊은 층이 일자리와 더 나은 생활 조건을 찾아 대도시로 이동하면서 지방 도시의 인구가 줄어들고 있다. 이는 세수 감소로 이어지며, 도시의 재정 상태를 악화시킨다.

 캘리포니아 스톡턴은 주택 시장 붕괴와 경기 침체로 인해 심각한 재정 위기에 직면했다. 주택 시장 붕괴로 인한 부동산 가치 하락과 세입 감소,

공공 부채 증가로 인해 2012년에 파산을 선언했다. 스톡턴의 파산은 인구 감소와 경제 침체가 도시의 재정에 미치는 부정적인 영향을 보여주는 사례다.

③재정 관리 실패와 부채 문제

미국의 일부 지방 정부들은 재정 관리 실패로 인해 파산에 이르렀다. 과도한 부채와 부적절한 예산 관리는 도시의 재정을 압박하고, 이는 파산을 초래할 수 있다. 앨라배마 제퍼슨 카운티는 잘못된 금융 파생상품 거래와 하수 처리 시설 프로젝트 실패로 인해 40억 달러에 달하는 부채를 안고 2011년에 파산을 선언했다. 이는 미국 지방 자치단체의 부적절한 재정 관리가 파산으로 이어질 수 있음을 보여주는 사례다.

지방소멸과 도시 파산의 원인

①인구 감소와 고령화

지방소멸의 가장 큰 원인은 인구 감소와 고령화다. 젊은 인구가 일자리를 찾아 대도시로 유출되면서 지방 도시는 인구가 감소하고, 남아있는 인구는 점점 고령화된다. 인구가 줄어들면 소비와 경제 활동도 감소하게 되고, 이는 지역 경제에 부정적인 영향을 미친다. 동시에 고령화로 인해 복지 비용이 증가하여 지방 정부의 재정 부담이 가중된다.

사례 ─── 일본 유바리시

일본의 유바리시(夕張市)는 인구 감소와 고령화 문제의 전형적인 사례다. 과거 석탄 산업의 중심지였던 유바리시는 석탄 산업이 쇠퇴하면서 경제 기반을 잃게 되었다. 젊은층이 일자리를 찾아 도시를 떠나면서 인구는 급감했고, 남아있는 인구는 고령화되었다. 이에 따라 지역 경제는 침체에 빠졌고, 세수는 감소했으며, 고령화로 인한 사회 복지 비용은 증가했다.

유바리시는 이러한 인구구조 변화로 인해 2007년에 일본 지방 자치 단체 중 최초로 파산을 선언했다. 도시의 세입이 지속적으로 감소하면서 재정적 부담이 커졌고, 이는 도시 기능을 유지하기 어렵게 만들었다. 유바리시는 부채를 조정하고, 관광 산업을 재개발하는 등의 노력으로 재정 건전성을 회복하려 했지만, 인구 감소와 고령화 문제는 여전히 해결되지 않은 과제로 남아 있다.

사례 ─── 미국 디트로이트

미국의 디트로이트(Detroit)도 인구 감소와 경제 쇠퇴가 맞물린 대표적인 사례다. 디트로이트는 한때 미국 자동차 산업의 중심지로 번영했으나, 자동차 산업의 쇠퇴와 함께 급격한 인구 감소를 겪었다. 1950년대 180만 명에 달했던 인구는 2013년 파산 당시 약 70만 명으로 줄어들었다.

디트로이트의 인구 감소는 세수 감소로 이어졌고, 이는 공공 서비스와 사회 복지 비용을 감당하기 어려운 상황을 초래했다. 빈집과 범죄율 증가, 사회 기반 시설의 붕괴 등은 도시의 경제를 더욱 악화시켰다. 결국 디트로이트는 2013년에 약 180억 달러의 부채를 안고 파산을 선언했으며, 이는 미국 도시 역사상 최대 규모의 파산으로 기록되었다.

②산업 쇠퇴와 경제 침체

많은 지방 도시들은 특정 산업에 의존하는 경우가 많다. 그러나 경제 구조가 변화하면서 전통적인 산업이 쇠퇴하고, 이에 따라 도시 경제가 침체에 빠지는 경우가 많다. 특히 제조업 중심의 도시들은 산업 자동화와 해외 이전 등의 이유로 큰 타격을 받았다. 이러한 산업 쇠퇴는 실업률 증가와 인구 유출을 초래하며, 지역 경제의 회복을 어렵게 만든다.

사례 ——— 일본 아마카사키시

효고현 아마카사키시(兵庫縣 尼崎市)는 중공업 중심의 도시로, 일본 경제의 버블 붕괴 이후 심각한 침체를 겪었다. 버블 경제 시기에 과도하게 투자된 부동산과 산업 프로젝트들이 경기 침체와 함께 실패하면서 도시의 경제 기반이 약화되었다. 아마카사키시는 제조업 의존도가 높았으나, 경기 불황과 산업 자동화로 인해 많은 일자리를 잃었다.

산업 쇠퇴로 인한 경제 침체는 아마카사키시의 재정 위기를 악화시켰고, 결국 1992년에 파산을 선언하게 되었다. 이는 일본 지방 도시가 산업 쇠퇴로 인해 겪을 수 있는 경제적 위기의 전형적인 사례로 남아 있으며, 이후 도시 재건을 위한 긴축 재정과 산업 다변화 노력이 진행되었다.

사례 ——— 미국 스톡턴

캘리포니아 스톡턴(Stockton, California)은 주택 시장 붕괴와 함께 경제 침체를 겪은 또 다른 사례다. 스톡턴은 부동산 개발 붐이 일었으나, 2008년 금융 위기로 인해 주택 시장이 붕괴하면서 심각한 재정 위기에 빠졌다. 부동산 가치 하락과 세입 감소는 도시의 재정 상태를 급격히 악화시켰다.

스톡턴은 대규모 부채와 공공 서비스 비용 증가로 인해 2012년에 파산을 선언했다. 이는 미국 도시 중 가장 빠르게 성장하던 시기의 부적절한 재정 관리가 가져온 결과로, 산업 쇠퇴와 경제 침체가 도시 파산에 미치는 영향을 잘 보여준다. 이후 스톡턴은 채무 조정과 경제 활성화를 위한 다양한 프로그램을 통해 재정 건전성을 회복하려는 노력을 기울였다.

③재정 관리 실패

지방 정부의 부적절한 재정 관리도 도시 파산의 주요 원인 중 하나다. 무리한 인프라 투자나 과도한 부채는 재정 상태를 악화시키며, 결국에는 파산을 초래할 수 있다. 일부 도시에서는 정치적 이유로 재정 문제를 제대로 해결하지 못하고, 이는 장기적인 재정 불안정성으로 이어졌다.

> **사례 ──── 일본 오오마치**
> 나가노현(長野県) 오오마치(大町)는 관광과 농업 중심의 경제 구조를 가진 도시로, 무리한 인프라 투자와 재정 관리 실패로 인해 파산에 이르렀다. 오오마치정은 관광 산업을 발전시키기 위해 대규모 인프라 프로젝트에 투자했으나, 관광 수익은 예상보다 적었고, 부채는 급증했다.
> 재정 문제를 해결하기 위한 정치적 합의가 이루어지지 않으면서 도시의 재정 상태는 더욱 악화되었고, 결국 2006년에 파산을 선언했다. 이후 오오마치정은 채무 조정과 인근 지역과의 협력을 통해 경제적 부담을 줄이고, 관광 산업을 재개발하는 노력을 통해 재정 회복을 시도했다.
>
> **사례 ──── 미국 제퍼슨 카운티**
> 앨라배마 제퍼슨 카운티(jefferson county)는 잘못된 금융 파생상품 거래와 하수 처리 시설 프로젝트 실패로 인해 심각한 부채를 안고 파산을 선언했다. 카운티는 하수 처리 시설을 개선하기 위해 대규모 자금

을 투자했으나, 비용이 예상을 초과했고, 금융 파생상품 거래에서 큰 손실을 입었다.

이로 인해 카운티는 40억 달러에 달하는 부채를 안게 되었고, 2011년에 파산을 선언했다. 제퍼슨 카운티의 사례는 지방 정부의 부적절한 재정 관리와 무리한 부채가 어떻게 도시 파산을 초래할 수 있는지를 보여준다. 이후 카운티는 채무 구조조정과 재정 건전화 노력을 통해 재정 상태를 개선하려는 노력을 기울였다.

지방소멸과 도시 파산의 결과

①경제적 영향

지방 도시가 파산하게 되면 가장 먼저 타격을 받는 것은 경제다. 기업은 도시의 불확실한 재정 상태로 인해 투자를 꺼리게 되고, 이는 지역 경제의 침체를 가중시킨다. 또한, 파산한 도시는 공공 서비스 제공에 어려움을 겪게 되어 주민들의 생활 수준이 하락하게 된다. 이러한 경제적 어려움은 지역 사회의 붕괴를 초래할 수 있다.

> **사례 ─── 일본 유바리시의 경제적 영향**
>
> 유바리시(夕張市)는 파산 이후 심각한 경제적 타격을 입었다. 파산 전부터 석탄 산업 쇠퇴로 인한 경제 침체를 겪고 있던 유바리시는, 파산 선언으로 인해 기업의 투자 유치가 더욱 어려워졌다. 기존 기업들도 불확실한 경제 환경 속에서 사업을 축소하거나 철수하면서 지역 경제가 더욱 위축되었다.
>
> 유바리시는 파산 이후 재정 회복을 위해 관광 산업을 재개발하고자 했지만, 인구 감소와 재정 부족으로 인해 관광객 유치에 어려움을 겪었다. 이는 지역 경제 활성화에 필요한 자금을 확보하는 데 실패하게

하였고, 주민들의 생활 수준도 크게 하락하였다.

사례 ——— 미국 디트로이트의 경제적 영향

디트로이트(Detroit)의 경우, 파산 선언으로 인해 도시의 경제는 심각한 침체를 겪었다. 디트로이트는 파산 당시 약 180억 달러의 부채를 안고 있었고, 이로 인해 도시의 신용 등급이 하락했다. 이는 기업의 투자를 저해하는 주요 요인이 되었고, 많은 기업들이 디트로이트를 떠나거나 투자를 축소하였다.

파산한 디트로이트는 공공 서비스 축소와 함께 실업률이 급격히 증가하였다. 이는 소비 감소로 이어졌고, 지역 경제를 더욱 침체시켰다. 도시의 재정적 불안정은 부동산 시장에도 영향을 미쳐, 주택 가격 하락과 빈집 증가 문제를 악화시켰다. 이러한 경제적 어려움은 지역 사회의 붕괴를 초래하며, 디트로이트의 경제 회복을 더디게 만들었다.

②사회적 영향

지방 도시의 파산은 사회적으로도 큰 충격을 준다. 파산한 도시는 공공 서비스와 사회 복지 프로그램을 유지하기 어렵게 되며, 이는 주민들의 삶의 질에 직접적인 영향을 미친다. 특히, 고령 인구와 취약 계층은 더욱 큰 피해를 입게 된다. 또한, 지역 사회의 결속력이 약화되며, 공동체 의식이 사라질 위험이 있다.

사례 ——— 미국 스톡턴시의 사회적 영향

스톡턴(Stockton, California)시의 파산은 주민들의 삶에 직접적인 영향을 미쳤다. 파산 선언 이후 스톡턴은 경찰과 소방 인력을 감축했으며, 이는 지역 범죄율 증가와 안전 문제를 초래했다. 주민들은 일상 생활에서 불안을 느끼게 되었고, 이는 사회적 불안을 가중시켰다.

스톡턴의 사회 복지 프로그램도 축소되었으며, 이는 특히 취약 계층에게 큰 충격을 주었다. 빈곤층과 노인들은 필요한 지원을 받지 못하게 되었고, 이는 사회적 불평등을 심화시켰다. 스톡턴의 파산은 지역 사회의 결속력을 약화시켰으며, 주민들 간의 협력과 연대가 부족해지는 결과를 초래했다.

③인프라 붕괴

파산한 도시는 필수적인 인프라를 유지하고 보수할 재정적 여력이 부족해진다. 이는 도로, 교통, 상하수도 등 기본적인 도시 기능의 붕괴로 이어질 수 있다. 인프라 붕괴는 주민들의 불편을 초래할 뿐만 아니라, 지역 경제의 회복을 더욱 어렵게 만든다.

> **사례 ——— 일본 오오마치의 인프라 붕괴**
> 나가노현(長野県) 오오마치(大町)은 파산 후 인프라 유지에 어려움을 겪었다. 관광 산업 발전을 위한 인프라 투자가 실패로 돌아가면서, 도시의 도로와 교통 시설은 노후화되었고, 이를 보수할 자금이 부족했다. 인프라의 부족은 관광객 유치에 어려움을 겪게 하였으며, 이는 경제 회복을 방해하는 요인이 되었다.
> 또한, 상하수도 시설의 노후화는 주민들의 생활에 불편을 초래하였으며, 주민들은 일상 생활에서 기본적인 편의 시설을 제대로 이용할 수 없게 되었다. 이는 주민들의 삶의 질을 떨어뜨렸고, 지역 경제의 회복을 더욱 어렵게 만들었다.

> **사례 ——— 미국 제퍼슨 카운티의 인프라 붕괴**
> 제퍼슨 카운티(jefferson county)는 파산 후 하수 처리 시설 문제로 인한 인프라 붕괴를 겪었다. 하수 처리 시설 프로젝트 실패로 인해 하수 시스템이 제대로 작동하지 않았고, 이는 환경 오염과 주민 건강 문제를 초래하였다. 카운티는 하수 처리 시설을 개선하기 위한 재정적 여

력이 부족하여, 지역 사회의 불만과 불안을 초래하였다.

제퍼슨 카운티의 도로와 교통 인프라 또한 파산 후 유지 보수가 제대로 이루어지지 않았으며, 이는 주민들의 일상 생활에 불편을 초래하였다. 인프라 붕괴는 지역 경제의 회복을 저해하는 주요 요인으로 작용하였고, 카운티의 장기적인 경제 안정성을 위협하였다.

  지방소멸과 도시 파산은 경제적, 사회적, 인프라적 측면에서 심각한 영향을 미친다. 경제적으로는 기업의 투자 감소와 공공 서비스 축소로 인해 지역 경제가 침체되며, 사회적으로는 주민들의 삶의 질이 하락하고 사회적 결속력이 약화된다. 인프라 붕괴는 주민들의 불편을 초래하고, 지역 경제의 회복을 더욱 어렵게 만든다. 이러한 문제를 해결하기 위해서는 철저한 재정 관리, 경제 다변화, 인구 정책 등 다양한 방안이 필요하다. 지속가능한 도시 발전을 위해 각 도시의 특성에 맞는 맞춤형 전략을 수립하고 실행하는 것이 중요하다. 이를 통해 지방 도시들은 파산을 예방하고, 건강한 경제 성장을 지속할 수 있을 것이다.

지방소멸과 도시파산 방지 방안

①재정 관리 강화

첫 번째로 중요한 것은 재정 관리의 강화다. 지방 정부는 철저한 예산 관리와 투명성을 유지하여 불필요한 지출을 줄이고 재정 건전성을 확보해야 한다. 정기적인 재정 검토와 평가를 통해 재정 상태의 위험 요소를 조기에 발견하고 대응할 수 있도록 해야 한다. 또한, 부채 한도를 설정하

고, 무리한 부채 증가를 피하기 위한 엄격한 부채 관리 정책을 수립해야
한다.

사례 ──── 일본 니가타현 유자와정

니가타현 유자와정(新潟県 湯沢町)은 재정 관리 강화를 통해 성공적
으로 재정 위기를 극복한 사례다. 유자와정은 한때 관광업 중심의 경
제 구조를 가지고 있었으나, 인구 감소와 관광객 감소로 인해 재정 위
기에 직면했다. 그러나 유자와정은 철저한 재정 관리를 통해 회복에
성공했다.

유자와정은 재정 상태를 정기적으로 검토하고, 예산 투명성을 높여
주민들과의 신뢰를 쌓았다. 불필요한 지출을 줄이고, 예산을 효율적으
로 배분하여 재정 건전성을 확보했다. 또한, 채무를 관리하기 위한 부
채 한도를 설정하고, 무리한 부채 증가를 피하기 위한 엄격한 부채 관
리 정책을 수립했다. 이러한 노력을 통해 유자와정은 재정적 안정성
을 회복하고, 경제 회복의 발판을 마련할 수 있었다.

사례 ──── 미국 로드아일랜드 센트럴 폴스

센트럴 폴스(Central Falls, Rhode Island)는 2011년 재정 위기로 인해
파산을 선언한 미국의 작은 도시지만, 철저한 재정 관리로 다시 회복
한 사례다. 파산 이후, 센트럴 폴스는 예산의 투명성을 강화하고, 모든
재정 결정을 철저하게 관리하는 정책을 시행했다.

센트럴 폴스는 재정 검토와 평가를 정기적으로 실시하여 위험 요소를
사전에 발견하고, 이를 해결하기 위한 계획을 세웠다. 특히, 불필요한
공공 서비스와 지출을 줄여 예산을 효율화했다. 또한, 부채 상환 계획
을 세워 부채를 점진적으로 줄여 나갔으며, 채무 구조조정을 통해 이
자 부담을 감소시켰다. 이러한 노력 덕분에 센트럴 폴스는 재정 건전
성을 회복하고 경제 회복을 이룰 수 있었다.

②경제 다변화와 산업 발전

지방 도시는 경제 구조를 다변화하고, 새로운 산업을 유치하여 경제의 안정성을 높여야 한다. 신기술과 혁신 산업을 유치하여 경제 기반을 확장하고, 새로운 일자리를 창출해야 한다. 또한, 지역의 자연환경과 인적 자원을 활용하여 특화된 산업을 육성해야 한다. 이러한 산업 다변화는 지역 경제의 회복 탄력성을 높이고, 산업 쇠퇴에 따른 경제적 타격을 최소화할 수 있다.

사례 ——— 일본 후쿠오카시

후쿠오카(福岡)시는 경제 다변화와 산업 발전을 통해 지역 경제를 활성화한 성공적인 사례다. 후쿠오카시는 일본의 다른 지방 도시들과 마찬가지로 인구 감소와 경제 침체 문제를 겪고 있었다. 그러나 지역의 자연환경과 인적 자원을 활용하여 다양한 산업을 육성하는 전략을 선택했다.

후쿠오카시는 IT와 스타트업 기업을 유치하여 혁신 산업을 발전시켰다. 이를 위해 창업 지원 프로그램과 기업 인큐베이터를 운영하며, 젊은 창업가들에게 필요한 자원을 제공했다. 또한, 후쿠오카시는 의료, 바이오테크, 친환경 에너지 분야에서도 새로운 산업을 개발하여 지역 경제를 다변화했다. 이러한 경제 다변화 노력은 후쿠오카시의 경제를 활성화하고, 지역 주민들에게 다양한 일자리를 제공하는 데 기여했다.

사례 ——— 미국 테네시주 채터누가

채터누가(Chattanooga, Tennessee)는 경제 다변화를 통해 지역 경제를 활성화한 또 다른 성공 사례다. 과거 제조업 중심의 경제 구조를 가지고 있었던 채터누가는 산업 쇠퇴로 인해 심각한 경제 침체를 겪었다. 그러나 도시 정부는 경제 구조를 다변화하기 위한 여러 가지 전략을 실행했다.

채터누가는 기술 기반 산업을 육성하기 위해 대규모 데이터 센터와 첨단 기술 기업을 유치했다. 특히, 기가비트 인터넷 인프라를 구축하여 기술 기업들이 도시로 진출할 수 있는 환경을 조성했다. 이러한 노력은 채터누가를 기술 혁신 도시로 탈바꿈시키는 데 기여했으며, 지역 경제를 활성화하고 새로운 일자리를 창출하는 결과를 가져왔다.

③인구 유입 및 인구구조 관리

지방 도시의 인구 감소와 고령화 문제를 해결하기 위해서는 젊은 인구의 유입을 촉진하는 정책이 필요하다. 주거 환경과 생활 인프라를 개선하여 젊은 층과 가족이 정착할 수 있는 환경을 조성해야 한다. 또한, 청년층과 전문 인력을 위한 양질의 일자리를 창출하여 인구 유입을 유도해야 한다. 가족 지원 정책을 강화하고, 출산과 육아를 지원하는 정책을 통해 인구 증가를 촉진할 수 있다.

사례 ——— 일본 나가사키현 사세보시

나가사키현(長崎県) 사세보시(佐世保市)는 인구 유입을 통해 경제를 활성화한 일본의 성공 사례다. 사세보시는 인구 감소와 고령화 문제를 해결하기 위해 적극적인 인구 유입 정책을 추진했다. 이를 위해 주거 환경을 개선하고, 가족 단위로 이주해 오는 젊은 층에게 다양한 혜택을 제공했다.

사세보시는 저렴한 주택 공급과 함께, 교육 및 의료 인프라를 강화하여 젊은 가족들이 정착할 수 있는 환경을 조성했다. 또한, 사세보시는 청년 창업 지원 프로그램을 통해 지역 내 일자리를 창출하고, 젊은 인재들이 도시로 유입되도록 장려했다. 이러한 노력은 사세보시의 인구 증가와 경제 활성화에 크게 기여했다.

오스틴(Austin, Texas)은 젊은 인구 유입을 통해 도시 성장을 이룬 대표적인 미국 도시다. 오스틴은 IT와 창업 중심의 도시로 성장하면서 젊은층에게 매력적인 환경을 제공했다. 특히, 대학과의 협력을 통해 우수한 인재를 확보하고, 이들이 도시 내에 머무를 수 있는 다양한 기회를 제공했다.

오스틴은 문화적 다양성과 활기찬 생활 환경을 조성하여 젊은층에게 매력적인 도시로 인식되었다. 또한, 주거 비용을 낮추고, 다양한 커뮤니티 프로그램을 통해 주민들의 삶의 질을 높였다. 이러한 정책 덕분에 오스틴은 급속한 인구 증가와 함께 경제적 번영을 이룰 수 있었다.

④공공 서비스 효율화

지방 정부는 공공 서비스의 제공 방식을 최적화하여 비용을 절감하고, 서비스의 질을 향상시켜야 한다. IT 기술을 활용하여 공공 서비스의 디지털화를 추진하고, 효율성을 높여야 한다. 공공 서비스의 우선순위를 명확히 하여 가장 필요한 분야에 자원을 집중하는 것도 중요하다. 또한, 공공 인프라를 효율적으로 관리하고, 유지보수 계획을 체계적으로 수립해야 한다.

삿포로시(札幌市)는 공공 서비스 효율화를 통해 예산을 절감하고 시민들의 편의를 높이는 데 성공했다. 삿포로시는 IT 기술을 활용하여 공공 서비스의 디지털화를 추진하였으며, 이는 시민들이 보다 편리하게 행정 서비스를 이용할 수 있게 했다.

삿포로시는 전자 정부 시스템을 도입하여 주민등록, 세금 납부, 공공 시설 예약 등 다양한 행정 업무를 온라인으로 처리할 수 있게 했다.

이는 행정 비용을 절감하고, 행정 서비스의 효율성을 크게 향상시켰다. 또한, 공공 서비스의 우선순위를 명확히 하여 가장 필요한 분야에 자원을 집중시켰다. 이러한 노력 덕분에 삿포로시는 공공 서비스의 질을 향상시키고, 시민들의 만족도를 높일 수 있었다.

사례 ─────── 미국 피닉스
피닉스(Phoenix)는 공공 서비스의 효율화를 통해 도시 운영을 최적화한 사례다. 피닉스는 스마트 시티 기술을 활용하여 교통, 에너지, 물 관리 시스템을 개선하고, 도시 인프라를 효율적으로 관리했다.
피닉스는 IoT(사물인터넷) 기술을 도입하여 실시간 교통 흐름을 모니터링하고, 교통 신호를 최적화하여 교통 혼잡을 줄였다. 이는 시민들의 이동 시간을 단축시키고, 도시 내 교통 효율성을 향상시키는 데 기여했다. 또한, 스마트 에너지 관리 시스템을 통해 에너지 소비를 최적화하고, 비용을 절감했다. 이러한 노력은 피닉스를 지속가능한 도시로 만드는 데 중요한 역할을 했다.

⑤위기 대응 및 리스크 관리

지방 도시는 예상치 못한 위기 상황에 신속하게 대응할 수 있는 체계를 구축해야 한다. 다양한 시나리오를 고려한 위기 대응 매뉴얼을 마련하고, 정기적인 훈련을 실시하여 위기 상황에 대비해야 한다. 경제적, 환경적, 사회적 리스크를 체계적으로 관리하고 대응 전략을 수립해야 한다. 또한, 보험 및 재정 비축을 통해 재정적 안정성을 확보해야 한다.

사례 ─────── 일본 고베시
고베시(神戸市)는 위기 대응 체계를 강화하여 재난에 대비한 성공적인 사례다. 고베시는 1995년 한신 대지진 이후 위기 대응 시스템을 전면적으로 개선하였다. 지진 이후 고베시는 재난 대응 매뉴얼을 마련하고, 정기적으로 재난 대피 훈련을 실시하여 시민들의 대비 태세를 강화했다.

고베시는 또한 경제적, 환경적 리스크를 체계적으로 관리하기 위해 다양한 대응 전략을 수립했다. 보험 및 재정 비축을 통해 재정적 안정성을 확보하고, 위기 상황에서도 공공 서비스가 지속될 수 있도록 대비했다. 이러한 노력은 고베시가 이후 발생한 자연재해에도 신속하게 대응할 수 있는 기반을 마련하는 데 기여했다.

사례 ——— 미국 뉴올리언스

뉴올리언스(New Orleans)는 허리케인 카트리나 이후 위기 대응 체계를 강화하여 도시 회복을 도모한 사례다. 뉴올리언스는 대규모 자연재해에 대한 대응 능력을 강화하기 위해 위기 대응 매뉴얼을 재정비하고, 시민 교육을 강화했다.

뉴올리언스는 특히, 지역 사회와의 협력을 통해 위기 상황에서의 대응력을 높였다. 커뮤니티 리더와 협력하여 주민들이 긴급 상황에 대비할 수 있도록 지원하고, 대피 경로와 안전 수칙을 알리는 캠페인을 전개했다. 이러한 노력은 뉴올리언스가 향후 재난 상황에서 보다 효율적으로 대응할 수 있는 기반을 마련했다.

⑥지역 사회 참여 및 협력 강화

지방 정부는 지역 사회의 참여를 유도하고, 주민들의 의견을 반영한 정책을 수립해야 한다. 정책 결정 과정에서 공청회와 의견 수렴 절차를 통해 주민들의 목소리를 반영해야 한다. 주민들이 직접 참여하는 지역 프로젝트를 통해 지역 사회의 협력을 강화해야 한다. 또한, 인근 지역과의 협력을 통해 자원을 공유하고, 공동의 문제를 해결해야 한다.

사례 ——— 일본 나가노현 마쓰모토시

마쓰모토시(長野縣 松本市)는 주민 참여를 통해 지역 문제를 해결한 성공 사례다. 마쓰모토시는 주민들과의 소통을 강화하기 위해 정기적으로 공청회를 개최하고, 주민들의 의견을 적극적으로 수렴했다.

마쓰모토시는 특히, 지역 농업 발전을 위해 주민들이 직접 참여하는 프로젝트를 추진했다. 주민들은 공동 농업 협동조합을 설립하여 지역 농산물을 공동으로 재배하고 판매함으로써, 지역 경제를 활성화하고 주민들의 소득을 증대시켰다. 이러한 노력은 지역 사회의 결속력을 강화하고, 공동체 의식을 높이는 데 기여했다.

사례 ——— 미국 포틀랜드

포틀랜드(Portland)는 지역 사회 참여와 협력을 통해 지속가능한 도시 발전을 이룬 사례다. 포틀랜드는 주민 참여형 도시 계획을 통해 지역 문제를 해결하고, 지속가능한 발전을 추구했다.

포틀랜드는 주민들이 직접 참여하는 다양한 프로젝트를 추진하여 지역 사회의 협력을 강화했다. 예를 들어, 지역 주민들이 자발적으로 참여하는 커뮤니티 가든 프로젝트를 통해 지역의 녹지를 조성하고, 환경 보호와 지역 사회의 결속력을 강화했다. 또한, 인근 지역과의 협력을 통해 자원을 공유하고, 공동의 문제를 해결하기 위한 노력을 기울였다.

⑦외부 지원 활용 및 전문가 협력

지방 정부는 중앙 정부나 외부 기관의 지원을 적극 활용하여 재정 상태를 개선하고 경제 회복을 가속화해야 한다. 정부 보조금과 지원 프로그램을 적극 활용하여 필요한 재정을 확보해야 한다. 또한, 국제 협력과 투자를 통해 지역 경제를 활성화하고, 글로벌 경쟁력을 강화해야 한다. 재정 및 경제 전문가의 조언을 통해 최적의 회복 전략을 수립하고, 이를 실행해야 한다.

사례 ──── 일본 교토시

교토시(京都市)는 외부 지원과 전문가 협력을 통해 도시 재생을 이룬 성공 사례다. 교토시는 전통 문화와 현대 기술을 융합하여 관광 산업을 발전시키고, 경제를 활성화했다.

교토시는 중앙 정부의 지원을 받아 도시 인프라를 개선하고, 관광객 유치를 위한 다양한 프로그램을 추진했다. 또한, 도시 계획 및 재정 전문가들과 협력하여 도시 재생 프로젝트를 성공적으로 이끌었다. 이러한 노력은 교토시를 일본의 대표적인 관광 도시로 자리매김하게 하였으며, 지역 경제의 발전에 크게 기여했다.

사례 ──── 미국 샌디에이고

샌디에이고(San Diego)는 외부 지원과 국제 협력을 통해 지역 경제를 활성화한 사례다. 샌디에이고는 정부 보조금과 국제 투자 유치를 통해 기술 중심의 산업을 발전시켰다.

샌디에이고는 특히, 바이오테크 산업을 육성하기 위해 정부의 연구 개발 지원을 받았으며, 국제적인 연구 기관과 협력하여 혁신적인 연구를 진행했다. 이러한 노력을 통해 샌디에이고는 기술 혁신의 중심지로 성장하였으며, 지역 경제를 활성화하고 일자리를 창출하는 데 성공했다.

현대 사회가 직면한 중대한 도전 과제, 지방소멸과 도시파산

이는 단순한 인구 감소나 경제 쇠퇴를 넘어 지역 사회의 존립 자체를 위협하는 문제로, 다양한 요인들이 복합적으로 작용하여 발생한다. 본 칼럼에서는 일본과 미국의 사례를 중심으로 이러한 문제의 원인과 결과를 분석하고, 해결책을 모색해 보았다. 결론적으로, 지방소멸과 도시 파산을 예방하고 극복하기 위해서는 다각적인 접근과 통합적인 전략이 필요하다.

지방소멸은 단순히 인구 감소에 국한되지 않고, 지역 경제와 사회 전반에 걸쳐 깊은 영향을 미친다. 인구 유출과 고령화는 지역 경제의 기반을 약화시키고, 이는 세수 감소와 사회 복지 비용 증가로 이어진다. 이러한 경제적 압박은 도시의 재정 건전성을 위협하며, 공공 서비스 제공의 어려움과 인프라 붕괴를 초래할 수 있다. 도시 파산은 이러한 문제들의 극단적인 결과로, 지역 사회의 지속가능성을 심각하게 저해한다.

지방소멸과 도시 파산 문제를 해결하기 위해서는 다양한 방안이 필요하다. 우선, 철저한 재정 관리와 경제 다변화를 통해 지방 도시의 경제적 기반을 강화해야 한다. 예산 관리의 투명성을 높이고, 부채 관리를 철저히 하여 재정 건전성을 확보해야 한다. 또한, 지역 특성에 맞는 산업 발전 전략을 수립하여 경제 회복의 동력을 마련해야 한다.

인구 유입과 인구구조 관리도 중요한 해결책 중 하나다. 젊은 인구와 전문 인력의 유입을 촉진하여 인구 감소와 고령화 문제를 해결하고, 지역 경제의 활력을 되찾아야 한다. 이를 위해 주거 환경과 생활 인프라를 개선하고, 일자리 창출을 위한 다양한 정책을 시행해야 한다.

공공 서비스의 효율화와 위기 대응 체계의 강화는 지방 도시의 안정성을 높이는 데 기여할 수 있다. IT 기술을 활용한 서비스의 디지털화와 우선순위 재조정을 통해 비용을 절감하고, 서비스의 질을 향상시켜야 한다. 다양한 시나리오를 고려한 위기 대응 매뉴얼을 마련하고, 정기적인 훈련을 통해 위기 상황에 대비해야 한다.

4
지방소멸 대응과 물류[76]

지방소멸 문제는 세계적으로 주목받고 있는 현상으로, 특히 고령화와 저출산이 심각한 국가들에서 더욱 두드러진다. 이러한 문제는 지방의 인구 감소, 경제적 활력의 상실, 사회적 공동체의 약화를 초래하며, 결국 국가의 균형발전을 저해하는 주요 요인으로 작용한다.

지방소멸의 원인은 각국의 공통적인 요인들과 특수한 상황이 복합적으로 작용

일본에서 지방소멸의 문제는 다양한 요인에 의해 촉발되었다.

가장 주요한 원인은 고령화와 저출산이다. 일본은 세계에서 가장 빠르게 고령화되는 나라 중 하나이며, 출산율 역시 매우 낮다. 이로 인해 노동력

---

76 이상근. "지방소멸과 물류시스템", 아웃소싱타임스(2024.3.25.)을 기초로 재작성되었습니다.

이 감소하고, 소비와 경제 활동이 줄어들며 지방 지역의 인구가 감소하고 있다. 또한, 도시로의 인구 이동이 지속되면서 많은 젊은이들이 더 나은 교육 및 직업 기회를 찾아 대도시로 떠나고 있다. 이에 따라 지방 지역은 경제적 활력을 잃고 점차 쇠퇴하고 있다.

미국에서는 제조업의 쇠퇴와 자동화의 진전이 주요 원인 중 하나이다.

이는 전통적인 제조업 기반의 농촌지역에서 일자리 감소로 이어졌으며, 이에 따라 인구감소로 이어지고 있다. 유럽연합(EU)에서는 농업의 현대화와 산업화로 인한 농촌지역의 인구 감소가 두드러진다. 또한, 동유럽 국가는 노동력의 서유럽으로의 이동도 지방소멸의 한 원인으로 작용하고 있다.

중국에서는 대규모 도시화 정책과 경제적 기회의 불균형이 지방소멸의 주요 원인이다.

많은 농촌지역 주민들이 더 나은 삶을 찾아 대도시로 이주하고 있으며, 이로 인해 농촌지역이 쇠퇴하고 있다. 동남아시아 국가들은 경제적 기회의 불균형과 교육 및 의료 서비스에 대한 접근성 문제가 지방소멸의 주요 원인이다. 또한, 글로벌화와 도시화가 진행됨에 따라 농촌 지역의 전통적인 생활 방식과 경제가 변화하고 있다.

우리나라 역시 일본과 유사한 고령화 및 저출산 문제를 겪고 있다.

하지만 우리나라는 특히 수도권에 인구 및 산업이 집중되어 있는 현상이 두드러지며, 이로 인해 지방 지역이 상대적으로 소외되고 있는 상황이다.

각국의 지방소멸 문제의 원인을 종합적으로 살펴보면, 세계적으로 공통적인 요인들과 각국의 특수한 상황이 복합적으로 작용하고 있음을 알수 있다. 고령화와 저출산은 대부분의 국가에서 지방소멸의 핵심요인으로 작용하며, 이는 노동력 감소, 경제적 활력 저하, 그리고 사회적 공동체 기능의 약화로 이어진다. 더불어, 도시지역으로의 인구집중 현상은 지방지역의 상대적 소외와 쇠퇴의 주요 요인이다.

지방소멸 대응책은 각 국가별 접근과 종합 전략이 요구된다

각국의 경제적, 사회적 구조와 정책적 결정이 지방소멸 문제에 영향을 미치는 방식도 다양하다. 예를 들어, 제조업의 쇠퇴, 도시화 정책, 글로벌화의 영향 등은 각기 다른 국가에서 지방소멸의 원인으로 작용하고 있다. 이러한 복합적인 원인들을 고려할 때, 지방소멸 문제에 대응하기 위해서는 각 지역의 특성을 고려한 맞춤형 접근이 필요하며, 경제적, 사회적, 문화적 측면을 포괄하는 종합적인 전략이 요구된다.

일본의 대응 : 지역 맞춤형 전략

일본은 지방소멸 문제에 가장 적극적으로 대응하고 있는 국가 중 하나이다. 일본 정부는 '지방 창생' 정책을 통해 지역 경제를 활성화하고, 젊은 인구의 지방이주를 장려하는 다양한 프로그램을 운영하고 있다. 이를 위해, 지역 특색에 맞는 산업육성, 귀농 귀촌 지원, 지역 주택 보조금 제도 등을 도입했다. 또, 지역 내 중소기업에 대한 지원을 강화하고, 관광 촉진을 위한 인프라 개발에도 힘쓰고 있다. 이러한 노력은 지역의 독특한 문화와 자원을 살려 경제적 기회를 창출하고 있다.

일본 정부의 지방소멸 문제에 대응하기 위한 정책들은 지방지역의 경제적, 사회적 활력을 강화하고 지방소멸 문제를 해결하기 위한 노력의 일환이다.

첫째로, '귀농 귀촌 지원 프로그램'을 통해 일본 정부는 도시 거주자들이 농촌지역으로 이주할 때 필요한 정보를 제공하고, 교육 프로그램과 시작 자본을 지원함으로써 귀농 귀촌을 적극적으로 장려하고 있다. 둘째, '지역창업 지원' 정책을 통해 지역창업가를 지원한다. 돗토리(鳥取)현에서는 지역에서 비즈니스를 시작하는 젊은 창업가들에게 재정적 지원 및 멘토링을 제공한다. 셋째 정책으로는 '지방 이주자 주택 지원' 프로그램이 있다. 도쿠시마(德島)현에서 운영되는 이 프로그램은 지방으로 이주하는 가구에게 주택 구입이나 임대에 필요한 보조금을 지원한다.

이외에도 '지방 소기업 지원 정책', '관광 촉진 프로젝트'처럼, 지역의 역사, 문화, 자연을 활용한 관광 상품 개발 및 홍보를 지원하며, '소기업 육성 기금'은 지역 내 소기업과 중소기업의 성장을 위한 자금을 지원하여 지역 경제의 다양화를 촉진하고 있다.

이러한 정책들은 지역 고유의 잠재력을 활용하여 지역 사회의 지속가능한 발전을 도모하는 데 중점을 두고 있다.

미국의 접근 : 인프라와 교육 중심

미국에서는 지방소멸 문제가 주로 경제적 기회의 부족과 인프라의 노후화와 관련이 있다. 이에 따라, 미국 정부는 농촌지역의 인프라 개선에 중점을 두고, 광대역 인터넷 접근성 확대, 도로 및 교통망 개선에 자금을 투입하고 있다. 또한, 농촌 지역에서의 교육 및 직업 훈련 프로그램을 지원하여, 농촌 청년들에게 더 나은 경제적 기회를 제공하기 위해 노력하고 있다.

먼저, 미국 농무부(USDA)는 농촌 개발 대출 프로그램을 운영하고 있다. 이 프로그램은 농촌 지역의 소규모 기업, 주택 및 인프라 프로젝트에 대한 대출 및 보조금을 제공한다. 예를 들어, 'Rural Business Development Grants(농촌사업개발교부금)' 프로그램은 지역 경제를 강화하기 위해 소규모 기업에 자금을 지원한다. 이는 농촌지역의 경제적 기회를 확대하고, 일자리 창출에 기여한다.

다음으로, 'ReConnect Program(농촌 개발 광대역 재연결 프로그램)'과 같은 농촌 인터넷 및 기술 개선 프로젝트가 진행되고 있다. 이 프로그램은 농촌 지역 주민들이 더 나은 정보 접근성과 디지털 서비스를 이용할 수 있게 하여, 교육 및 비즈니스 기회를 증가시킨다.

또한, 'Workforce Innovation and Opportunity Act (인력혁신 및 기회에 관한 법률)'는 농촌지역에서 직업 훈련과 교육을 제공한다. 이 프로그램은 농촌 지역 주민들이 노동 시장에 보다 쉽게 접근하고, 새로운 기술과 지식을 습득할 수 있도록 도와, 경제적 자립을 촉진한다.

'Rural Health Care Services Outreach Grant Program(농촌 의료 서비스 지원 보조금 프로그램)'은 농촌 지역의 의료 서비스를 개선하고 주민들의 건강과 복지를 향상시키기 위한 프로그램이다. 이 프로그램은 농촌 지역의 의료 접근성을 높이고, 보다 나은 건강 관리 서비스를 제공한다.

마지막으로, 농촌 인프라 투자를 통해 도로, 물 공급, 전기망 등 농촌 지역의 기본적인 인프라를 개선하고 있다. 이는 농촌 지역의 생활 환경을 개선하고, 경제적 활동의 기반을 강화하는 데 중요한 역할을 한다.

이러한 다양한 정책들을 통해 미국 정부는 농촌 지역의 인구 감소 문제에 대응하고, 경제적 및 사회적 발전을 촉진하고자 노력하고 있다. 이는 농촌 지역의 지속가능한 발전과 주민들의 삶의 질 향상에 기여하는 중요한 조치들이다.

우리나라의 대응 : 지역 균형 발전 중심

한국의 지방소멸 문제는 인구 감소, 고령화, 청년층 유출로 인해 많은 지역이 경제적, 사회적 위기를 겪고 있다. 이를 해결하기 위해 정부와 지방자치단체는 다양한 대응책을 마련하고 있다.

첫째, 지역 일자리 창출과 경제 활성화를 위해 지방으로 기업을 유치하고 투자를 촉진하는 정책이 추진되고 있다. 지방으로 이전하는 기업에게 재정 지원, 세제 혜택, 토지 이용 인센티브 등을 제공하며, 지역의 특화 산업을 육성해 자립 기반을 강화하는 데 중점을 두고 있다.

둘째, 청년층의 유입과 정착을 유도하기 위해 청년 주거 지원과 창업 지원을 확대하고 있다. 저렴한 주택을 제공하거나 창업 지원금을 통해 청년들이 지방에서 새로운 기회를 찾을 수 있도록 돕고 있다. 지역 대학을 활성화하여 지역 내에서 교육과 취업이 가능하도록 산학 협력을 강화하는 노력도 함께 이루어지고 있다.

셋째, 인구 유입을 위한 생활 인프라 확충도 중요한 과제다. 교육, 의료, 복지 인프라를 개선해 지방의 거주 환경을 매력적으로 만들고, 교통망 확충과 디지털 인프라 개선을 통해 접근성과 생활 편의성을 높이는 정책이 추진되고 있다.

넷째, 귀농·귀촌을 장려하기 위해 다양한 지원 프로그램을 운영하고 있다. 도시에서 지방으로 이동하는 사람들에게 귀농·귀촌 지원금, 농업 기술 교육, 컨설팅 등을 제공하며 안정적으로 정착할 수 있도록 돕고 있다. 주거 지원과 정착 프로그램을 통해 지방으로 돌아오는 사람들의 부담을 줄이는 것도 중요한 대응책이다.

다섯째, 지역 균형 발전을 위해 공공기관을 혁신도시로 이전하고, 지역 인재 채용을 의무화하는 정책이 시행되고 있다. 이를 통해 지역 경제에 새로운 활력을 불어넣고 있으며, 지역 균형 발전 특별회계를 통해 인프라 개선과 경제 활성화 사업에 재정 지원을 확대하고 있다.

여섯째, 스마트 시티와 스마트 농업 도입을 통해 지역의 경쟁력을 강화하고 있다. ICT 기술을 활용한 스마트 시티 구축으로 교통, 에너지, 물류의 효율성을 높이며, 스마트팜 같은 혁신 농업 기술을 도입해 젊은 세대의 농업 참여를 유도하고 있다.

마지막으로, '지방소멸대응기금'을 통해 지방정부가 자체적인 발전 전략을 수립하고 실행할 수 있도록 재정지원을 한다.

이는 각 지방정부가 지역 맞춤형 솔루션을 개발하고 추진할 수 있도록 돕는다. 정부는 2024년 지방소멸대응을 위한 지역혁신 과제를 공모해 우수과제 22개를 예비선정해 발표했다. 지역혁신 공모사업은 지역에서 일자리 창출을 위한 지역 중소기업 육성과제를 기획하면, 중기부와 행안부가 함께 지역 중소기업 육성사업과 '지방소멸대응기금'을 공동 지원해 지방소멸대응 정책의 시너지를 창출하고자 도입한 프로그램이다.

2023년 처음으로 시행돼 12개 과제를 선정했다. 대표적으로 충청남도 부여군은 스마트팜 단지를 고도화하고 생활인구 유입을 촉진하는 '스마트팜 콤플렉스 조성' 과제를 추진하고 있다. 2024년에는 107개 인구감소 및 관심지역을 대상으로 공모한 결과, 34개 기초지자체에서 과제를 신청했고, 충북 옥천군, 강원 삼척시 등 22개 기초지자체의 과제가 예비 과제로 선정됐다.

이와 같은 정책들은 우리 정부가 지역의 특색을 살리고, 청년들의 창업을 장려하며, 농촌 지역의 개발을 촉진함으로써 지방 지역의 경제적 및 사회적 활력을 증진시키는 데 중점을 두고 있다.

지방소멸과 물류 및 유통 혁신

세계 각국은 지방소멸 문제에 물류와 유통혁신을 통해서도 대응하고 있으며, 이는 각국의 경제 및 사회적 맥락에 맞추어 다양한 방식으로 이루어지고 있다.

일본 야마토운수가 운영하는 '네꼬서포스테이션(ヤマト運輸ネコサポステーション)'은 일본 내에서 지방소멸 문제에 대응하는 독특한 방식이다. 이는 단순한 물류 서비스를 넘어 지역 경제와 커뮤니티에 긍정적인 영향을 미칠 수 있는 다기능 서비스 시설로 자리 잡았다. 네꼬서포스테이션은 지역 상품의 판매와 홍보를 지원함으로써 지역 경제의 활력을 불어넣는 역할을 한다. 이는 지역 생산자들에게 더 넓은 시장을 제공하고, 지역 경제

에 활기를 가져다준다.[77]

또한, 이 시설은 지역 주민들에게 필수적인 우편 및 택배 서비스를 제공하며, 다양한 지역 커뮤니티 활동의 중심지로도 활용된다. 이를 통해 주민들의 일상생활에 편리함을 제공하고, 지역 내 소통과 연대를 강화하는 중요한 공간으로 기능한다. 네꼬서포스테이션의 운영은 또한 지역 내 일자리를 창출하여 주민들의 생계 유지에 기여하며, 이는 지역 경제의 자립성을 높이는 데 중요한 역할을 한다.

이러한 시설은 지역 간 물류 연결성을 강화하고, 지역 생산품의 유통 범위를 확대함으로써 지역의 경제적 기회를 넓히는 데도 기여한다. 뿐만 아니라, 네꼬서포스테이션과 같은 시설은 지역에 새로운 활력을 불어넣고, 지역을 떠나려는 주민들이나 새로운 이주자들에게 매력적인 환경을 제공함으로써 지역 인구의 유지 및 유입을 촉진할 수 있다.

네꼬서포스테이션은 단순한 물류 중심의 시설을 넘어, 지방소멸 문제에 대응하는 다각적인 해결책을 제시하며, 지역 사회의 지속가능한 발전을 도모하는 중요한 역할을 수행하고 있다. 이는 지방소멸 문제 해결을 위한 창의적이고 통합적인 접근 방식의 좋은 예시로 볼 수 있다.

중국은 전자상거래를 활용한 농촌 발전 전략을 추구하고 있다. 대표적

---

77 네코서포는 야마토 그룹이 "여러분의 생활을 더 즐겁고 편리하게 만든다"는 마음으로 운영하는 서비스이다.
네코서포스테이션은 여러분의 안전하고 쾌적한 생활을 지원하는 서비스와 정보를 제공하는 곳이다.
서비스 내용
① 하우스키핑 지원 서비스 ②지역 주민들의 일상 생활에 도움이 되는 이벤트와 세미나 ③ 전기 점검 서비스 ④ 일상 생활에 관한 상담
출처 : https://faq.kuronekoyamato.co.jp/app/answers/detail/a_id/5078

인 예로 '타오바오촌(淘宝村)' 프로젝트가 있으며, 이는 알리바바와 같은 대형 전자상거래 회사들이 농촌 지역과 연계하여 농산물을 도시 시장에 판매하는 프로젝트다. 이는 농촌 지역의 생산품을 전국적으로 판매하고 물류 시스템을 강화하는 데 중요한 역할을 한다.

중국 '타오바오촌 제1호'는 칭옌류(青岩劉)촌이다. 세계 최대 잡화 도매 시장인 저장(浙江)성 이우(義烏)시 인근의 28만㎡ 면적에 인구 1486명이 살고 있는 작은 농촌 마을이다. 중국 내 전자상거래 붐이 서서히 불기 시작한 2008년 무렵 마을 사람들이 하나 둘씩 알리바바 B2B 플랫폼 타오바오몰에 온라인상점을 개설한 것이 시초가 되었다. 전자상거래는 농촌 주민들에게도 창업 비즈니스 기회를 줌으로써 도 · 농간 소득 격차를 줄이는데도 커다란 역할을 하였다.

미국에서는 농촌 지역의 물류 인프라 개선에 초점을 맞추고 있다. 이는 농산물 및 제품의 효율적인 수송과 분배를 위한 인프라 개선이 중심이 되며, 특히 농업 기반 경제의 효율성을 높이기 위한 목적이다. 또한, 팜-투-테이블(Farm-to-Table) 모델을 채택하여, 현지 농산물을 도시 소비자에게 직접 배달하는 등의 공급망 개선 프로젝트가 진행되고 있다.

독일에서는 소규모 지역 생산자들이 협동조합을 구성하여 공동의 물류 및 유통 네트워크를 개발하고 운영하고 있다. 프랑스에서는 '생산자-소비자 직거래' 플랫폼을 통해 농촌 지역의 소규모 생산자들이 직접 소비자에게 제품을 판매할 수 있도록 지원하고 있다. 호주에서는 농촌 및 원격 지역의 물류 인프라를 개선하기 위한 프로그램을 운영하고 있다. 캐나다에서는 지역 물류 센터 개발을 통해 지역 농산물의 수집, 처리, 포장 및 배송을 지원하고 있다.

우리나라에서도 지역 특산품의 전국적 유통을 지원하기 위한 물류 프로그램을 운영하고 있다. 이와 같은 프로그램은 지역 농산물의 접근성을 높이고, 지역 경제에 활력을 불어넣는 중요한 수단이 되겠지만, 아직은 다른 나라에 비해 활성화되진 못하고 있다.

지방소멸 문제와 물류기업의 역할

각 국가의 지방소멸 문제에 대한 대응은 다양한 형태로 나타나고 있다. 일본, 미국, 중국 등 여러 국가들은 각기 다른 접근 방식을 통해 이 문제를 해결하고자 노력하고 있으며, 특히 물류의 역할이 중요하게 부각되고 있다.

각 국가들이 물류 및 유통 시스템을 혁신하여 지방소멸 문제를 해결하고 지역 경제를 강화하는 해결책의 하나로 인식하고 있다. 이는 지역 제품의 시장 접근성을 높이고, 지역 생산자들에게 새로운 기회를 제공하는 동시에, 지역경제의 자립성과 활력을 높이는 중요한 역할을 할 것이다

물류 기업들도 지방소멸 문제에 대응하는데 있어 중요한 역할을 수행할 수 있다. 이들은 지역 상품의 유통과 배송을 간소화하고, 지역 생산자들이 더 넓은 시장에 접근할 수 있도록 돕는다. 이는 지방지역의 경제적 자립성을 높이고, 지역 상품의 경쟁력을 강화하는 데 기여한다. 또한, 지역 간 연결성을 강화하고, 지방 지역과 도시 간의 상호 의존성을 촉진함으로써 지방소멸 문제를 해결하는 데 중요한 역할을 한다. 앞으로도 이러한 노력들이 지방 지역의 경제적, 사회적, 문화적 활력을 되찾는 데 기여할 것으로 기대된다.

5

유통난민과 물류 취약지역 해소[78]

'유통난민'(流通難民)은 일본에서 대형 유통망이나 쇼핑몰의 확산으로 인해
전통적인 소매점이나 지역 상점들이 경쟁에서 밀려나고, 이로 인해 주로
로컬이나 작은 상점들을 이용하는 노인층이 쇼핑에 어려움을 겪게 되는
현상을 가리킨다. 이 용어는 경제적, 사회적 측면에서 소외된 이들을 지
칭하며, 특히 대도시에서 벗어난 지역에서 더욱 심각한 문제로 대두되고
있다. 이러한 현상은 전통적인 지역 커뮤니티의 해체와 연결되어 있으
며, 노인 인구가 많은 지역에서 특히 문제가 되고 있다.

일본 농림수산성에 따르면, '유통(쇼핑)난민'은 주로 65세 이상의 고령자
들로, 이들은 집에서 식품을 파는 가게까지의 거리가 500미터 이상 떨어
져 있으며 자동차 운전이 불가능한 상태이다. 2005년에는 약 678만 명
이었던 쇼핑난민의 수는 2015년에는 약 825만 명으로 증가했으며, 특히
도쿄, 나고야, 오사카와 같은 주요 대도시 지역에서 이러한 현상이 두드

---

78 이상근, "유통난민과 물류 취약지역", 아웃소싱타임스(2024.3.11.)을 기초로 재작성되었습니
.   다.

러지게 나타나고 있다.

일본의 농촌 지역에서도 상점과 슈퍼마켓의 폐쇄로 인해 쇼핑난민 문제가 심화되고 있으며, 이러한 문제를 해결하기 위한 민간기업의 지원과 협력은 대형 슈퍼마켓 체인의 폐쇄로 인해 발생하는 '유통(쇼핑)난민' 문제 해결에 중요한 역할을 하고 있다. [79]

'식품사막'은 신선한 식품에 대한 접근성이 낮은 도시 및 농촌 지역을 지칭한다

미국에서는 '식품사막(Food Desert)'이라는 용어가 널리 사용되며, 이는 신선한 식품에 대한 접근성이 낮은 도시 및 농촌 지역을 지칭한다. 유럽에서도 이와 유사한 현상이 관찰되며, 도시 외곽이나 농촌 지역에서 식품 접근성 문제가 발생하고 있다. 이러한 문제는 주민들의 건강, 특히 신선한 식품을 섭취하는 데 제한을 받는 고령자나 저소득층에게 더 큰 영향을 미친다.

'식품사막' 현상은 주로 식품 접근성에 초점을 맞추지만, 다른 생활 필수품에 대한 접근 문제도 있을 수 있다. 예를 들어, 의료 서비스, 약국, 은행, 우체국 등의 서비스에 대한 접근이 어려운 지역도 있다. 이러한 서비스 접근성 문제는 주민들의 일상 생활과 복지에 영향을 미치며, 특히 농촌 지역이나 소외된 도시 지역에서 두드러진다. 따라서 정책 입안자와 지역 사회 개발자는 식품뿐만 아니라 다양한 생활 필수품과 서비스에 대

---

[79] 일본에서는 고령화와 슈퍼마켓의 초대형화, 교외형 슈퍼마켓의 철수로 인해 일상 쇼핑이 어려워진 '쇼핑 난민'이 늘고 있다. 경제산업성 통계에 따르면, 이러한 쇼핑 난민은 전국에 약 700만 명에 달한다.
이들은 편의점에서 신선식품을 구입하기 어렵고, 계절 제품을 맛볼 기회가 거의 없다. 또한, 자녀의 도움을 받거나 택시를 타고 슈퍼마켓을 방문해야 하는 상황이 빈번히 발생한다.

한 접근성 개선을 위한 포괄적인 접근이 필요하다.

일본 민간기업의 '유통난민' 문제 해결 노력

일본의 유통난민 문제해결 노력은 일본 정부의 직접적인 지원보다는 지역 공동체와 민간 기업의 협력을 통해 이루어지고 있다. 이는 고령화 및 인구 감소 문제에 대처하기 위한 지역 차원의 창의적인 해결책으로 볼 수 있다. 일본 정부는 소규모 및 지역 비즈니스를 지원하는 정책을 시행하여 이러한 문제에 간접적으로 대처한다. 이러한 정책에는 재정 지원, 세금 인센티브 또는 지역 쇼핑을 촉진하는 프로그램이 포함되어 있다.

민간기업의 지원과 협력은 일본 내 여러 지역에서 대형 슈퍼마켓 체인의 폐쇄로 인해 발생하는 '유통(쇼핑)난민' 문제 해결에 중요한 역할을 하고 있다. 도쿠시마루(とくし丸)의 이동판매차는 일본에서 인구가 적은 지역 및 고령자를 대상으로 한 이동 슈퍼마켓으로, 최근에는 대도시 상권에서도 이동판매에 대한 수요가 증가하고 있다. 이는 도시 지역의 고령화 추세에 부응하여 전국적으로 확대되고 있는 신규 사업 모델로, 전통적인 점포가 부족한 지역의 소비자들에게 편의를 제공하기 위해 운영되고 있다.[80]

---

80 도쿠시마루는 전국에 1,150대의 이동 판매차를 운영하고 있으며, 이를 통해 약 17만 명의 고객에게 서비스를 제공하고 있다. 회사는 140개의 슈퍼마켓과 제휴하여, 다양한 식품 및 생활용품을 판매하고 있다.
이동슈퍼는 신선식품을 포함한 400여 가지 품목을 고객의 집 앞까지 배송하며, 쇼핑의 즐거움을 제공한다. 도쿠시마루의 직원들은 단순히 상품을 판매하는 것을 넘어서, 고령자들에게 '돌봄대'로서의 역할도 수행한다. 이는 고객들과 대면하여 이야기를 나누고, 그들의 필요를

또, 대형 체인점들이 폐업함에 따라, 편의점 체인인 패밀리마트와 같은 업체들이 작은 규모의 매장을 개설하여 쇼핑난민이 접근하기 쉬운 위치에 필수품을 제공하고 있다. 삿포로 기반의 슈퍼마켓 체인 세이코마트(Seicomart)는 홋카이도의 접근하기 어려운 지역에 상품을 배달하는 서비스를 제공하며, 일부 지역에서는 배달 서비스가 보트를 통해 이루어지기도 한다. 쿠마모토 켄군(熊本 建軍) 쇼핑 아케이드는 상품을 택시를 통해 배달하는 서비스를 제공하여, 편의성을 높이고 있다. 도쿄의 무사시무라야마(武蔵村山) 지역에서는 고령자를 위한 무료 셔틀 서비스가 제공되고 있다. 이 서비스는 전기 모터로 구동되는 세 바퀴 자전거 택시로, 고령자가

이해하며 도와주는 것을 포함한다.

도쿠시마루는 전국적인 인프라를 구축하여 다양한 상품과 서비스를 제공하고자 한다. 경트럭에는 실을 수 없을 정도로 큰 상품도 주문받아 배송하고, 식품 제조업체로부터 샘플링 조사 의뢰도 처리한다. 이를 통해 백화점의 외판부와 같은 효과를 발휘하며, 새로운 비즈니스 모델을 구축해 나가고 있다.

이동슈퍼 분야는 고령화 사회에서 수요가 증가하는 성장 시장이다.

단카이 세대의 고령화로 인해 이동 슈퍼의 수요는 더욱 확대될 것으로 예상된다. 도쿠시마루는 이러한 수요를 바탕으로 이동 판매를 세상에 '당연한' 서비스로 자리 잡게 할 계획이다.

도쿠시마루는 지역 연합을 구축하여, 거대 자본과 대기업 조직에 대항하고 있다.

지역의 지자체와 돌봄대 협정을 체결하여, 사회복지협의회, 지역포괄센터, 케어메니저, 민생위원 등과 연계하여 활동하고 있다. 이를 통해 고령자들에게 중요한 돌봄 역할을 수행하고 있다.

도쿠시마루는 지역의 개인 상점들과의 공존을 위해 반경 300m 이내에는 들어가지 않는 '300m 룰'을 지키고 있다. 이를 통해 개인 상점들의 영업에 부담을 주지 않도록 주의를 기울이고 있다.

도쿠시마루는 이동 슈퍼 사업을 지속하기 위해 "+10엔 룰"을 도입했다.

이는 각 상품에 10엔을 추가하여 판매 파트너와 도쿠시마루가 적절한 이익을 나누는 구조이다. 이를 통해 슈퍼마켓에 부담을 주지 않으면서도 사업을 지속할 수 있는 기반을 마련하고 있다.

도쿠시마루의 이동 슈퍼 서비스는 고령화 사회에서 쇼핑이 어려운 '쇼핑 난민'을 돕기 위한 중요한 해결책이다. 이동 슈퍼는 신선식품과 다양한 생활용품을 고객의 집 앞까지 배송하며, 고객들과의 대면 판매를 통해 돌봄 역할도 수행한다. 또한, 전국적인 인프라를 구축하여 다양한 상품과 서비스를 제공하며, 성장 시장에서의 수요를 충족시키고 있다.

쇼핑을 하고 가정으로 돌아갈 수 있도록 도와준다. 이 셔틀 서비스는 지역 상인들이 주도하여 시작되었으며, 매월 약 200명의 고령자가 이용하고 있다. 지역 상공회의소와 자동차 관련 기업들도 이 프로젝트에 협력하고 있으며, 이 서비스는 고령자들의 쇼핑뿐 만 아니라 병원 방문 등에도 사용되고 있다.

이러한 노력은 지역 사회의 고령화와 상점 폐쇄로 인한 문제에 대응하는 방식으로, 일본의 농촌 및 도시 지역에서 쇼핑난민 문제에 대한 현실적인 해결책을 제공하고 있다. 또한, 고령자들에게 쇼핑과 외부 활동의 기회를 제공함으로써 고령화 및 인구 감소 문제에 적극적으로 대응하는 형태로 나타나고 있다. 이는 지역 주민들의 생활 편의를 개선할 뿐만 아니라, 삶의 질을 향상시키는 데 중요한 역할을 한다.

물류(택배)난민과 보편적 물류서비스

도서지역, 산간지역, 도시 변두리지역, 농촌지역 등에 거주하는 사람들, 특히 사회적 약자의 입장에서 상품 구매 이상으로 상품을 받는 문제는 중요한 과제이다. '물류(택배)난민'은 택배나 물류 서비스에 접근하기 어려운 사람들을 지칭한다. 이는 일반적으로 농촌 지역이나 도시 외곽 지역에 거주하는 사람들, 또는 택배 서비스가 제한되거나 불편한 지역(물류 취약지역)에 사는 사람들이 해당된다. 이는 현대 사회에서 증가하는 온라인 쇼핑의 의존도와 연관되어 있으며, 일부 지역에서는 이러한 서비스의 접근성이 낮아 문제가 되고 있다.

보편적 물류서비스의 개념은 모든 지역과 사회 계층에 걸쳐 효율적이고 접근 가능한 물류 및 택배 서비스를 제공하는 것이다. 이러한 서비스는 도시와 농촌 지역을 포함하여 광범위한 지역에 걸쳐 필수적인 상품과 서비스를 배달하는 데 중요하다. 서비스의 필요성은 특히 도서, 산간, 도시 외곽, 농촌 지역에서 두드러지며, 이들 지역의 주민들이 상품과 서비스에 대한 접근성이 낮아짐으로써 겪는 어려움을 해소하는 데 있다. 이는 또한 경제적 평등과 사회적 통합을 촉진하는 데 기여할 수 있으며, 모든 사람이 기본적인 상품과 서비스에 대한 접근을 보장받는 것을 목표로 한다.

이러한 목표는 특정 지역에 대한 물류 서비스 강화, 지역 사회의 연계 강화, 또는 대체 배송 옵션의 제공과 같은 다양한 해결책이 모색될 수 있다.

물류(택배) 서비스가 보편적인 공공 서비스로 인정되려면 여러 정책적, 사회적 판단이 필요하다. 물류 취약지역에서의 물류 서비스는 주민들의 생활 편의와 직결되며, 이들 지역의 경제적, 사회적 발전에도 기여할 수 있다. 따라서 정부와 지방자치단체가 이러한 서비스를 보편적 공공 서비스로 인식하고 적절한 지원을 제공하는 것이 필요하다. 이는 정책적인 논의와 투자, 그리고 지역 사회의 요구와 특성에 맞는 맞춤형 해결책이 모색되어야 한다.

일본에서는 일손 부족에 허덕이던 택배 업계 사가와큐빙(佐川急便)은 인구감소 등의 영향으로 매년 줄어드는 여객 수요로 심각한 경영난에 허덕이던 교토 지역의 택시 운영회사인 야마시로야사카교통(山城ヤサカ交通) 제휴를 통해 택시를 이용한 택배 사업을 개시했다. 이처럼 새로운 수익원

과 상생 모델 발굴이 필요하다.[81] 일본 국토교통성은 2023년 6월30일부터 교통사업자의 여객화물 혼재에 대한 규제를 전국적으로 완화했다.[82]

[그림 2-3] 일본의 화물 · 여객 혼합서비스[83]

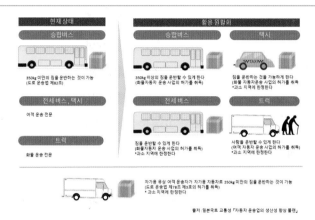

출처 : 일본국토 교통성 『자동차 운송업의 생산성 향상 플랜』.

---

81 승객과 수하물의 운송 운행을 함께 하는 대처를 화객혼재라고 한다. 철도와 비행기, 노선버스, 택시 등 여객사업의 일부 공간을 화물의 운송에 이용하는 것이다. 일본에서는 화객혼재에는 다양한 규제가 있었지만, 2017년 9월에 국토교통성이 과소지역 등에서의 버스나 트럭, 택시 등에 의한 화객 혼재를 일부 해금했다.

2020년 11월에는 「지역 대중교통의 활성화 및 재생」에 관한 법률이 개정되어 화객혼재의 절차를 신속하게 실시할 수 있게 되었다. 이 법 개정은 일정한 조건으로 버스나 택시 등의 여객사업자가 화물도 운송할 수 있게 했다. 물류 사업자도 사람의 운송이 가능하다. 이러한 일련의 규제 완화를 통해 최근 물류회사와 여객 사업 회사의 파트너십에 의한 다양한 대처가 이루어지고 있다. 과 소지의 배송 문제나 트럭 운전사 부족의 관점에서, 화객 혼재가 기대되고 있다. 화객 혼합은 화물과 여객이라는 이 업종의 파트너십에 의한 SDGs 목표 실현에 대한 대처 중 하나라고 할 수 있다.

82 "タクシーなどで乗客と荷物を一緒に運ぶ「貨客混載」規制緩和へ" NHK(2023.6.12.)

일본은 2024년 4월 1일부터 트럭 운전자의 연간 시간 외 노동은 960시간으로 제한한다. 1개월의 가동 일수를 22일(주휴 2일)이라고 하면, 1일의 시간 외 노동의 상한은 3.6시간이 된다. 즉, '4시간 초과~7시간 이하 + 7시간 초과 18.3%는 60시간을 초과, 볼륨존인 '1시간 이상~4시간 이하 48.1%' 중에도 960시간을 초과하는 경우가 포함된 계산이 된다. 운전자 부족과 2024년 문제는 미래의 물류 위기(운반할 수 없는 화물의 증가)를 일으킬 수 있다. 트럭 운전자는 산업 평균보다 나이가 많고, 노동 시간도 길고, 급여도 산업 평균보다 낮다.

83 田中康仁, 「物流のしくみ 」 同文館出版(2023.5)

우리정부도 생활물류서비스 격차 해소에 나섰다

인천에서 열린 18번째 민생토론회에서 정부는 택배 서비스에서 소외된 섬이나 산간 지역을 대상으로 새로운 물류 서비스 정책을 발표했다. 이 정책은 이러한 지역을 '물류취약지역'으로 지정하고, 주민들에게 택배비를 지원하는 것을 주요 내용으로 한다. 또한, 기존 택배업체가 접근하기 어려운 지역은 우체국 택배망을 활용하여 배송을 강화할 예정이다. 이를 위해 택배기사가 여러 택배회사의 물품을 모아 공동 배송할 수 있도록 규제를 완화하는 방안도 포함되어 있다.[84]

[표 2-1] 물류 취약지역

구분	물류 취약지역(52개 시 · 군 · 구)
부산(1)	강서구(가덕도동)
인천(4)	중구(용유동), 서구(신현원창동), 강화군(교동면, 삼산면, 서도면), 옹진군(북도면, 연평면, 백령면, 대청면, 덕적면, 자월면, 영흥면)
경기(3)	안산시(대부동), 화성시(우정읍, 서신면), 가평군(가평읍, 설악면, 청평면, 상면, 북면, 조종면)
강원(13)	춘천시(동산면, 북산면), 원주시(귀래면), 삼척시(가곡면), 홍천군(화촌면, 두촌면, 내촌면, 서석면, 남면, 서면, 북방면, 내면, 영귀미면), 횡성군(안흥면, 둔내면, 공근면, 서원면), 영월군(상동읍, 북면, 남면, 주천면, 김삿갓면, 한반도면, 무릉도원면, 산솔면), 평창군(미탄면, 방림면, 대화면, 봉평면, 용평면, 진부면, 대관령면), 정선군(남면, 북평면, 임계면, 화암면, 여량면), 철원군(철원읍, 근북면, 근동면, 원동면, 원남면, 임남면, 서면, 근남면), 화천군(하남면, 상서면, 사내면), 양구군(동면, 방산면, 해안면, 국토정중앙면), 인제군(남면, 북면, 기린면, 서화면, 상남면), 고성군(현내면, 죽왕면, 토성면)
충북(1)	영동군(용화면)

---

84 "'물류 취약지역' 정부가 관리··· 6년내 '전국 24시간 택배' 추진", 동아일보(2024.3.8.)

| 충남(6) | 보령시(웅천읍, 오천면, 주산면, 미산면), 서산시(팔봉면, 지곡면), 당진시(석문면), 서천군(장항읍), 홍성군(서부면), 태안군(안면읍, 근흥면) |

정부가 택배 사각지대 개선에 나선 건 도심과 비(非)도심, 수도권과 지방 간 생활 물류서비스 격차(배송기간, 추가비용)를 줄이기 위한 목적으로, 특히 수도권과 광역지방자치단체에서 당일 배송 및 새벽 배송이 일상화됨에 따라 지방 및 비도심 지역 주민들의 소외감과 불만을 해소하기 위해 마련되었다. '물류 취약지역'은 주문일로부터 배송까지 3일 이상 소요되는 지역으로 정의되며, 전국 약 250개 시군구 중 40~50곳이 선정될 것으로 예상된다.

이 정책은 물류 취약지역 주민들에게 택배비를 지원(건당 최대 3000원, 연간 최대 40만 원)함으로써 이들 지역의 생활 편의성을 증진하고, 지역 간 물류 서비스 격차를 해소하는 데 기여할 것으로 기대된다.

정부는 물류 취약지역에 한해 택배기사가 택배업체 물품을 모아서 공동 배송할 수 있도록 관련 규제를 완화한다. 우정사업본부는 택배업계와 협력하여 공동 집화 · 배송 시범사업을 추진할 계획이다. 전국에 깔려 있는 우체국 택배망을 활용해 택배업체의 물품을 물류 취약지역으로 배송하는 것이다.

드론배송 상용화 사업과 로봇 등 무인 배송을 포함한 스마트 배송 사업 지원도 강화할 예정이다. 이러한 조치는 2030년까지 전국 24시간 내 배송이 가능하도록 개선하는 목표를 갖고 있다.

[그림2-4] 택배 사각지대 해소 방안

택배 사각지대 해소 방안

		도입 시기
택배비 지원	도서·산간 지역 거주자 추가 택배비 지원	▼ 올해 12월
공동 배송	택배기사 1명이 여러 택배업체 물품 취합, 배송	
우체국 택배망 활용	우체국 택배기사가 택배업체 물품 배송	

자료: 국토교통부

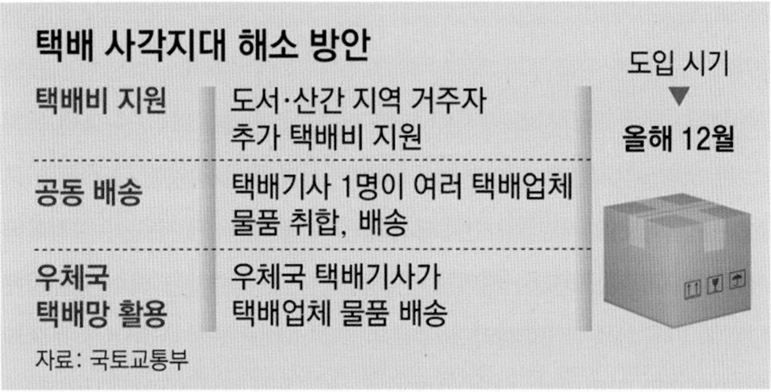

출처 : https://www.donga.com/news/article/all/20240307/123868644/1

정부의 물류 지원 대책은 일본 등에서 사회문제화되고, 우리나라에도 대안이 필요한 '유통난민'과 '식품사막' 문제를 완화하는 데 분명히 도움이 될 수 있다.

특히 산간 지역이나 섬과 같이 물류 서비스 접근성이 낮은 지역에서는 기본적인 택배 서비스가 제대로 이루어지지 않아 생활 필수품과 식품에 대한 접근이 어렵다. 우체국 택배망을 활용하여 일반택배를 배송하고 택배비를 지원함으로써, 이러한 지역의 주민들은 보다 쉽게 필요한 상품을 구입하고 배송받을 수 있게 된다.

이러한 조치들은 신선한 식품 및 기타 생활 필수품의 접근성을 개선하여 건강하고 편리한 생활을 지원할 수 있다. 또한, 지역 경제의 활성화와 소규모 상인들의 비즈니스 기회 확대에도 기여할 수 있다. 그러나 이러한 정책의 성공은 실행의 효율성과 지속가능성에 달려있으며, 지역 주민들의 필요와 기대를 충족시키기 위해 지속적인 모니터링과 조정이 필요하다.

전국민 대상의 '보편적 물류서비스' 제공이 중요

정부의 물류 지원 대책은 '유통난민'과 '식품사막' 문제를 완화하는 데 분명히 도움이 될 수 있다. 이를 효과적으로 추진하기 위해서는 몇 가지 추진전략이 필요하다. 먼저, 물류 인프라의 개선이 필요하다. 기존의 교통 및 물류 인프라를 확장하고 현대화하면, 접근성이 낮은 지역에도 신선한 식품과 생활 필수품이 원활하게 도달할 수 있게 된다. 또한, 공공과 민간 부문 간의 파트너십을 강화함으로써 물류 서비스의 범위와 품질을 높이는 것이 중요하다. 이런 협력을 통해, 보다 광범위하고 효율적인 서비스가 가능해질 수 있다.

또, 재정적 지원과 세제 혜택을 통해 물류 기업들이 사업성이 낮은 지역에서도 서비스를 제공할 수 있도록 도와주는 것도 중요하다. 이와 더불어, 최신 기술을 활용하여 물류 및 배송 서비스를 더욱 효율적이고 혁신적으로 만드는 것이 필요하다. 이는 전체 서비스의 품질과 속도를 향상시키는 데 기여할 것이다.

각 지역의 특성과 필요에 맞는 맞춤형 물류 솔루션을 개발하는 것도 중요하다. 또한, 지역 사회와 협력하여 커뮤니티 기반의 접근 방식을 통해 지역 맞춤형 배송 및 물류 서비스를 제공할 필요가 있다. 마지막으로, 지역 사회에 물류 서비스의 중요성에 대해 교육하고 인식을 제고하는 프로그램을 마련하는 것이 중요하다.

이러한 다양한 방법을 통해, 모든 국민이 평등하게 물류 서비스에 접근할 수 있는 환경을 조성할 수 있으며, 물류 산업의 효율성과 지속가능성을 동시에 증진시킬 수 있다. 이러한 정책들은 지역 사회의 특성과 필요를 반영하고, 지속적인 모니터링과 평가를 통해 그 효과성을 검증하고 필요에 따라 조정되어야 한다.

6

지역 산업 활성화 대책

지역 산업의 발전과 활성화를 위한 대책은 지역의 고유한 자원을 활용하면서, 지역 대학과 기업, 연구소 간의 협력을 강화하는 것을 중심으로 해야 한다. 지역이 지속적으로 발전하고 인구 유출을 막기 위해서는 다음과 같은 다각적인 접근이 필요하다.

첫째, 지역 대학과의 협력 강화

지역 대학은 지역 인재를 양성하고, 지역 산업과 밀접하게 연계될 수 있는 중요한 기관이다. 지방 대학이 지역 기업과 함께 연구 개발을 진행하고, 산학협력을 통해 지역 산업에 필요한 기술력을 제공하는 것이 중요하다. 이를 통해 지방대학의 역할을 확대하고, 지역 산업과 대학 간의 긴밀한 파트너십을 구축하여 산업 혁신을 촉진할 수 있다.

둘째, 산학연 클러스터 조성

프랑스의 경쟁거점(Pôle de compétitivité) 정책과 유사하게, 지역 내 대학, 연구소, 기업들이 공동 프로젝트를 수행하고 시너지를 창출하는 산학연 클러스터를 조성하는 것이 필요하다. 이러한 클러스터는 연구개발 성과를 공유하고, 그 성과를 통해 수익을 창출하는 구조로 발전시킬 수 있다. 이를 통해 지역의 기술 혁신을 촉진하고, 글로벌 경쟁력을 확보할 수 있다.

셋째, 지역 특화 산업 육성

각 지역이 가진 고유한 자원을 활용하여 특화된 산업을 육성하는 것이 필요하다. 농업, 수산업, 관광업 등 지역에 맞는 산업을 전략적으로 육성하여 경쟁력을 높이고, 지역 경제에 활력을 불어넣는 것이 중요하다. 이를 위해 정부와 지자체는 해당 산업에 대한 맞춤형 지원 정책을 제공하고, 지역 기업이 글로벌 시장으로 진출할 수 있도록 돕는 인프라를 마련해야 한다.

넷째, 창업 및 중소기업 지원

지역에서 창업이 활발하게 이루어질 수 있도록 창업 지원 정책을 강화하고, 중소기업에 대한 재정적, 기술적 지원을 확대하는 것이 중요하다. 특히, 지역에서 창업한 청년 기업들이 성공적으로 자리 잡을 수 있도록 멘토링 프로그램, 기술 지원, 초기 자금 지원 등을 통해 안정적인 성장을 도모해야 한다.

다섯째, 인프라 구축과 제도 개선

지역 산업의 발전을 위해서는 물류, 교통, 정보통신 등 기본적인 인프라가 잘 구축되어야 한다. 산업단지의 현대화, 첨단 물류 인프라 구축 등을 통해 기업들이 효율적으로 운영할 수 있는 환경을 조성하고, 규제 완화 및 제도적 지원을 통해 기업 활동을 촉진해야 한다.

여섯째, 지역 일자리 창출 및 정주 여건 개선

지역 내 양질의 일자리를 창출하여 청년층이 지역을 떠나지 않도록 하는 것이 중요하다. 이를 위해 지역 기업들이 성장할 수 있도록 지원하고, 지역 내에서 일자리를 찾고, 결혼과 출산을 할 수 있는 정주 여건을 마련해야 한다. 주거, 교육, 의료 등 삶의 질을 높이는 인프라 구축도 필수적이다.

일곱째, 지역 맞춤형 성장 전략

각 지역의 특성과 필요에 맞는 맞춤형 성장 전략을 수립하는 것이 중요하다. 중앙 정부와 지방자치단체는 긴밀하게 협력하여 지역별로 차별화된 정책을 추진하고, 지역 주민들의 참여를 유도하여 자생적인 성장을 도모해야 한다.

결론적으로, 지역 산업의 발전과 활성화를 위해서는 지방 대학, 기업, 연구소 간의 협력을 강화하고, 지역 특화 산업을 전략적으로 육성하며, 이를 뒷받침할 수 있는 인프라와 제도적 지원을 제공해야 한다. 이러한 종합적인 대책을 통해 지역 경제를 활성화하고, 지역소멸과 인구 감소 문제를 해결할 수 있을 것이다.

프랑스의 경쟁거점(Pôle de compétitivité) 정책[85]

프랑스의 지역 정책 가운데 주목받는 것은 2004년부터 2018년까지 추진된 '경쟁거점[86] 정책이다. 한국의 산업클러스터 정책에 해당하는 이 경쟁거점 정책은 지방자치단체, 기업, 연구소, 대학 같은 개별 경쟁거점을 중심으로 이 기관들이 협력하여 혁신과 글로벌 경쟁력을 강화하는 데 중점을 두었다. 일종의 '연구개발 클러스터' 정책인 경쟁거점 정책은 연구개발을 통해 생산된 상품의 수익을 참여 주체의 지분에 따라 배분하는 것이었다. 그 결과, 경쟁거점 정책은 프랑스 산업 부문 전체에 혁신적인 역동성과 새로운 시너지를 창출함으로써, 지역 마케팅의 핵심요소가 된 것으로 평가된다. 이런 역동성을 통해 고립되어 있던 대학연구소, 기업 같은 관련 주체들 사이에 새로운 협력과 연계가 이루어져 지역에서 경쟁력이 확보된 것이다. 이런 평가를 받는 프랑스의 경쟁거점정책을 참조하여 활용하면, 한국의 지방대학을 중심으로 지역 산업 발전과 활성화를 위한 대책을 수립하는 데 도움이 될 것이다.

---

85 이상민,박동열, 「저출산, 프랑스는 어떻게 극복했나」고북이(2024.06)

86 정선우, "프랑스형 혁신도시 "경쟁거점(Pôle de compétitivité)", 국토정책Brief_제82호 (2005.4)
　프랑스에서는 우리나라의 혁신도시 정책과 유사한 "경쟁거점 (Pôle de compétitivité)" 정책이 실시되고 있음 경쟁거점이란 일정한 지역에서 기업, 교육기관, 연구기관들이 파트너십을 통해 혁신적 성격의 공동 프로젝트를 수행함으로써 시너지를 창출하는 정책으로서, 우리의 혁신도시 정책과 유사한 프랑스의 전략 사업임
　2005년부터 2007년까지 매년 정부 일반예산을 통한 국가지원금으로 370M?(4,800억원)과 정부 공공기관 및 지방자치단체들로부터의 지원금을 합하여 총 600~700M?(7,800억원~9,100억원)를 지원함
　−프랑스의 "경쟁거점" 정책은 우리나라 혁신도시 정책의 추진에 있어서 지원방안, 파트너십 조직 및 거버넌스 체계 등에 대한 시사점을 줄 수 있음.

첫째, 프랑스 경쟁거점 정책은 단계별로 정책 목표와 경쟁거점 운영 및 성과 평가를 거쳐 개선책을 마련하여 점진적 발전을 도모하고 있다

특히, 경쟁거점 정책은 평가 사업의 진행을 두 단계로 구분하여 실시한다. 먼저 정부와 민간 전문가가 평가에 대한 설계를 하고, 다음으로 국내외 컨설팅 기관에 용역을 맡겨 심층적인 조사연구를 거쳐 평가하는 방식이다. 평가 설계와 평가 실행을 구분하는 이런 이중적 구조의 평가 방식은 평가 내용을 검증하는 데 도움이 되어 평가의 신뢰성을 확보하는 데 큰 역할을 한다.

둘째, 프랑스 경쟁거점 정책은 기업, 대학, 연구소 간 연계뿐만 아니라 다른 경쟁거점 및 외국과의 협력을 도모한다

이런 연계와 협력을 도모하는 것은 정부가 지역에서 혁신적인 연구개발 공동사업을 수립하여 시너지를 만들어내기 위함이다. 이를 통해 생겨난 연계적이고 협력적인 추진력은 산업 및 국토 정비를 조직화하고 활성화하는 데 중요한 역할을 한다. 아울러, 경쟁거점 정책은 외국 클러스터와의 기술제휴, 국제시장조사, 수출 능력 개발 같은 해외 시장 개발·개척에도 역점을 둔다. 따라서 경쟁거점 정책에서 도모하는 연계와 협력 및 해외 시장 개발·개척은 한국의 지역 산업 발전과 활성화에 반드시 필요한 요소라고 볼 수 있다.

셋째, 프랑스 경쟁거점 정책은 이원적 방식으로 운영된다

정부는 경쟁거점을 지정하여 전반적인 운영을 관리하고, 과제의 선정과 평가는 광역지방자치단체 '레지옹'에서 선정하는 식이다. 경쟁거점 정책은 기업과 교육 연구 기관 등이 주체가 되고 지방자치단체, 공공기관, 중앙정부가 지원하는 상향식 방식에 바탕을 둔다. 경쟁거점 정책이 성공적인 평가를 받는 것은 무엇보다 지역 주체들의 자발적 참여와 역량에서 비롯된다.

따라서 한국에서도 지역 기업과 교육 연구 기관이 주체가 되어 자발적으로 참여하고 역량을 최대한 발휘할 수 있는 여건이 만들어지면, 지역 기업과 교육 연구 기관은 지역 산업 발전과 활성화에 큰 역할을 할 수 있을 것이다.

넷째, 프랑스 경쟁거점 정책은 범부처 차원의 공동기금을 통해 통합적인 재정 지원과 관리 방식을 적절하게 활용하고 있다

특히, '범부처 공동기금'에 의해 지원되는 연구개발 사업의 경우, 혁신과 중소기업의 접근성을 끌어올리기 위해 경쟁거점 내에 구축된 연구개발 사업의 서비스와 시설을 공동으로 이용하는 사업에 재정 지원이 우선 이루어진다. 이런 우선적인 재정 지원을 통해, 연구개발 사업의 경우 대기업보다 취약한 여건에 있는 지역 중소기업이 도약할 수 계기가 마련될 수 있다.

다섯째, 프랑스 경쟁거점 정책은 파트너십과 거버넌스에 역점을 두고 범부처 차원에서 정책을 조정하는 시스템 등을 통하여 부처 간 협력과 연계가 비교적 잘되고 있다

구체적으로, 범정부 지역정책담당기구, 범부처 경쟁거점사업단, 조정위원회, 일원화된 지역 파견기관 등과 같은 기구를 통하여 관련 주체 및 사업 간에 연계와 협력을 도모하고 있다. 비록 지역 산업 발전과 활성화를 지원하는 여러 기구가 다층적 거버넌스 구조로되어 있어 복잡하더라도, 이 정책은 연계와 협력 및 조정과 촉진을 통해 지역 산업 발전과 활성화에 기여하고 있다.

여섯째, 프랑스 경쟁거점은 지리적 특성과 주체가 다양하며, 지역 간에 협력하는 사업은 총사업 가운데서 3분의 1이 훨씬 넘는 수준에 이른다

사실, 한국의 산업 클러스터 등 각종 지역발전 사업이 2개 이상 지역 간의 협력이 잘 이루어지지 않는 점을 고려하면, 한국 정부는 프랑스의 경제거점 간 협력사업에 대한 각종 지원 제도와 운영 시스템을 참고할 필요가 있다.

일곱째, 프랑스 경쟁거점은 전략적 경영에 중점을 두고 있다

특히 성과계약 형태로 경쟁거점, 지방자치단체 및 국가 간의 관계가 보다 엄격히 계약화되어 있다. 그리고 이런 계약은 각 경쟁거점에 중기적 전략목표로 설정되고 있다. 경쟁거점 전략은 잠재력이 분명히 확인된 시장에 집중되어 있으며, 경쟁거점의 경제적 영향은 평가에서 핵심 요소가 되고있다. 한국에서도 산업의 잠재력과 경제적 영향을 면밀히 분석하고 판단하여 지역 산업 발전과 활성화를 위한 대책을 수립할 필요가 있다.

　프랑스의 경쟁거점 정책은 지역 내 기업, 대학, 연구소 간 협력과 국제적 연계를 통해 혁신과 경제적 시너지를 창출한 성공적인 사례로, 한국의 지역 산업 발전에도 중요한 시사점을 제공한다. 자발적 참여를 기반으로 한 상향식 접근, 범부처 차원의 통합 재정 지원, 지역 간 협력 촉진, 전략적 경영을 통한 목표 설정 등의 요소를 한국의 지방대학 및 지역 산업 클러스터 정책에 적용하면, 지역 산업의 지속적 발전과 활성화를 도모할 수 있을 것이다.

농산어촌 지역과 중소도시를 위한 지역 정책[87]

프랑스는 수도권으로의 인구 집중과 농촌 지역의 인구 감소 문제를 해결하기 위해 '농촌활성화지역'을 지정하고, 해당 지역에 일자리를 창출하는 기업에게 세금 감면과 지원을 통해 경제적·사회적 발전을 촉진하는 정책을 시행하고 있다. 또한, 농촌과 중소도시의 인구 감소를 막기 위해 보조금 지원과 함께 도심 활성화 사업을 진행해 지역 고유의 매력을 되살리고 인구 유입을 유도하고 있다.

반면, 한국에서는 지방소멸 위험 지역인 농·산·어촌을 대상으로 한 별도의 혁신 정책이 거의 없었으며, 대부분의 지역혁신 정책은 광역 지방자치단체 단위로 입안되어 왔다. 이에 따라, 농산어촌 같은 소멸 위험 지역은 혁신 활성화 정책에서 소외되었다.

지방소멸 위험 지역의 저렴한 토지가격은 입지 경쟁력의 중요한 요소로, 중앙정부와 지방자치단체는 이를 적극적으로 홍보하면서 기업 유치를 위한 인센티브를 제시할 필요가 있다. 예를 들어, 중소기업과 대기업

---

87 이상민,박동열, 「저출산, 프랑스는 어떻게 극복했나」,고북이(2024.06)

이 소멸 위험 지역에 입지할 경우 재정, 세제, 토지 이용 측면에서 파격적인 혜택을 제공하고, 일정 요건을 갖춘 기업에게 국공유지를 무상 임대하는 방안도 고려될 수 있다.

현재 시행 중인 지방투자 활성화 정책은 수도권 인근 지역에 집중되어 인구 감소 지역의 투자 격차가 심화되고 있다. 이를 해결하려면, 비수도권 인구 감소 지역에서 혁신성장을 도모하기 위해 대기업과 중견기업의 지방투자를 적극적으로 유도하는 정책이 필요하다. 국비 보조 비율을 대폭 상향하고, 인건비 지원을 예외적으로 허용하는 등의 획기적인 지원방안을 마련해야 하며, 기업의 규모에 따라 입지보조금과 설비보조금을 최대한 지원하는 인센티브 정책이 필요하다.

로컬 크리에이터(지역가치 창업자) 활성화 지원사업

로컬 크리에이터(Local Creator)는 대도시에서 벗어나 자신이 원하는 지역에서 자립하며, 지역 고유의 자원과 특성을 활용해 혁신적인 비즈니스를 창출하는 창업가들을 의미한다. 이들은 ICT 기술이나 혁신적인 아이디어를 접목하여 지역 경제를 활성화하고, 지역사회 문제를 해결하는 주체로서 활동한다. 로컬 크리에이터는 지역의 유휴 자산과 자원을 발굴하고 이를 효율적으로 활용함으로써, 침체된 지역 경제에 활력을 불어넣고 지역의 자생력을 강화하는 데 기여한다.

로컬 크리에이터는 단순히 지역에서 창업을 하는 것을 넘어서, 지역사회의 특성과 자원을 기반으로 혁신을 추구하며, 지방소멸 위기에 직면한 지역의 생존을 위한 새로운 해결책을 제시하는 중요한 역할을 한다. 이들은 지역경제를 민간주도형으로 활성화하고, 정부의 개입 없이도 자발적으로 지역에서 정착하며 성장할 수 있는 기회를 만들어가고 있다.

정부도 로컬 크리에이터의 지역경제적 역할을 인식하고서 2020년부터 '로컬 크리에이터 활성화 지원사업'을 시작했다. 물론, 정부는 그간 지역 발전의 일환으로 창조경제혁신센터, 창업보육센터 등 지역 창업 거점의 구축·운영에 정책적 노력을 기울여 왔지만, 지역 콘텐츠에 대한 창업지원은 다소 미흡했던 것이 사실이다. 이 때문에, 지역에 특화된 혁신역량을 보유한 유망 로컬 크리에이터를 발굴·육성하는 지원 사업을 운영함으로써 지역혁신 주체로부터 높은 호응을 거두고 있다. 하지만 지역경제 내에서 로컬 크리에이터의 활동을 유도하고 확대하려면 보완해야 할 사항도 있다.

장기적인 지원 체계로 사업을 확대할 필요가 있다

현재 시행되고 있는 '로컬 크리에이터 활성화 지원사업'은 주로 단기적인 자금 지원에 초점이 맞춰져 있다. 하지만 로컬 크리에이터가 지역에서 지속적으로 활동하며 그 가치를 창출할 수 있도록, 장기적인 지원 체계로 사업을 확대할 필요가 있다. 또한, 지원 규모를 확대하고, 후속 지원을 강화하여 로컬 크리에이터가 해당 지역에서 정착하고 사업을 지속할 수 있도록 유도해야 한다. 예를 들어, 우수한 로컬 크리에이터에게는 추가적인 정책자금 및 투자를 연계하고, 정주 환경을 조성하여 이들이 지역에 안정적으로 머물며 활동할 수 있는 기반을 마련하는 것이 필요하다.

로컬 창업 네트워크 플랫폼 구축 정책도 필요하다

로컬 크리에이터가 성공적으로 지역에서 자립하려면 지역 내 이해관계자들과의 네트워크가 중요하다. 이를 위해 로컬 창업 네트워크 플랫폼을 구축하여 로컬 크리에이터와 지역 주민, 이해관계자 간의 협력과 정보 공유를 촉진해야 한다. 이 플랫폼은 로컬 크리에이터가 지역 문제를 파악하고, 지역특화형 비즈니스를 창출할 수 있는 기반을 제공할 뿐만 아니라, 지역 인적 자본을 축적하는 역할도 해야 한다. 이를 통해 로컬 크리에이터의 혁신적 사업계획이 지역사회에서 더 잘 이해되고 수용될 수 있는 여건을 조성할 수 있다.

[그림 2-5] 로컬크리에이터 (지역가치창업가)

출처 : [이미지=중소벤처기업부 K-Startup]

지역 특화형 비즈니스 창출 지원정책도 필요하다

로컬 크리에이터가 지역 고유의 자원과 특성을 활용하여 새로운 비즈니스를 창출할 수 있도록, 정부는 해당 지역의 자원과 산업적 강점을 분석하고 이를 기반으로 맞춤형 지원을 제공해야 한다. 지역의 특성에 맞는 비즈니스 모델을 발굴하고, 이를 지역경제와 연결하여 지속가능한 경제구조를 만들어갈 수 있도록 지원해야 한다.

로컬 크리에이터는 지역 경제 활성화와 지역소멸 위기 해소를 위한 핵심주체로서, 이들을 지원하는 정책이 지속적이고 장기적인 관점에서 이루어져야 한다. 장기적 지원확대, 네트워크 플랫폼 구축, 지역 특화형 비즈니스 창출 지원 등을 통해 로컬 크리에이터가 지역에서 자립할 수 있는 환경을 마련하면, 지역 경제 활성화와 인구유입에도 긍정적인 영향을 미칠 것이다.

7

기업과 지방도시의 공생 협력[88]

현대사회에서 인구감소와 지역소멸은 많은 국가들이 직면하고 있는 심각한 문제 중 하나이다. 특히 출산율 저하와 도시집중 현상은 지역의 경제적 쇠퇴와 인구유출을 가속시키며, 지방소멸이라는 위기를 초래하고 있다. 이러한 문제를 해결하기 위해서는 단순히 출산장려 정책을 넘어서서, 보다 근본적인 접근이 필요하다. 이에 따라 주목받고 있는 개념이 바로 '로컬리즘(Localism)'이다.

로컬리즘은 지역사회가 자립적으로 성장하고 발전할 수 있도록 지역자원과 역량을 활용하는 것을 중심으로 한다. 이는 지역주민들이 주도적으로 참여하는 경제, 사회, 문화적 활동을 통해 이루어지며, 중앙집권적 접근과는 대비된다. 로컬리즘은 경제적 자립과 지역 특유의 문화적 가치를 존중하고 보호하는 데 중점을 둔다.

---

88 이상근, "로컬리즘 바탕의 기업과 지방도시의 공생 협력", 아웃소싱타임스(2024.7.29.)

로컬리즘의 역사는 근대 산업화 과정에서 지역사회와 경제가 중앙정부나 대도시의 경제구조에 종속되는 현상에 대한 반작용으로 시작되었다. 20세기 중반 이후, 세계 각국에서는 지역 균형 발전과 지역 경제 활성화를 위한 다양한 정책과 운동이 등장했다. 이러한 움직임은 특히 1960년대와 1970년대의 사회적 변화와 맞물려 성장하였으며, 오늘날에도 다양한 형태로 진화하고 있다. 로컬리즘은 지속가능한 발전, 생태학적 균형, 사회적 연대와 같은 현대의 중요한 가치들과 결합하여, 지역사회의 미래를 설계하는 데 중요한 역할을 하고 있다.

로컬리즘은 단순한 지역중심주의를 넘어서, 지역사회의 자원과 역량을 활용한 지속가능한 발전 모델을 제시한다. 이는 지역 주민들의 참여와 협력을 통해 실현되며, 지역소멸 문제를 해결하는 데 있어 중요한 전략으로 자리 잡히고 있다.[89]

기업과 지방도시의 공생 협력이 중요하다

로컬리즘은 지방도시의 자원과 특성을 최대한 활용하여 지속가능한 발전을 도모하는 접근법으로, 기업과의 협력을 통해 지역경제를 활성화하고 일자리를 창출할 수 있다. 일본의 도요타시, 미국의 오스틴시, 알링턴시, 유럽의 아인트호벤 외에도 기업과 지방도시들의 성공적인 공생 협력 모델을 만들었다.

---

89 전영수, 「인구소멸과 로컬리즘」, 라의눈(2023.05)

일본 아이치현의 도요타시는 도요타 자동차의 본사가 위치한 곳으로, 기업 주도의 발전 모델을 통해 지역경제를 활성화한 대표적인 사례다. 도요타시는 기업과의 협력을 통해 지역 내 일자리를 창출하고, 경제활동을 촉진했다. 도요타 자동차는 지역사회에 다양한 기여를 하며, 지역 주민들과의 상생 협력을 강화했다. 이를 통해 도요타시는 인구 유입을 촉진하고, 지역경제의 지속가능한 성장을 이루어냈다.

미국 텍사스주의 오스틴시는 테슬라의 본사를 유치하여 지역 경제를 활성화했다. 테슬라는 오스틴에 기가팩토리를 건설하고, 이를 중심으로 지역 내 일자리를 대거 창출했다. 오스틴시는 테슬라와 협력하여 지역 내 경제활동을 촉진하고, 인구 유입을 도모했다. 이를 통해 오스틴시는 경제적 활력을 얻고, 지속가능한 성장의 기반을 마련했다.

버지니아주의 알링턴시는 아마존의 제2본사를 유치하여 지역경제를 부흥시켰다. 아마존은 지역 내 다양한 직업을 창출하고, 경제 활동을 활성화했다. 알링턴시는 아마존과의 협력을 통해 지역 주민들에게 양질의 일자리를 제공하고, 지역경제의 성장을 도모했다. 이는 인구 유입과 경제적 선순환을 이끌어내는 데 기여했다.

미국 미시간주의 디트로이트는 자동차 산업의 중심지로, 경제 재건을 위해 기업들과 협력했다. 디트로이트는 지역 내 자동차 제조업체들과 협력하여 효율적인 경제 활성화 전략을 마련했다. 이를 통해 지역 경제를 회복하고, 일자리를 창출했다. 디트로이트는 기업과의 협력을 통해 경제적 활력을 되찾고, 인구 유출을 방지하는 데 성공했다.

네덜란드의 아인트호벤은 기술 혁신을 통해 지역경제를 활성화한 도시로, 기업과의 협력을 통해 중요한 성과를 이루어냈다. 아인트호벤은 필립스와 같은 대기업과 협력하여 지역 내 일자리 창출과 경제 발전을 도모했다. 지역 내 다양한 경제 활동을 촉진하고, 지속가능한 성장을 이끌어내는 데 주력했다. 이를 통해 아인트호벤은 인구 유출을 방지하고, 지역경제를 활성화하는 데 성공했다.

독일의 바덴뷔르템베르크주는 지역경제 활성화를 위해 지역 내 중소기업과의 협력을 강화했다. 이 지역은 자동차, 기계공업, 전자공학 분야에서 세계적인 기업들이 위치해 있으며, 지역 내 중소기업들과의 협력을 통해 일자리를 창출하고 경제활동을 촉진했다. 바덴뷔르템베르크주는 혁신 클러스터를 구축하여 기업 간의 상생 협력을 도모하고, 이를 통해 지역 경제의 지속가능한 성장을 이루어냈다.

스웨덴의 룬드시는 첨단 기술 기업과의 협력을 통해 지역경제를 활성화했다. 룬드는 이케아, 소니 모바일 등 글로벌 기업들이 위치해 있으며, 이들 기업과의 협력을 통해 지역 내 일자리를 창출하고 경제활동을 촉진했다. 룬드는 또한 대학과의 협력을 통해 연구개발(R&D) 중심의 경제 생태계를 구축하여, 지속가능한 성장을 도모했다. 이를 통해 룬드는 인구 유출을 방지하고, 지역 경제를 활성화하는 데 성공했다.

핀란드의 오울루는 ICT(정보통신기술) 산업을 중심으로 지역 경제를 활성화했다. 오울루는 노키아와 같은 글로벌 ICT 기업들과의 협력을 통해 지역 내 일자리를 창출하고 경제활동을 촉진했다. 오울루는 또한 지역 내 스타트업 지원 프로그램을 통해 창업 생태계를 활성화하고, 혁신적인 비즈니스 모델을 육성했다. 이를 통해 오울루는 인구 유출을 방지하고, 지역경제를 활성화하는 데 성공했다.

인구소멸에 따른 물류의 문제도 로컬리즘을 통해 해결할 수 있다

지방도시의 인구감소로 인해 물류 인프라가 약화되는 현상이 발생하고 있다. 이는 물류 네트워크의 붕괴로 이어지며, 효율적인 물류 운영을 어렵게 만든다. 지방에서의 인구 밀집도가 낮아짐에 따라 운송비용이 증가하여 물류비용이 상승하고, 이는 지역경제에 부정적인 영향을 미친다. 또한, 인구 감소로 인해 노동력 부족 문제가 심화되고 있다. 물류센터, 운송업체, 창고 등에서 인력 부족 현상이 발생하여 물류 운영의 효율성이 떨어지고 있다. 수도권과 지방 간 자원 분배의 불균형이 심화되면서 지방의 물류 자원은 점점 더 부족해지고 있다. 이는 지방경제 활성화에 큰 장애물이 된다. 더불어, 길어진 물류 경로로 인해 탄소 배출량이 증가하여 환경에 부정적인 영향을 미치고 있으며, 지속가능한 물류 시스템 구축이 어려워지고 있다.

이런 물류문제를 해결하기 위해 지역 내 여러 기업과 협력하여 공동물류 시스템을 운영하는 것도 좋은 해결 방안이다. 이를 통해 물류 비용을 절감하고, 물류 인프라를 효율적으로 활용할 수 있다. 공동물류 시스템은 지역 내 자원을 효과적으로 분배하고, 물류 효율성을 극대화할 수 있다. 또한, 친환경 물류 인프라를 구축하여 지속가능성을 확보해야 한다. 전기차, 태양광 패널 등 친환경 기술을 도입하여 물류 과정에서 발생하는 환경 문제를 최소화할 수 있다. 이를 통해 지역 내 친환경 물류 시스템을 운영할 수 있다.

또한, 지역 내 주요 거점에 물류 허브를 구축하여 물류 네트워크를 강화해야 한다. 이는 물류의 효율성을 높이고, 지방에서도 원활한 자원 공급이 가능하게 만든다. 각 지역의 특성에 맞는 물류 허브를 설계하여 지역경제를 활성화할 수 있다. 또한, 빅데이터, 인공지능(AI), 사물인터넷(IoT) 등을 활용한 스마트 물류 기술을 도입하여 물류 경로를 최적화하고 비용을 절감할 수 있다. 스마트 물류 시스템은 물류 운영의 효율성을 높이고, 물류 과정에서 발생하는 문제를 실시간으로 해결할 수 있게 한다.

마지막으로, 물류 시스템을 지역경제와 밀접하게 연계하여 지역 내 경제활동을 촉진하고, 일자리를 창출해야 한다. 지역 내 생산자와 소비자를 연결하여 지역경제를 활성화하고, 지역 내 순환경제를 구축할 수 있다.

[표 3–1]지방소멸에 따른 물류 문제와 로컬리즘 바탕의 해결 방안

문제점	해결 방안
물류 인프라의 악화	지역 내 주요 거점에 물류 허브를 구축하여 물류 네트워크 강화
운송비용 증가	스마트 물류 기술 도입을 통해 물류 경로 최적화 및 비용 절감
노동력 부족	지역 내 여러 기업과 협력하여 공동 물류 시스템 운영
자원 분배의 불균형	지역 경제와 밀접하게 연계하여 자원 분배 효율화
환경 문제	친환경 물류 인프라 구축 (전기차, 태양광 패널 등)

지방소멸에 따른 물류차원의 문제점을 해결하기 위해서는 로컬리즘에 바탕을 둔 지역물류 허브 구축, 스마트물류 기술 도입, 공동물류 시스템 운영, 지속가능한 물류 인프라 구축, 그리고 지역경제와의 연계가 필요하다. 이러한 전략을 통해 물류의 효율성을 높이고, 자원 분배를 최적화하며, 지속가능한 물류 시스템을 구축할 수 있다. 이는 단순히 물류의 문

제를 해결하는 것을 넘어, 지방 경제를 활성화하고 지방소멸 문제를 해결하는 데 중요한 역할을 할 것이다.

우리나라의 2022년 출산율이 0.78이라는 충격적인 수치에 도달했다. 이는 세계적으로도 유례없는 낮은 수준이며, 현재의 추세가 계속된다면 한국은 가장 먼저 소멸할 국가로 지목될 가능성이 크다. 지난 20년간 인구 대책에 380조 원이라는 막대한 예산을 투입했음에도 불구하고 효과는 미미했으며, 중앙정부와 지방정부는 실패를 인정하지 않고 있다. 이러한 상황에서 새로운 접근법인 '로컬리즘'이 주목받고 있다.

도요타시, 오스틴시, 알링턴시, 디트로이트시, 아인트호벤시, 바덴뷔르템베르크주, 룬드시, 오울루시 등의 사례는 로컬리즘을 통한 기업과 지방도시의 공생 협력이 지방소멸과 인구절벽 문제를 해결하는 데 효과적임을 보여준다. 지역 내 주요 기업과 협력하여 일자리를 창출하고, 경제 활동을 촉진하며, 지속가능한 성장을 도모하는 것이 중요하다. 이를 통해 지역경제의 선순환을 이끌어내고, 인구 유출을 방지할 수 있다. 이러한 전략을 통해 인구 소멸 문제를 해결하고, 지속가능한 지역사회를 만들 수 있을 것이다.

지향점은 로컬리즘(Localism)이다[90]

과도한 사회이동은 인구급변의 주요 원인 중 하나다. 많은 사람들이 더

---

90   전영수. "로컬리즘 복원공식 '지역보물+구슬꿰기'". 농민신문(2023.9.26.)

나은 교육과 일자리를 찾아 서울·수도권으로 이동하지만, 그 결과로 출산율이 낮아지는 악순환이 발생하고 있다. 서울의 출산율이 0.5명대에 머무는 이유도 여기에 있다. 그러나 더 나은 삶을 위한 청년세대의 이동은 합리적·효율적인 선택이기에, 이를 비난할 수는 없다. 문제는 이러한 이동이 사회적 비용을 증가시키고, 지속가능하지 않은 구조를 만드는 데 있다.

따라서 지금 당장 할 수 있고 해야 할 인구 대응은 '지방(저밀도·고출산)→서울(고밀도·저출산)'로의 사회전출을 완화·경감할 해법 모색일 수밖에 없다. 우선순위는 전출 동기를 분석·해소하는 것부터 시작된다. 건강한 지방복원·순환경제의 구축이 과제다. 지방을 안 떠나도 청년세대의 미래 희망을 실현해줄 직업·주거·생활 인프라를 강화하는 식이다.

중요한 방향은 로컬리즘(Localism)이다. 로컬리즘은 지방을 건강하고 지속가능한 생활 단위로 재구성하는 것을 목표로 하며, 중앙에 집중된 서울과 수도권의 독과점 구조에 맞서 지방의 독자적인 힘을 회복하는 전략이다. 관건은 다른 접근·방식에 있다.

기존처럼 중앙정부의 예산 의존적인 방식은 실패를 경험했으므로, 이제는 새로운 접근과 모델이 필요하다. 로컬리즘은 기업, 정부, 주민이 함께 협력하여 지역 문제를 해결하는 상향식 방식으로 추진되어야 한다. 달라진 로컬리즘은 기획·투입·실행·평가의 밸류체인 전체 과정에 신모델을 적극 반영하는 것은 필수다. 기업 이윤보다 문제 해결이 ESG(환경·사회·지배구조)의 핵심이듯 로컬복원도 아래로부터 상향식으로 시작되는 게 좋다. 지역과 운명공동체인 기업·행정·공공·학교·주민 모두 로컬리즘의 주역이다.

결국 달라진 취지와 새로운 접근 방법을 모색해야 한다. 창의적 재생모델과 열정적 협업체계로 기존의 균형 발전 경로와 관성에서 벗어나야 한다. 지역마다 경로 축적의 기반은 다르다. 모범사례조차 이식에 따른 거부반응이 있을 수 있다. 따라서 스스로 기획하고 추진하며 협력하는 시스템을 갖추는 게 바람직하다.

로컬리즘은 '지역활력=자원결합'일 때 지속·강화된다. 돈 쓰고 욕 먹는 전시행정과 달리 새로운 자원협력과 협치체계의 로컬리즘이 절실하다. 협력은 독불장군식 개별행동보다 탁월한 결과를 가져올 뿐 아니라 효율적이라는 것은 이미 입증됐다. 튼튼한 혈관(로컬기반)과 건강한 새 피(신형주체)가 뒷받침될 때 보물찾기(지역자산 발굴)와 구슬꿰기(혁신모델 구축)를 축으로 하는 로컬리즘은 본격 시작된다.

8

도시화와 스마트 물류

도시화는 현대사회의 필연적 현상으로, 인구와 경제 활동이 대도시로 집중되면서 다양한 사회적 변화를 일으키고 있다. 이 과정에서 물류 시스템은 도시의 생존과 발전을 유지하는 데 중요한 역할을 하지만, 도시화의 심화는 물류의 효율성과 관리 측면에서 여러 도전 과제를 안고 있다. 특히, 전자상거래의 급성장과 글로벌 공급망 확대 등 물류 환경의 변화는 도시 물류 시스템에 대한 새로운 요구를 만들어내고 있다.

도시화가 가속화되면서 도시 내 물류는 여러 가지 문제를 겪고 있다. 택배 물동량의 급격한 증가와 같은 현상은 대표적인 예이다. 전자상거래의 확산으로 B2C, C2C 거래가 활성화되면서 개인 소비자와 생산자 간의 물류 수요가 폭발적으로 증가하고 있다. 그러나 이와 같은 변화에 기존의 도시물류 인프라는 대응하기에 한계에 직면해 있다. 물류시설의 부족, 낙후된 물류·유통시설, 그리고 도시 혼잡은 물류업체와 소비자 모

두에게 비용 부담을 가중시키고 있다.[91]

지방소멸과 관련해 도시물류의 변화는 필수적이다

지방의 인구가 감소하고 소규모 도시는 쇠퇴하면서 물류수요 역시 감소하게 된다. 이러한 변화는 도시물류 시스템에 새로운 도전과제를 안기고 있다. 인구 밀집도가 낮아지면 지방으로의 물류 운영은 비효율적이 되고, 경제적 타당성이 낮아지면서 물류 서비스 제공이 제한될 수밖에 없다. 이로 인해 지방 주민들은 필수적인 물류 서비스를 이용하는 데 어려움을 겪게 될 것이다. 이를 해결하기 위해서는 도시와 지방 간의 균형 잡힌 물류 인프라 구축이 필수적이다.

하지만 도시화가 진행됨에 따라 도시 내 물류 문제도 더욱 복잡해진다. 예를 들어, 물류업체는 도시 내 높은 인구 밀집도와 혼잡한 교통 상황 속에서 추가적인 비용을 지불해야 한다. 라스트마일 배송비용이 전체 유통 비용의 50%를 차지하는 만큼, 도시물류는 물류업체의 비용 구조에 직접적인 영향을 미친다. 또한, 도시 내 특정 지점까지의 화물 배송이 제한되면 물류 프로세스가 더욱 복잡해지며, 이는 전체 공급망의 효율성을 저해할 수 있다.

도시화가 진전됨에 따라 물류 문제를 해결하기 위한 새로운 전략들이 필요해지고 있다. 기존의 대규모 물류단지 개발 방식은 더 이상 도시 내

---

91 손정우, ""도시물류 트렌드, 어떻게 변하고 있나?", 물류신문(2019.09.20.)

물류수요를 충족시키지 못하고 있다. 도시 외곽에 위치한 대규모 물류 시설은 도심에서의 라스트마일 배송 문제를 해결하기에 적합하지 않으며, 낙후된 도시 물류·유통시설은 효율적인 운영이 어렵다. 이에 따라 도심 내 소규모 첨단물류단지(e-Logis Town) 같은 혁신적 물류 시설이 대안으로 떠오르고 있다.

e-Logis Town과 같은 도시형 물류단지는 도시 물류의 핵심 인프라로서 다양한 산업과의 융합을 통해 효율성을 높이는 데 기여할 수 있다. 이러한 시설은 도심 내에서 발생하는 다양한 물류 수요를 신속하고 효율적으로 처리할 수 있을 뿐만 아니라, 생활물류와 연결된 다양한 서비스를 제공함으로써 지역 경제를 활성화하는 데에도 기여할 수 있다.

또한, 글로벌 공급망의 확대와 더불어 도시 물류의 역할이 더욱 중요해지고 있다. 글로벌 소싱과 조달 시스템은 물류의 신속성과 신뢰성을 요구하며, 이는 도시 물류 시스템의 안정성과도 직결된다. 국제화물 처리와 같은 물류 활동이 증가하면서 도시 내 항만, 공항, 철도 터미널 등의 대형 물류 인프라의 중요성이 부각되고 있다.

[그림2-6] 도시물류와 생활물류시대의 물류 미래상

주요 키워드	사회구조 변화에 따른 물류미래상	
인구구조 변화 (고령화, 저출산)	– 노령화 및 저출산 지속 → 배송인력 등 물류인력 부족 – 근력의존적 작업을 도와주는 로봇장비 보편화 – 소량다빈도 주문 물류증가 → 무인택배 등 편의 물류서비스 확산 – 고령화 인구 고용환경 조성 및 실버 물류 서비스 발달	[물류산업에 로봇도입]
도시화로 인한 메가 도시 확대	– 빌딩 공동물류 서비스 도입 및 화물 통합 처리 – 저소음·저공해 물류활동 및 지하물류시스템 확산 – 수송수단의 대량화, 고속화, 지능화	[지하 물류시스템]
개인권한 확대 (스마트폰, 소셜미디어 등)	– 고객이 집하 배송 등 물류프로세스에 직접 참여하는 크라우드 (crowd) 물류 소비자를 집하 및 배송에 참여시키거나 자금 조달의 주체로 활용하는 등 개인의 일상을 물류 프로세스에 통합시키는 물류 확산 – 스마트폰과 클라우드 기술 → 배송직원간 정보·노하우 공유 – 신선·냉동식품 증가 → 특수가공 및 포장법 확산	[주민친화형 물류시설]
경제적 양극화 심화 및 삶의 질 중요성 부각	– 공정한 계약, 공정한 근로, 환경 친화적 물류활동 – 물류인프라 낙후 지역에서 협력적 사업 모델 확대 – 대도시와 이외 지역에 대한 물류서비스 양극화 – 지역주민과 공유할 수 있는 물류사설 확산 – 물류현장근로자의 주5일제 근무, 기계화 자동화 등 3D 업종이 아닌 물류근로여건 및 복지향상 – 여성과 노령자, 외국인 노동자가 쉽게 일하는 일터	[스마트폰, SNS를 통한 개인의 물류시장 참여 및 권한 확대]

주) 크라우드(crowd) 물류 : 소비자를 집하 및 배송에 참여시키거나 자금 조달의 주체로 활용하는 등 개인의 일상을 물류 프로세스에 통합시키는 물류
출처: 국가물류기본계획(2016~2025)

도시화와 스마트물류는 상호 보완적 관계에 있다

도시화로 인해 발생하는 다양한 사회적, 경제적 문제들은 스마트시티의
기술과 개념을 통해 해결될 수 있다.

먼저, 도시화로 인한 문제 해결의 역할을 한다
도시화가 진행되면 교통 혼잡, 환경오염, 주거 부족, 물류 혼잡과 같은
문제가 나타나게 된다. 스마트시티는 이러한 문제들을 기술적 솔루션으

로 해결하고자 한다. 예를 들어, 스마트 교통 시스템은 실시간 교통 데이터를 수집해 차량 흐름을 최적화하고, 에너지 관리 시스템은 효율적인 전력 소비를 도모한다.

둘째, 데이터 기반의 도시 관리가 가능하다

스마트물류는 도시화가 가져오는 복잡성을 관리하기 위해 데이터를 활용한다. 도시 내 모든 활동에서 발생하는 데이터를 수집하고 분석해 교통, 에너지, 물류, 공공 안전 등을 실시간으로 관리할 수 있다. 이로 인해 도시의 효율성이 극대화되고, 자원 낭비를 줄이며 환경 보호에도 기여할 수 있다.

셋째, 지속가능한 도시 환경 구축이 가능하다

도시화로 인한 인프라 과부하를 해결하고, 지속가능한 도시 환경을 구축하는 데 스마트물류가 중요한 역할을 한다. 친환경 기술과 에너지 절약 시스템을 통해 도시가 더욱 지속가능하고 친환경적으로 변모할 수 있다.

넷째, 스마트 물류와 라스트 마일 서비스 제공이 용이하다

도시화가 진행되면서 물류 수요가 증가하고, 스마트시티의 라스트 마일 물류 서비스는 이를 해결하는 핵심 요소가 된다. AI와 IoT 기술을 통해 배송 경로를 최적화하고, 무인 배송 수단을 도입하는 등의 혁신적인 물류 서비스가 제공될 수 있다.

마지막으로 물류회사는 가치를 제공하는 중요한 역할을 할 것이다

스마트물류는 자율주행 기술의 발전으로 인해 로봇이 화물을 배달하고, 트럭이나 물류센터의 가동이 공유되는 것이 보편화될 것이다. 스마트물류 플랫폼을 통해 화주와 물류 회사 간의 계약은 필요한 물건을 필요한 장소에 정확하게 운반하는 형태로 진화할 것이다.

물류회사는 단순한 운송과 보관을 넘어 '물건을 운반하는 가치'를 제공하는 중요한 역할로 자리잡게 될 것이다.[92]

도시화는 스마트시티의 필요성을 부각시키고, 스마트시티는 도시화로 인한 문제를 해결하는 중요한 수단으로 작용한다. 스마트시티는 도시의 지속가능성, 효율성, 시민의 삶의 질을 높이는 것을 목표로 하며, 이는 도시화된 사회에서 필수적인 발전 방향으로 자리 잡고 있다.

도시화와 스마트 물류시스템

도시화는 세계 여러 나라에서 일어나고 있는 주요 현상으로, 인구가 도시 지역으로 집중되면서 다양한 사회적, 경제적 변화를 초래하고 있다. 이러한 변화는 물류 산업에도 큰 영향을 미치며, 특히 지방 도시와 농촌 지역의 인구 감소를 가속화시키고 있다. 도시화로 인한 물류 문제를 해결하기 위해서는 스마트 시티 개념을 도입하여 효율적이고 지속가능한

92 오노즈카 마사시, 〈로지스틱스 4.0〉, 에밀(2019.11)

물류 시스템을 구축하는 것이 필요하다.

스마트 물류 시스템은 최신 기술을 활용하여 물류 작업의 효율성을 높이고, 인력 의존도를 줄이며, 물류 운영의 정확성과 속도를 향상시키는 것을 목표로 한다. 이를 위해 다양한 스마트 물류 기술이 도입될 수 있다.

스마트 물류 기술 도입

스마트 물류 시스템을 도입하는 첫 단계는 자동화된 물품 분류 시스템과 로봇 피킹 시스템의 활용이다. 자동화된 물품 분류 시스템을 도입하면 물류 센터에서의 작업 효율성을 높일 수 있다. 이를 통해 물품 분류 작업을 신속하고 정확하게 수행할 수 있으며, 인력의 부담을 줄일 수 있다. 로봇 피킹 시스템은 물류 창고에서 물품을 자동으로 피킹하고 포장하는 작업을 수행한다. 이러한 시스템은 물류 작업의 속도를 높이고 인력 의존도를 줄이며 운영 비용을 절감할 수 있는 장점이 있다.

AI와 빅 데이터 분석을 활용하여 물류 경로를 최적화하는 것도 중요한 요소이다. 인공지능(AI)은 물류 데이터와 교통 데이터를 분석하여 최적의 경로를 제시한다. 이를 통해 배송 시간을 단축하고 연료 소비를 줄일 수 있다. 실시간으로 교통 상황을 모니터링하고, 교통 혼잡이나 사고 등 예기치 않은 상황에 대응하여 경로를 조정하면 물류 차량의 이동 시간을 최소화하고 배송의 정확성을 높일 수 있다.

사례 ──── UPS의 AI 기반 경로 최적화
UPS는 AI와 빅 데이터 분석을 활용하여 물류 경로를 최적화하는 대표적인 사례다. UPS는 'ORION'이라는 경로 최적화 시스템을 도입하여 매일 수백만 건의 배송 경로를 최적화하고 있다. ORION 시스템은 실시간으로 교통 상황을 모니터링하고, 최적의 배송 경로를 계산하여 운전사에게 제공한다. 이를 통해 UPS는 매년 수백만 갤런의 연료를 절약하고, 배송 시간을 단축하며, 운송 비용을 크게 줄이고 있다.

스마트 물류 플랫폼 구축

스마트 물류 시스템의 또 다른 중요한 구성 요소는 통합 물류 관리 시스템과 사물인터넷(IoT) 기술의 활용이다. 통합 물류 관리 시스템을 통해 물류 과정 전반을 실시간으로 모니터링하는 것은 매우 중요하다. 이를 통해 물류 작업의 투명성을 높이고, 문제 발생 시 신속하게 대응할 수 있다. 물류 작업을 중앙에서 통제하여 모든 과정이 원활하게 이루어지도록 관리하면 물류 작업의 효율성을 극대화할 수 있다.

사례 ──── 페덱스의 통합 물류 관리 시스템

페덱스는 전 세계적으로 물류 서비스를 제공하는 대표적인 기업으로, 통합 물류 관리 시스템을 통해 물류 과정을 실시간으로 모니터링하고 관리한다. 페덱스는 'FedEx SenseAware'라는 시스템을 도입하여 물품의 위치, 온도, 습도 등의 상태를 실시간으로 모니터링한다. 이를 통해 물류 작업의 투명성을 높이고, 문제 발생 시 신속하게 대응할 수 있다. SenseAware 시스템은 특히 의료 물품과 같이 민감한 물품의 배송에 큰 도움이 되고 있다.

[그림2-7] Fedex SenseAware

https://newsroom.fedex.com/newsroom/global-english/fedex-express-launches-senseaware-in-europe

사물인터넷(IoT) 기술을 활용하여 물류 장비와 차량의 상태를 실시간으로 모니터링하는 것도 스마트 물류 플랫폼의 중요한 구성 요소이다. 이를 통해 장비의 이상 여부를 조기에 감지하고, 예측 유지 보수를 통해 운영의 효율성을 높일 수 있다. IoT 기술을 통해 수집된 데이터를 분석하여 물류 운영을 최적화하는 것도 필수적이다. 예를 들어, 물품의 위치, 온도, 습도 등을 모니터링하여 물류 품질을 유지할 수 있다.

사례 ——— DHL의 IoT 활용 물류 시스템
DHL은 IoT 기술을 적극 활용하여 물류 운영의 효율성을 높이고 있다.
DHL은 'SmartSensor'라는 IoT 장치를 통해 물품의 위치와 상태를 실시간으로 모니터링한다. SmartSensor는 물품의 온도, 습도, 충격 등을 감지하여 실시간 데이터를 제공한다. 이를 통해 DHL은 민감한 물품의 상태를 지속적으로 모니터링하고, 필요 시 즉각적인 조치를 취할 수 있다. IoT 기술을 활용한 DHL의 스마트 물류 시스템은 물류 운영의 투명성과 효율성을 크게 향상시키고 있다.

[그림 2-8] DHL 스마트센서

https://postandparcel.info/wp-content/uploads/2016/09/DHLsmartsensor.jpg

스마트 물류 시스템의 도입은 지방 도시의 물류 효율성을 크게 향상시키고, 물류 작업의 정확성과 신속성을 보장하는 데 기여한다. 자동화 기술과 AI, IoT 등의 첨단 기술을 활용하여, 지방 도시의 물류 시스템을 스마트화하는 것이 중요하다. 이를 통해 인력 부족 문제를 해결하고, 물류 비용을 절감하며, 전반적인 물류 서비스 품질을 향상시킬 수 있다.

스마트 물류 시스템은 지방 도시와 농촌 지역의 인구 감소 문제를 해결하고, 지속가능한 물류 운영을 가능하게 하는 중요한 해결책이다. 이를 통해 지방 도시의 경제 활성화와 주민들의 삶의 질 향상에도 기여할 수 있다. 기술 혁신을 통해 스마트 시티를 구축하고, 이를 바탕으로 효율적이고 지속가능한 물류 시스템을 실현하는 것이 앞으로의 과제다.

결국, 도시화와 지방소멸의 경계에서 도시물류는 변화와 혁신을 통해 새로운 도전에 대응해야 한다. 도시 내 물류 문제를 해결하는 동시에, 지방소멸에 따른 지방의 물류 서비스 부족 문제도 함께 고려해야 할 것이다. 이는 국가적 차원에서 물류 인프라를 재정비하고, 도시와 지방이 상생할 수 있는 스마트물류 전략을 마련하는 것으로 이어져야 한다.

스마트물류체계 구축

대부분 지방도시의 제조와 유통기업들은 취급물량, 기술력, 투자비용 면에서 독자적으로 물류시스템 수행하기에 어려움이 많다. 때문에 이들 기업은 정부의 '한국형뉴딜'의 일환으로 추진되는 '스마트물류체계 구축 사업[93] 중 ○스마트 공동 물류센터 조성과 ○수도권 대형 E-Commerce 스

---

93 스마트 물류체계 구축에는 육상물류, 해운물류, 유통, 물류 R&D 총 4개 분야가 있다.
육상 물류 분야에서는 중소기업 스마트 공동물류센터, 대형 E-Commerce 물류단지 조성, 스마트물류센터 인증제 도입 등을 추진한다. 해운 물류 분야에서는 항만배후단지, 스마트 공동물류센터 구축, 항만 통합 블록체인, 플랫폼 확대 등의 사업이 진행될 예정이다.
유통 분야에서는 농산물 등 공공급식 식자재 거래, 관리 통합플랫폼 및 축산물 온라인 경매 플랫폼 구축 등이 추진될 예정이다. 물류 R&D 분야에서는 로봇, IoT, 빅데이터를 활용한 첨단배송 등 스마트 물류기술 개발사업을 추진한다.
스마트 물류 체계를 구축하는데 필요한 핵심기술은 총 7가지가 있다.
①도심 물류 인프라가 부족하거나 부실하면 배송 비용이 증가하거나 교통이 혼잡해지는 등의 문제가 발생한다. 이러한 국민 불편을 해결하기 위해 '공공 인프라 기반 도시공동 물류 기술'의 개발이 필요하다.
②택배 과포장으로 인한 폐기물 증가, 다량의 화물차 운행으로 인한 대기오염 문제 등을 해결하기 위해 생활물류 안전, 환경부하 저감 배송 및 포장기술의 개발이 필요하다.

마트 물류단지 구성에 관심을 집중하고 있다. 특히, 스마트 공동 물류센터 조성은 도심 공공 유휴 부지 등을 활용하여 중소 물류업체가 이용하는 공동 물류시설을 공공에서 직접 설치 및 관리하는 정책으로 D2C로 유통공룡과 경쟁해야 하는 제조ㆍ유통기업과 중소물류기업이 협업을 통해 물류시설과 배송시스템을 공동으로 구축하는데 도움이 되는 사업으로 공공차원의 적극 지원이 필요하다.

스마트시티 인프라 구축

스마트 시티 인프라는 스마트 물류 시스템을 지원하는 중요한 요소이다. 효율적인 물류 운영을 위해서는 스마트 도로와 교통 시스템, 재생 에너지 활용 등 스마트 시티 인프라구축이 필요하다.

①스마트 도로와 교통 시스템

스마트 신호등 스마트 신호등을 도입하여 교통 흐름을 실시간으로 분석하고, 최적의 신호 체계를 적용한다. 이를 통해 교통 혼잡을 줄이고, 물류 차량의 이동 시간을 단축할 수 있다.

---

③택배량 급증으로 배송기사 업무 환경 개선이 절실하다. 이러한 문제를 해결하기 위해 배송기사 협업용 스마트 말단배송 및 고밀도 보관기술 개발을 위한 연구가 추진된다.
④기업 니즈에 부합한 디지털 정보가 부족하고, 이로 인해 발생하는 행정비용이 과다 발생하기 때문에 '공공물류 디지털 정보 통합관리 플랫폼 구축 기술' 개발을 계획하고 있다.
⑤신선류 및 의약품 등의 화물관리체계 부재는 국민안전 위협 및 서비스 신뢰도가 하락으로 이어진다. 이를 개선하기 위해 화물 상태정보관제, 관리 및 안정성 확보 기술이 필요하다.
⑥물류산업 디지털화 지원체계 미흡으로 국내 물류 경쟁력이 약화되고 있어 물류 비즈니스 활동을 지원하고 디지털 솔루션을 제공하는 자원 관리 기술이 필요하다.
⑦혁신적 물류비용 절감과 고부가가치 산업 도약을 위해 표준화 및 화물 운송 관리체계 구축이 필요하다. 물류 분야 인증체계 구축 및 실증 검증 기술의 마련이 필요하다.
자료 〈2021 디지털 물류실증단지 조성사업〉, 국토교통부(2021.5.18.)

교통 흐름 분석 시스템 교통 흐름을 실시간으로 분석하여 교통 상황에 따른 경로 최적화를 지원한다. 이를 통해 물류 차량이 최적의 경로를 이용하도록 하여 배송 시간을 단축하고, 연료 소비를 줄일 수 있다.

②스마트 물류 허브

자동화된 창고 스마트 시티 내에 자동화된 창고를 구축하여 물류 작업의 효율성을 높인다. 자동화된 창고는 물품의 입고, 출고, 분류, 픽킹 등의 작업을 자동으로 수행하여 운영 비용을 절감하고, 작업 속도를 높일 수 있다.

드론 착륙지점 드론을 활용한 배송 시스템을 구축하기 위해 드론 착륙지점을 설치한다. 이를 통해 드론 배송의 안정성을 높이고, 신속한 물품 배송을 지원할 수 있다.

전기차 충전소 스마트 시티 내에 전기차 충전소를 설치하여 전기 물류 차량의 운영을 지원한다. 이를 통해 친환경적인 물류 운영을 실현할 수 있다.

③태양광 및 풍력 에너지

스마트 시티 내에 태양광 패널을 설치하여 물류 운영에 필요한 전력을 공급한다. 이를 통해 에너지 비용을 절감하고, 탄소 배출을 줄일 수 있다. 또, 풍력 에너지를 활용하기 위해 풍력 발전소를 설치한다. 이를 통해 지속가능한 에너지 공급을 실현하고, 물류 운영의 에너지 효율성을 높일 수 있다.

④전기 및 수소 연료 차량 도입

스마트 시티 내에서 전기차를 도입하여 물류 운영에 활용한다. 전기차는 화석 연료를 사용하지 않아 탄소 배출을 줄이고, 환경 친화적인 물류 운영을 실현할 수 있다. 또, 수소 연료 전지 차량을 도입하여 물류 운영에 활용한다. 수소 연료 전지 차량은 빠른 충전 시간과 긴 주행 거리를 제공하여 물류 작업의 효율성을 높일 수 있다.

'(가칭)최소 생활 물류시설 확보기준' 추진

정부는 운송에서는 기존의 배달용 모빌리티(트럭, 콜밴, 오토바이, 자전거, 퀵보드 등)에 더해 비대면 도심 배달이 가능한 로봇, 드론 등 신규 모빌리티와 도심 연결형 소형 트레일러, 맞춤형 컨테이너 개발, 지하물류시스템 구축 등을 추진하고 있다.

물류거점에서도 정부와 지자체는 국민 생활 밀착형 디지털 도시 물류·실증 단지 조성 시범사업도 추진하고 있다. 이 사업은 물류시설 입지, 배송계획 등을 설계부터 수립하고 첨단 ICT 기술을 활용한 시설과 장비 등을 도입해 디지털·스마트 도시 실현을 목표로 하고 있다. 구체적으로 공용주차장, 철도·지하철 배후 유휴지 등 공공부지 등을 공동물류시설로 활용할 계획이다. 더불어 기업의 물류센터, 하치장, 보관소, 주차장, 주유소 등 시설의 이용이 적은 시간대를 활용해 도심 배송시설의 확충을 추진 중이다.

또 정부는 생활 물류시설의 확보를 위해 생활(거주, 근무, 방문 등) 인구를 기반으로 적정 생활 물류 수요를 예측하고, 지자체 개발계획 수립 과정부터 고려해야 하는 '(가칭)최소 생활 물류시설 확보기준' 도 추진하고 있다. 중장기 정책으로는 일정 규모의 도시 · 택지개발 추진 시 생활 물류 영향평가제도 도입도 검토하고 있다.[94]

지방소멸 문제는 인구 감소와 도시화로 인해 지방 도시와 농촌 지역이 점차 소멸하는 현상으로, 경제, 사회, 문화 등 다양한 측면에서 큰 문제를 초래한다. 물류 업계는 이러한 지방소멸 문제를 해결하고, 균형 발전을 도모하기 위해 중요한 역할을 할 수 있다. 도시화와 스마트 시티 개념을 도입하여 지방 도시와 농촌 지역의 스마트 물류 시스템과 인프라를 구축함으로써 물류 작업의 효율성을 높이고, 지방 경제를 활성화할 수 있다. 또한, 재생 에너지를 활용하여 지속가능한 물류 운영을 실현함으로써 지방소멸 문제를 해결하는 데 기여할 수 있다.

---

94 "제1차(2022~2026) 생활 물류 서비스산업발전 기본계획", 국토교통부(2022.12.22.)
[지속가능한 생활 물류 인프라 공급 확대]에 따르면 생활 물류 수요를 유발하는 도시개발사업, 택지개발사업, 공공주택지구조성사업 등 대규모 개발사업 등 추진 시 생활 물류시설 확보 의무를 개발사업자에게 부과하고 사업계획에 반영토록 의무화(2024)하고, 일정 규모 이상 상가 등 건설 시 조업 주차에 의한 영향을 분석하여 조업 주차 공간 등을 마련토록 하는 '(가칭)생활 물류 영향평가' 도입(2025)한다.
온라인 주문 · 배송 수요 증가에 대응하여 마이크로 풀필먼트 센터 등 주문배송시설을 근린 생활시설에 입주할 수 있도록 허용(2023)하며, 도심 내 원활한 생활 물류배송조업을 위해 미국의 PUDO(Pick-up/ Drop-Off) Zone과 같은 노상 조업특별구역 지정을 제도화(2024)할 예정이다.
생활 물류 차량 대상 주정차 허용구간 확대를 위해 경찰청, 지자체 등과 협업하여 생활 물류 주 · 정차 허용시간 가이드라인을 마련(2023)하고, 도심 내 조업 주차 공간 확보와 연계하여 유휴공간 정보제공, 사전예약 등이 가능한 조업 주차 정보공유 시스템 개발 · 보급도 추진(2025)한다.
공영주차장 · 공원 등의 유휴공간과 공공기관 유휴용지(철도공사, 도로공사, 지자체 등)를 활용한 택배 집 · 배송시설 확보도 추진하며, 정기적인 공공 유휴부지 조사를 통해 데이터를 구축하고, 수요자에게 공개하여 상시 입찰할 수 있는 매칭 시스템을 마련(2024)한다.
유럽의 도심 공동물류센터를 벤치마킹하여 기업 간 협업, 공동 화물처리가 가능한 한국형 도심 공동물류센터 구축 방안을 마련(2024)한다.
또한, 야간 또는 비 혼잡 시간대 유통센터, 창고, 주차장, 주유소 등을 활용한 공유 · 협업형 물류배송시설 구축도 상시 지원할 계획이다.

9

지역활성화와 물류의 역할[95]

지방소멸 문제를 해결하기 위해서는 진정한 지역 활성화 정책이 필요하다. 지역민이 주체가 되고 그들의 소득과 권리가 보장되는 방향으로 나아가야 하며, 하드웨어 중심의 정책에서 벗어나 지역민과 함께하는 소프트웨어 중심의 정책이 중요하다. 특히, 지역자원을 창의적으로 활용하는 창생전략이 필요하며, 이는 지역의 고유 자원을 발굴하고 개발하는 과정에서 시작될 수 있다.

지방소멸 문제는 단순히 인구 감소를 막는 것이 아니라, 지역의 자원을 활용하여 지역경제를 활성화하고, 지역민의 삶의 질을 높이는 방향으로 나아가야 한다. 한국과 일본의 다양한 사례들을 통해, 지방소멸 문제를 해결할 수 있는 다양한 방안들을 모색할 수 있으며, 이를 바탕으로 한국의 지역 활성화 전략을 더욱 발전시켜 나가야 할 것이다.

---

95 이상근, "지역활성화와 물류의 역할", 아웃소싱타임스(2024.8.26.)을 기초로 재작성되었습니다.

물류 서비스는 지역 활성화에 중요한 역할을 한다

지역 활성화는 단순히 지역의 경제를 되살리는 문제를 넘어서, 지역 주민의 삶의 질을 높이고 지속가능한 발전을 이루는 중요한 과제다. 특히, 대한민국과 일본처럼 지방소멸의 위기에 직면한 나라에서는 이 문제의 해결이 국가의 미래를 좌우할 수 있는 중대한 사안이다. 그러나 지역 활성화는 단순한 의욕과 노력만으로는 이루어지기 어렵다. 지역 자원을 어떻게 발굴하고, 이를 효과적으로 활용할지에 대한 전략이 필수적이다. 이 과정에서 물류는 그 어떤 요소보다 중요한 역할을 한다. 물류는 지역의 특산물을 전국적으로 유통시키고, 지역 주민과 외부 소비자 간의 연결 고리를 강화하며, 지역 경제의 활력을 불어넣는 핵심적인 수단이기 때문이다.

①지역 자원의 효과적 유통과 공급망 구축에 중요한 역할을 한다

지역 활성화의 성공 사례들을 살펴보면, 대부분이 지역 특산물의 효과적인 활용에 기초하고 있다는 점을 알 수 있다. 예를 들어, 전통적인 농산물이나 수공예품과 같은 지역 특산물은 그 자체로는 매력적인 상품이지만, 이를 얼마나 신속하고 효율적으로 소비자에게 전달할 수 있느냐에 따라 그 가치는 크게 달라진다. 물류 관점에서 보면, 이러한 특산물의 유통망을 구축하고 최적화하는 것이 필수적이다. 지역 특산물은 보관, 포장, 운송의 전 과정에서 품질 유지가 중요하기 때문에, 이러한 시스템을 잘 갖추는 것이 지역 경제 활성화의 기초가 된다.

또한, 지역에서 생산된 상품을 지역 내에서 소비하는 '지산지소(地産地

消’와 지역에서 생산된 것을 전국적으로 소비하는 ‘지산전소(地産全消)’의 개념도 물류의 효율성을 높이는 데 중요한 역할을 한다. 일본의 성공 사례에서 볼 수 있듯이, 이러한 물류 시스템을 구축하면 운송 비용을 절감하고, 지역 경제의 순환을 촉진할 수 있다. 이는 지역 주민들이 생산한 상품이 그 지역 내에서 소비되거나, 외부로 신속하게 전달되어 지역 경제에 지속적인 활력을 불어넣는 구조를 만드는 데 기여한다.

②지역 축제와 이벤트에서 물류지원은 중요한 역할을 한다

지역 축제와 이벤트는 단순한 지역 홍보 수단을 넘어, 지역 특산품의 중요한 판매 채널로 활용될 수 있다. 이러한 행사에서 발생하는 물류 수요를 효과적으로 관리하기 위해서는 물류 지원이 필수적이다. 축제 기간 동안 지역 특산물의 보관 및 신속한 재고 보충을 위해 임시 물류센터를 운영하거나, 현지 물류 인프라를 강화하는 등의 조치가 필요하다. 특히, 축제나 이벤트에서 물류 관리가 제대로 이루어지지 않으면 상품 공급에 차질이 생기고, 이는 곧바로 지역 경제 활성화의 기회를 잃는 결과로 이어질 수 있다.

또한, 이벤트 개최 시 행사장 준비, 물품 배달, 방문객을 위한 물자 조달 등 물류 관리가 핵심적인 역할을 한다. 이벤트의 성공은 물류의 원활한 운영에 달려 있으며, 이를 통해 지역 활성화의 효과를 극대화할 수 있다. 예를 들어, 지역 축제에서 특산품을 현장에서 판매하는 경우, 상품의 재고 관리와 신속한 보충이 이루어져야만 방문객들이 만족스럽게 상품을 구매할 수 있다. 이러한 점에서 물류는 지역 축제의 성공을 좌우하는 중요한 요소다.

③지역 간 협력에 있어서 연계 물류 시스템 구축은 중요한 역할을 한다

지역 활성화를 위해서는 인접한 지역 간의 협력이 중요하다. 물류 관점에서, 이러한 협력은 공동 물류센터를 운영하거나, 물류 허브를 설정해 상호 간 물자 이동을 최적화하는 형태로 나타날 수 있다. 이를 통해 물류 비용을 절감하고, 물류 효율성을 높일 수 있다. 예를 들어, 서로 가까운 지역들이 공동으로 물류 인프라를 구축하여 상품의 이동을 용이하게 하면, 각 지역의 특산물을 효율적으로 유통할 수 있을 뿐만 아니라, 지역 경제의 상호 보완적 관계를 형성할 수 있다.

또한, 각 지역의 특산물과 자원을 중심으로 한 물류 네트워크를 구축하면, 지역 간의 경제적 상호 보완성을 강화할 수 있다. 이는 지역 경제의 안정성과 지속가능성을 높이는 데 기여할 수 있다. 예를 들어, 한 지역에서 생산된 농산물이 인접 지역에서 소비되고, 반대로 인접 지역에서 생산된 공산품이 다시 첫 번째 지역으로 공급되는 형태의 경제 순환 구조를 만들 수 있다. 이러한 상호 보완적 관계는 지역 간의 협력을 강화하고, 전체 지역의 경제적 활력을 높이는 데 도움이 된다.

④디지털 물류 인프라도 지역활성화에 중요한 역할을 한다

현대 사회에서 디지털 전환은 지역 활성화의 필수적인 요소다. 물류 관점에서도 디지털 인프라 구축은 물류 혁신에 중요한 역할을 한다. 예를 들어, 일본의 카미야마초 사례에서 볼 수 있듯이, 디지털 인프라를 통해 초고속 통신망을 구축하고, 이를 바탕으로 물류 흐름을 실시간으로 관리하는 시스템을 도입할 수 있다. 이는 지역자원의 효율적인 배분과 재고 관리에 큰 도움이 된다. 예를 들어, 특정 지역에서 생산된 농산물의 수확

시기에 맞춰 물류 계획을 수립하고, 이를 실시간으로 조정할 수 있다면, 상품의 신속한 유통이 가능해지고, 지역 경제에 긍정적인 영향을 미칠 수 있다.

또한, 온라인 플랫폼과 연계한 물류 시스템도 중요하다. 온라인 관계인구를 대상으로 한 전자상거래와 연계하여 물류 시스템을 최적화하면, 지역 특산물과 상품이 전국적으로 유통될 수 있으며, 물류의 신속성과 정확성을 높일 수 있다. 예를 들어, 지역 특산물을 전자상거래 플랫폼에서 판매하고, 이를 신속하게 배송할 수 있는 물류 네트워크를 구축하면, 지역 경제 활성화에 크게 기여할 수 있다. 이러한 디지털 물류 시스템은 지역 경제의 확장성과 지속가능성을 높이는 데 중요한 역할을 할 것이다.

⑤고령층을 위한 맞춤형 물류 서비스도 지역활성화에 중요한 역할을 한다

고령화가 진행된 지역에서는 고령층이 쉽게 접근할 수 있는 물류 서비스가 필요하다. 농산물과 같은 무거운 물품을 편리하게 받을 수 있는 시스템이나, 고령층이 참여할 수 있는 지역 내 물류 활동이 필요하다. 예를 들어, 고령층이 직접 생산한 농산물을 물류 네트워크를 통해 외부 시장에 판매하거나, 지역 내에서 고령층이 참여할 수 있는 물류 관련 일자리를 제공하는 방식이 가능하다. 이는 고령층의 경제적 자립을 돕고, 지역사회의 경제적 활력을 높이는 데 기여할 수 있다.

지역 활성화의 성공은 물류 시스템의 효율성과 밀접하게 연관되어 있다. 지역 자원의 발굴과 활용, 지역 축제와 이벤트의 성공적인 운영, 지역 간 협력, 디지털 전환, 그리고 고령화에 대응하는 맞춤형 물류 서비스 등 다양한 물류 전략이 지역 경제의 부흥에 기여할 수 있다. 이러한 물류적 접근은 지역 활성화 전략을 보다 지속가능하게 만들고, 지방소멸의 위기를 극복하는 데 중요한 역할을 할 것이다. 물류는 단순한 상품의 이동 수단을 넘어, 지역경제의 생명선이며, 이를 통해 지역의 지속가능한 발전을 이루는 것이 무엇보다 중요하다.

물류산업은 지방 경제 활성화에 기여한다

지방 경제 활성화는 소도시와 농촌 지역의 지속가능한 발전을 위해 매우 중요하다. 물류를 통한 경제 활성화와 지방 기업과의 협력을 통해 지역 경제를 활성화하고, 고용을 창출하며, 지역 주민의 삶의 질을 높일 수 있다. 구체적으로 물류 중심 산업 클러스터 구축과 지역 물류 기업 지원을 통해 물류 산업의 경쟁력을 강화하고, 지역 경제를 활성화하고 있다.

①물류 중심 산업 클러스터 구축

지방 도시와 농촌 지역에 물류 중심 산업 클러스터를 형성하여, 관련 산업의 집적 효과를 극대화한다. 산업 클러스터는 물류, 제조, 유통 등 다양한 관련 산업이 밀집하여 상호 협력과 경쟁을 통해 시너지 효과를 창출하는 공간이다. 이를 통해 지역 경제를 활성화하고, 새로운 고용 기회를 창출할 수 있다. 산업 클러스터는 지역 내 다양한 기업과 기관이 협력하여 공동의 목표를 달성할 수 있도록 한다.

또한, 산업 클러스터 내에 첨단 물류 기술을 도입하여, 물류 작업의 효율성을 높이고, 경쟁력을 강화한다. 자동화 시스템, 로봇, 인공지능(AI), 빅 데이터 등 첨단 기술을 활용하여 물류 작업을 최적화하고, 비용을 절감하며, 생산성을 향상시킨다. 이를 통해 산업 클러스터의 경쟁력을 강화하고, 지역 경제에 기여할 수 있다.

②지역 물류 기업 지원

지방의 물류 기업을 육성하기 위한 지원 프로그램을 마련한다. 물류 기업의 기술 개발 지원, 자금 지원, 교육 및 훈련 프로그램 등을 통해 지역 물류 산업을 활성화한다. 이를 통해 물류 기업의 경쟁력을 강화하고, 지역 경제에 기여할 수 있다.

또, 물류 스타트업을 지원하여 혁신적인 물류 솔루션을 개발하고, 지역 경제에 기여할 수 있도록 한다. 창업 지원금, 멘토링 프로그램, 네트워킹 기회 등을 제공하여 물류 스타트업의 성장을 돕는다. 이를 통해 새로운 비즈니스 모델을 발굴하고, 지역 경제에 활력을 불어넣을 수 있다.

③공동 물류 인프라 활용

지방 기업들과 공동으로 물류 인프라를 활용하여 물류 비용을 절감하고, 효율성을 높인다. 공동 물류 센터, 공동 배송 시스템 등을 운영하여 자원의 활용도를 극대화하고, 물류 작업의 효율성을 높인다.

④지방 특산물 유통 지원

지방의 특산물을 브랜드화하여 유통을 지원한다. 이를 통해 특산물의 가치를 높이고, 지역 경제를 활성화할 수 있다. 브랜드화된 특산물은 소비자에게 신뢰를 주며, 높은 품질을 보장받을 수 있다. 프랑스의 샴페인은 지역 특산물로서 브랜드화되어 전 세계적으로 유통되고 있다. 샴페인은 높은 품질과 브랜드 가치를 통해 프랑스 경제에 크게 기여하고 있다.

온라인 유통 플랫폼을 활용하여 지방 특산물을 널리 홍보하고, 판매를 촉진한다. 이를 통해 지방 기업들의 판로를 확대하고, 매출을 증대시킬 수 있다. 온라인 플랫폼은 지역 제한 없이 전 세계 소비자에게 접근할 수 있는 기회를 제공한다.

지방 경제 활성화는 소도시와 농촌 지역의 지속가능한 발전을 위해 매우 중요하다. 물류를 통한 경제 활성화와 지방 기업과의 협력을 통해 지역 경제를 활성화하고, 고용을 창출하며, 지역 주민의 삶의 질을 높일 수 있다. 물류 중심 산업 클러스터 구축, 지역 물류 기업 지원, 지방 기업과의 협력 네트워크 구축, 지방 특산물 유통 지원 등의 구체적인 방안을 통해 이러한 목표를 달성할 수 있다. 이러한 노력은 지방 경제를 활성화하고, 지역 간 균형 발전을 실현하는 데 기여할 것이다.

지방 물류 인프라 강화가 필요하다

지방 물류 인프라 강화를 통해 소도시와 농촌 지역의 경제적 활력을 높이고, 균형 있는 지역 발전을 도모할 수 있다. 이를 위해 물류 네트워크 개선과 인프라 투자 확대가 필요하다

①지역 특화 물류 네트워크 개선

소도시와 농촌 지역의 물류 네트워크를 개선하기 위해서는 각 지역의 특성을 고려한 맞춤형 접근이 필요하다.

소도시와 농촌 지역의 특성을 고려하여, 맞춤형 물류 네트워크를 구축한다. 예를 들어, 농산물 생산지와 주요 소비지를 연결하는 특화된 물류 경로를 설정한다. 이를 통해 농산물이 신속하고 효율적으로 유통될 수 있으며, 지역 농업의 경쟁력을 높일 수 있다. 맞춤형 물류 계획은 지역의 지리적 특성, 경제적 상황, 물류 수요 등을 종합적으로 고려하여 수립된다.

②물류 허브와 중계 센터 구축

소도시와 농촌 지역에 지역 물류 허브를 구축하여, 물류 작업의 집중도를 높이고, 물류 비용을 절감한다. 지역 물류 허브는 물품의 집하, 분류, 저장, 배송 등의 기능을 수행하며, 지역 내 물류 활동을 효율적으로 관리한다. 이를 통해 지역 경제 활성화와 물류 효율성 향상을 동시에 도모할 수 있다.

독일 바이에른 지역은 소도시와 농촌 지역에 물류 허브를 구축하여, 물류 작업의 집중도를 높였다. 바이에른 물류 허브는 중앙 유럽의 물류 중심지로서, 물품의 집하, 분류, 저장, 배송 등의 기능을 수행하며 지역 경제를 활성화하고 있다.

또, 주요 물류 경로 상에 중계 센터를 설치하여, 물류 작업의 효율성을 극대화한다. 중계 센터는 물품의 분류와 재포장을 신속하게 수행하여, 배송 시간을 단축하고 물류 비용을 절감할 수 있다. 또한, 중계 센터는 지역 간 물류 흐름을 원활하게 연결하는 중요한 역할을 한다.

③기술적 업그레이드

최신 기술을 도입하여 물류 인프라를 업그레이드한다. 예를 들어, 스마트 센서, 자동화 시스템 등을 도입하여 인프라의 효율성을 높인다. 기술적 업그레이드는 물류 작업의 정확성과 속도를 향상시키고, 운영 비용을 절감할 수 있다. 이를 통해 지방 물류 시스템의 경쟁력을 강화할 수 있다.

　지방 물류 인프라 강화는 소도시와 농촌 지역의 경제적 활력을 높이고, 균형 있는 지역 발전을 도모할 수 있다. 각 지역의 특성을 고려한 맞춤형 물류 네트워크 구축, 물류 허브와 중계 센터의 설립, 공공 및 민간 투자의 촉진, 정기적인 유지 보수와 기술적 업그레이드를 통해 지방 물류 시스템을 개선할 수 있다. 이를 통해 지방 경제를 활성화하고, 지역 간 균형 발전을 실현할 수 있다.

균형 발전을 위한 물류 지원

균형 발전은 중앙과 지방 간의 경제적, 사회적 격차를 줄이고, 전체 국가의 균형 잡힌 성장을 도모하는 것을 목표로 한다. 물류 분야에서도 이러한 균형 발전을 지원하기 위한 다양한 전략이 필요하다.

중앙과 지방 간 물류 균형 발전

중앙과 지방 간의 물류 균형 발전을 위해 물류 자원의 균형 있는 분배와 지방 물류 네트워크 강화를 추진해야 한다.

①물류 자원 분배의 균형

중앙과 지방 간의 물류 자원을 균형 있게 분배하기 위한 정책을 마련한다. 예를 들어, 물류 창고, 물류 차량 등의 자원을 지역별로 균형 있게 배분하여, 모든 지역이 필요한 물류 자원을 적절히 확보할 수 있도록 한다. 이는 지역 간 물류 격차를 줄이고, 지방의 물류 접근성을 향상시키는 데 기여할 수 있다.

또, 중앙 집중형 물류 허브 대신, 지방에도 물류 허브를 분산 배치하여 물류 자원의 균형을 맞춘다. 이를 통해 지방의 물류 접근성을 향상시키고, 물류 작업의 효율성을 높인다. 지방 물류 허브는 지역 내 물류 작업을 분산시키고, 물류 경로를 최적화하여 물류 비용을 절감할 수 있다.

②지방 물류 네트워크 강화

지방의 주요 물류 경로를 개선하여 물류 작업의 효율성을 높인다. 도로, 철도, 해운 등의 인프라를 개선하여 물류 흐름을 원활하게 하고, 물류 비용을 절감할 수 있다. 물류 경로의 개선은 물품 이동 시간을 단축하고, 물류 서비스의 질을 향상시키는 데 기여한다.

또, 지방에도 물류 허브를 구축하여 중앙과 지방 간의 물류 균형을 맞춘다. 지방 물류 허브는 물류 작업을 분산시키고, 효율성을 극대화할 수 있는 중요한 역할을 한다. 이를 통해 지방의 물류 작업을 최적화하고, 지역 경제를 활성화할 수 있다.

정부와 기업의 지원 정책

정부와 기업은 지방 물류 인프라를 지원하고, 균형 발전을 도모하기 위한 다양한 정책을 추진해야 한다.

①정부의 지원 정책

정부는 지방 물류 인프라에 대한 투자를 확대하여 지방의 물류 접근성을 향상시킨다. 예를 들어, 도로 건설, 철도 개선, 물류 창고 건립 등을 지원하여 지방의 물류 인프라를 강화한다. 이러한 투자는 지방 경제 활성화와 균형 발전에 중요한 역할을 한다.

또, 지방 물류 기업에게 세제 혜택을 제공하여 투자 유인을 높인다. 예를 들어, 세금 감면, 보조금 지급 등의 혜택을 통해 지방 물류 산업을 활성화하고, 균형 발전을 도모할 수 있다. 세제 혜택은 기업의 부담을 줄이고, 투자를 촉진하는 데 중요한 역할을 한다.

②기업의 사회적 책임

기업은 지역 사회에 기여하기 위한 다양한 활동을 추진한다. 예를 들어, 지역 인재 채용, 지역 커뮤니티 지원 프로그램 등을 통해 지역 경제에 기여한다. 이러한 활동은 기업의 사회적 책임을 다하는 동시에, 지역 사회와의 긍정적인 관계를 구축하는 데 도움이 된다.

또, 기업은 지속가능한 물류 운영을 통해 환경 보호와 사회적 책임을 다한다. 예를 들어, 친환경 물류 차량 도입, 재생 에너지 활용 등을 통해 지속가능한 발전을 도모한다. 이러한 노력은 기업의 이미지와 신뢰도를 높이는 동시에, 환경 보호에 기여한다.

균형 발전을 위한 물류 지원은 중앙과 지방 간의 경제적, 사회적 격차를 줄이고, 전체 국가의 균형 잡힌 성장을 도모하는 데 중요한 역할을 한다. 물류 자원의 균형 있는 분배, 지방 물류 네트워크 강화, 정부의 지원 정책, 기업의 사회적 책임 등을 통해 이러한 목표를 달성할 수 있다. 이러한 노력은 지방 경제를 활성화하고, 지역 간 균형 발전을 실현하는 데 기여할 것이다.

지방소멸 문제는 물류 업계가 직면한 중요한 도전 과제 중 하나이다

도시화와 스마트 시티, 지방 물류 인프라 강화, 농업과 식량 안보, 지방 경제 활성화, 균형 발전을 위한 물류 지원 등을 통해 지방소멸 문제를 해결하고, 지방의 지속가능한 발전을 도모할 수 있다. 이러한 노력을 통해 물류 업계는 지방 경제에 기여하고, 사회적 책임을 다하며, 지속가능한 성장을 이루어낼 수 있을 것이다.

제3부

공공복지와 물류의 사회적 책임
보편적 물류 서비스

1
공익규제와 규제철폐[96]

빅토리아 여왕(Queen Vitoria) 시절인 1865년, 영국 의회는 자동차 등장으로 피해를 보는 마차를 보호하기 위해 '붉은 깃발법'(Red Flag Act)을 만들었다. 낮에는 붉은 깃발, 밤에는 붉은 등을 든 기수가 자동차 앞에서 자동차를 선도하게 함으로써 자동차가 마차보다 빨리 달릴 수 없게 한 것이다. 이 법안에 따라 자동차 한 대에 운전사, 기관원, 기수 3명이 있어야 하며, 자동차 속도는 시속 6.4km, 시가지에서는 시속 3.2km로 제한되었다.

자동차가 출시되면서 마차업자들이 망하게 될 위기에 처하자, 기존 업계 보호를 위해 만든 법안이었다. 현재, 마차는 일부 관광지에서나 볼 수 있고 모빌리티(Mobility)로써 마차를 경험한 사람은 아무도 없다. 이 법의 시행으로 마차업계의 수명은 연장되었지만, 가장 먼저 시작한 영국의 자동차산업은 독일과 미국에 뒤처지는 결과를 초래했다.

---

96 이상근, "공익규제와 퍼펙트스톰(Perfect Storm)" 아웃소싱타임스(2019.4.22.)를 바탕으로 작성되었습니다.

우리나라 석탄산업도 가정용 난방과 취사가 연탄에서, 석유, 도시가스와 전기로 바뀌면서 죽은 산업이 됐다. 광부들이 오갈 데 없게 되자, 1989년 정부는 '석탄산업 합리화'라는 정책하에 광산을 매입하고 광부들에게 생활지원금, 학자금까지 지급했고, 내국인의 카지노 출입까지 허용하면서 이 지역을 종합 관광단지로 조성하는 등 지역개발사업을 추진했다. 하지만 오히려 지역경제는 더욱 피폐해지고, 실업자는 증가하고, 주민은 감소하는 등 지역경제는 큰 타격에서 벗어나지 못했다.

차량 공유서비스 우버(Uber), 리프트(Lyft) 등의 급성장에 따라 택시운송시장이 급격히 축소되면서 미국에서만 여덟 명의 택시기사가 자살했다. 첫 자살 건은 2018년 2월 블랙캡 기사 더글러스 쉬프터로 "시 정부가 우버로 인한 과도한 경쟁을 막지 못했다"라며 시청 앞에서 총기로 자살했다. 우리나라에서도 카풀에 반대하며 택시기사 3명이 분신했다. "사회적 약자인 택시기사를 죽이는 카풀을 허가해서는 안 된다"고 카카오 카풀 서비스를 정부가 금지해야 한다는 유서를 남겼다. 택시 호출시장을 장악한 카카오가 카풀 서비스를 시작하면 더 물러설 곳이 없다는 절박함이 자살로 이어졌다. 카카오는 시범서비스를 중단했고, 택시업계는 사회적 타협기구 참석을 결정했다.

연이은 죽음에 안타까움과는 별개로 여론은 택시기사들의 싸움에 냉랭했다

부정적 여론은 승차 거부 등 서비스 문제에도 있지만, 근본적으로는 카풀이 4차산업혁명과 O2O가 몰고 온 불가피한 사회 변화라는 인식에 기반을 두고 있다. 과연 택시기사의 과속, 불친절, 승차 거부 등 서비스 문제만으로 카풀 서비스를 이용을 원하는가?

잘파세대 등 신세대는 카풀서비스를 제도권의 택시로 대체할 수 없는 새로운 서비스로 인식하고 있다. 언텍트(Untact) 기술을 기반으로 한 이용의 편의성(앱 호출, 결제 등)과 정확하고, 신속한 매칭 서비스(출발과 도착 정보, 운행 경로확인 등) 때문일 것이다.

'붉은 깃발법'에도 불구하고 자동차산업이 마차산업을 시장에서 퇴출했고, 도시가스와 전기가 석탄산업을 시장에서 퇴출한 것 같이 퍼팩트스톰(Perfect Storm)[97]은 근본적으로 막을 수 없고 그 속도를 늦추는 것도 불가능하다. 변화가 빨라질수록 경계는 희미해지고 구별되던 것들이 한데 섞이며 새로운 상을 만들어 낸다.[98]

이런 측면에서 사회적 약자와 공익을 위한 규제와 지원도 변화를 근본적으로 막을 수 없고 속도를 크게 늦출 수도 없을 것이다.

---

97 퍼펙트 스톰은 프리랜서 기자이자 작가인 세바스찬 융거가 1991년 미국 동부 해안에서 벌어진 실화를 바탕으로 쓴 베스트셀러 『퍼펙트 스톰』에서 출발했다. 융거는 당시 허리케인 그레이스와 다른 두 개의 기상전선이 충돌해 유례없는 대형 폭풍이 만들어진 걸 보고 '완전한 폭풍'이라 이름 지었다.
개별적으로 보면 위력이 크지 않은 태풍 등이 다른 자연현상과 동시에 발생하면 엄청난 파괴력을 내는 현상으로, 보통 경제계에서는 심각한 세계 경제의 위기를 일컫는다.
기상용어인 퍼펙트 스톰은 2008년 미국 글로벌 금융위기로 달러가치 하락과 유가 및 국제곡물가격 급등에 물가 상승 등이 겹쳐지면서 경제용어로 진화했다.(출처:네이버 오픈사전)
98 송인혁, 「퍼펙트스톰」, 프레너미(2017.1)

가까운 미래, 규제철폐의 퍼펙트스톰이 올 것이다

첫째, 모빌리티(Mobility)의 통합이다

4차산업혁명 시대엔 공유경제, 스마트모빌리티, 스마트시티가 중요한 화두가 되고 있다. 특히 공유경제의 기본원리인 유휴자산의 활용 측면에서 보면 가까운 미래에 모든 모빌리티는 사람과 화물 운송이라는 경계가 무너질 것이다. 이미 '카카오T'는 현재 서비스 중인 차량 관련 서비스를 비롯해 카카오 모빌리티가 앞으로 선보일 모빌리티 전문 플랫폼의 통합 브랜드를 표방하고 있다.

가까운 미래에는 택시, 승용차, 지하철, 자전거, 오토바이, 버스, 선박, 항공기, 제트팩(Jet Pack) 등 여객수송용 모빌리티와 화물차, 화물열차, 콜밴, 드론 등 화물 수송용 모빌리티의 경계는 급속하게 무너지고 기능은 통합될 것이다.

기술의 발전으로 전기차, 수소차 등이 일반화되면 자동차는 내연기관이 없어지면서 내부 공간을 늘릴 수 있고, 늘어난 공간에 화물과 여객이 동시에 움직일 수 있다. 또 가까운 미래에 등장할 자율주행차는 화물차, 선박, 항공기 내에서 맞춤형 생산을 가능하게 하면서, 모빌리티가 생산, 유통, 물류의 통합 기능을 수행할 날도 멀지 않았다.

둘째, 이용자와 제공자의 경계가 소멸할 것이다

공유 경제하에서 물류 서비스의 이용자와 제공자는 그 경계가 모호하다. 4차산업혁명, 공유경제에서는 물류 서비스의 이용자(기업, 개인)도 물류 기업과 같은 제공자 역할을 할 것이다. '피기비', '무버', 우버 잇츠', '아

마존 플렉스', '쿠팡 플렉스' 등 일반인 배달 서비스 제공자와 '스토어 X',
'Clutter' 등 일반인이 보관서비스를 수행함으로써 자원의 낭비를 최소화
할 것이다. 이 트렌드가 더 확대되면 개인을 넘어 화주 기업도 물류 장비
와 창고 등을 남는 시간에 타사와 공유하여 배달 서비스와 보관서비스를
제공하게 될 것이다.

이용자의 리뷰는 일반인이 수행하는 제공자 리뷰로 돌아와 서비스 선
택에 영향을 미친다. 잘파세대의 자발성을 끌어낼 수 있는 '레고 아이디
어즈'와 같은 공동창조 프로모션 활동과 소비자 참여형 광고 등은 잘파세
대와 실시간으로 커뮤니케이션하고 맨투맨으로 대응해야 물류 서비스는
경쟁력을 가질 수 있다

셋째, 산업의 경계가 무너지는 빅블러(Big Blur) 현상이 나타날 것이다.

첨단 기술의 발달과 빠른 사회 변화로 인해 기존에 존재하던 산업 간의
경계가 모호하게 되는 현상인 블러(Blur)[99]는 사전적으로 흐릿해진다는 의
미이다. 사물인터넷(IoT), 핀테크, 인공지능(AI), 드론 등 혁신적인 기술이
등장하면서 블러를 넘어선 빅블러 현상이 나타나게 됐다. 백화점이나 대
형마트 등 오프라인 유통업체가 간편결제 등 모바일 기능을 강화하거나
온라인을 기반으로 한 O2O(Online to Offline) 업체가 오프라인 매장을 내며
영역을 넓히는 경우가 대표적인 빅블러 현상이다.

물류에서도 알리바바 마윈의 신유통(온라인+오프라인+물류)의 개념을 뛰어
넘는 물류+유통+제조의 통합적인 빅블러 현상이 나타날 것이다. 이런

---

99 1999년 미래학자 스탠 데이비스가 저서 《블러: 연결경제에서의 변화의 속도》에서 혁신적
인 변화로 경계가 허물어진다는 의미로 사용됐다.

빅블러 현상이 가속화되면 전통적인 제조, 유통, 물류, 서비스 산업 간의 경계가 소멸하고 경쟁 범위가 넓어지면서 소수 업체가 과도한 영향력을 가지게 될 수 있다는 우려도 크다.

넷째, 커먼스(Commons, 공유재) 기반의 '공유물류 플랫폼'이 구축될 것이다

물류 활동의 기반이 되는 물류 네트워크는 물류 거점(Node)과 운송 경로(Link)로 구성되어 트럭 등의 운송 수단(Mode)을 이용하여 물건이 운송된다. 노드는 결절점이라고도 하며 화물을 적재하거나 보관하는 장소(물류거점)를 말한다. 항만, 공항, 철도역, 화물터미널, 물류단지, 물류센터나 창고 등을 의미한다. 운송 경로인 링크는 노드 사이를 연결하는 도로망, 철도망, 도로망(공로), 항로 등을 말한다. 모드란 화물을 운송할 때의 운송 수단으로 트럭 운송, 철도 운송, 선박 운송, 항공기운송의 4가지로 나뉜다.[100]

이들 물류 네트워크 중 사회 간접자본(SOC social overhead capital)[101]은 운송 경로(Link)인 철도와 도로 등과 물류거점(Node)인 항만과 공항, 철도역 등이 있다. 또 개별기업에서 직접 조성하기에는 역부족인 복합물류단지

---

100 田中康仁, [物流のしくみ], 同文館出版(2023.5)
101 생산활동에 직접 사용되지는 않지만 원활한 경제활동을 위해 꼭 필요한 사회기반시설(infrastructure)을 말한다. 흔히 인프라(infra)라고 한다.
SOC의 대표적인 예로는 도로·항만·철도 등이 있는데, 이들은 직접 생산활동에 참여하지는 않지만, 일상생활이나 생산활동의 가장 기초가 되는 공공재이다. 만약 도로나 항만 등이 제대로 갖춰져 있지 않다면 교통체증이나 물품을 운송하는 데 문제가 생기고, 이것은 곧 생산과 수출에 직접 타격을 미치게 된다.
따라서 사회간접자본에 대한 투자는 매우 중요하며 SOC의 수준이 곧 그 나라의 산업활동 가능성을 판단하는 척도가 된다. 더욱이 SOC 투자는 그 규모가 매우 크고 효과가 사회 전반에 미치므로 일반적으로 개인이나 사기업보다 정부나 공공기관의 주도로 이루어진다. (시사상식사전, pmg 지식엔진연구소)

와 AI와 로봇 등 ICT로 무장한 첨단 물류센터 등은 공유재(共有財, Common pool resources)[102] 성격이 강하다.

미국 실리콘밸리, 동경 스마트시티 등에서는 이미 '공유플랫폼'이 구현되고 있다. 젊은 소비자를 중심으로 상품과 서비스는 '소유'에서 '공유'로 '공유'에서 '구독'으로 전환되고 있다. 뉴노멀 시대는 물류도 정부와 지자체, 물류, 유통, 제조와 서비스기업 등 다양한 물류 주체가 동등하게 참여하는 커먼스(Commons, 공유재) 기반의 복합(Hybrid)형 조직인 '공유물류 플랫폼'이 구축될 것이다.

정부와 지자체는 물류단지, 터미널과 같은 공유물류시설과 도로 등 인프라와 표준형 ICT(정보통신기술) 구축 등 플랫폼의 커먼스에 투자하고 공유와 협력의 원칙이 준수되도록 조정자 역할을 할 것이다. 민간 기업은 시설, 장비, ICT, 인력 등의 일정 부분을 제공자와 사용자로 이를 공유하여 서비스 품질 향상과 함께 효율성도 높여 저비용, 고품질의 물류 운영 시스템을 구축하게 될 것이다. 또 공동투자로 특수목적법인(SPC)을 구성하여 플랫폼 자체가 비즈니스 생태계가 될 수 있도록 할 것이다.

---

102 공공재 가운데 경합성은 있으나 배제가 불가능한 재화를 말한다.
즉 소비는 경합적이나 배제에 따른 비용 부담이 과중해 배제의 원칙이 적용되기 어려운 재화가 공유재다.
공유재도 민간 부문에서 생산·공급이 가능하다는 측면에서 준(準)공공재에 속한다. 이러한 공유재에는 천연자원이나 희귀 동식물 그리고 녹지, 국립공원, 하천, 기타 공공시설이 속한다. 공유재의 비배제성 때문에 공유재에는 과소비와 공급 비용 귀착 문제가 야기된다. (행정학사전, 2009, 이종수)

우리 생활과 물류에도 퍼펙트스톰은 다가오고 있다

지금 우리는 우리 주위에 산재한 공익규제와 규제 철폐 사이에서 냉정하고 분명하게 그 기준점을 세워야 할 때이다. 먼저, 국민과 사회가 원하는 서비스 임에도 이를 대체할 합법적인 물류 서비스가 없음에도 불구하고 공익이라는, 집단적 목소리라는, 약자 보호라는 명분만으로 막고 있는 규제들은 없는지? 반대로 아마존, 알리바바, 카카오 등을 포함한 대기업이 거대 자본을 바탕으로 플랫폼을 구축하여 중소기업과 개인사업자의 영역을 침투하고 생존권까지 위협하고 있는 것인가?

과거에는 사회적 약자와 공익을 위해 필요한 공익규제였지만 지금은 국민 생활의 편의성을 저해하고, 비용만 과다하게 발생시키는 공익규제들이 물류 주변에 무수히 많다. 반대로 디지털 기술을 통해 사회적으로 자원을 효율적으로 나누고, 그 편익을 모두가 나눌 것처럼 이야기했던 공유경제는 사실 '디지털 독점 경제'로 변질하기 쉽다.

공유경제는 시장을 독점한 대기업에 의해서가 아니라 정부와 같은 공적 기관이 이해당사자인 이용자, 서비스 제공자(Peer), 플랫폼사업자의 중심에 서서 사회적 수요와 공급을 조절하는 방식일 때 가장 효율적으로 작동할 수 있다.

2
공익과 보편적물류 서비스[103]

'공익(公益)'이란 사익(私益) 또는 특수이익과 대립되는 개념으로서 공공성, 일반성을 지니는 불특정 다수인의 이익 또는 사회구성원의 평균적 이익으로 정의된다. 공익산업의 본질적인 특성은 공익성과 자연독점성이다. 공익성이란 모든 국민(소비자)들에게 필수적인 상품이나 서비스의 특성을 의미하는 것으로, 이러한 공익성의 개념의 소위 보편적 서비스(universal service)의 제공이라는 개념으로 구체화될 수 있다.

보편적 서비스는 그 서비스를 원하는 모든 소비자에게는 소비자의 지리적 특성과 소득수준, 그리고 신체결함과 같은 모든 개인적 특성에 상관없이 소비자가 수용 가능한 가격으로 제공되어야 하는 서비스를 의미한다. 보편적 서비스는 서비스를 필요로 하는 소비자가 존재함에도 불구하고 서비스제공자가 상업적인 이유(commercial reasons)로는 자발적으로 공급할 인센티브를 갖지 못하는 경우가 발생하기도 한다.

---

103 이상근, '공익과 보편적물류서비스', 아웃소싱타임스(2022.4.4.)을 기초로 재작성되었습니다.

이러한 현상은 서비스 제공자가 원하는 요금과 소비자가 지불할 수 있는 요금, 그리고 정부가 정책적인 차원에서 설정한 규제요금들간에 괴리가 발생한다. 시장의 자율적 기능을 통하여 보편적 서비스를 제공받지 못하는 대상은 크게 나누어 볼 때, '고비용소비자'와 '저소득소비자'의 두 가지 그룹으로 구분될 수 있다.

고비용소비자는 산간벽지나 낙도 등과 같이 지리적으로 격리된 지역에 거주하는 소비자를 포함하며, 저소득소비자는 순수하게 서비스요금 그 자체가 서비스이용의 장애요인이 되는 소비자들을 포함한다.

고비용소비자들에 대한 보편적 서비스의 제공에는 높은 비용이 수반되기 때문에 상업성의 기준에서 볼 때 높은 요금이 적용되어야 할 것이다. 그러나 서비스의 요금이 비용을 반영할 정도로 높아지게 되면 서비스를 원하는 소비자가 실제로 구매할 수 없게 되어 보편적 서비스의 유지가 불가능해진다.

저소득소비자가 보편적 서비스를 이용하기 위해서는 정부가 재정적지원, 공공투자, 사업보조, 서비스요금의 면제, 할인 등의 정책적 지원이 없다면 저소득소비자는 서비스의 이용 자체를 포기할 것이다.

보편적 물류서비스는 택배를 넘어 당일배송, 새벽배송 등으로 진화했다

과거 물류측면에서 보편적 서비스 제공이 문제되는 경우는 운송수단이 다양하지 않은 도서, 산간지역 등이었다. 이들 지역 주민에게 택배서비스는 필수적으로 제공되어야 하는 보편적 서비스였다. 하지만 이들 지역은 운송비용은 매우 높고 운송량은 매우 적어 상업성이 없기 때문에 우체국의 신서와 소포배달을 제외하고는 서비스를 자발적으로 제공하고자 하는 민간사업자는 존재하지 않았다. 제주 등 일부도서지방도 기본 택배비용에 상당한 추가배송비를 부담해야 서비스를 이용할 수 있다.

뉴노멀 시대의 비대면, 공유, O4O 트랜드로 생활 밀착형 물류가 보편적 서비스로 떠오르고 있다. 물류서비스가 국민들의 생활 속에 깊이 들어오면서, 더욱 다양해진 소비자의 니즈에 부응하는 물류서비스가 보편적 서비스로 일반화되고 있다.

생활물류의 보편화로 소비자들은 개인 취향에 맞춘 다양한 물류 서비스를 요구하고 있다. 소량 주문과 빠른 배송, 배송장소의 지정, 배송시간의 지정, 조립, 설치, 반품, 회수 등의 물류 서비스 요구도 높아지고 있다. 온라인 쇼핑과 온라인 장보기, 배달앱, 중고거래 등은 보편적 물류서비스 폭을 크게 넓혔다. 당일배송, 새벽배송, 배달앱, 당근마켓 같은 중고거래, 세탁배달, 구독서비스, 리필 서비스 등 생활물류서비스는 이제 전국민이 원하는 보편적 서비스가 되고 있다.

따라서 서울 강남 3구에서 시작한 이들 물류서비스는 서울 강동구와 목동에서 수도권의 분당과 일산을 넘어, 부산 해운대구, 대구 수성구, 대전 대덕구로 서비스 지역을 넓혔다. 이제는 소비자의 보편적 서비스 요구로 그 서비스를 전국으로 넓혀야 할 시기에 왔다.

우리 국민(소비자)은 보편적 물류 서비스를 원하고 있다. 우리 국민은 제주와 같은 도서 지역에서나, 진안군과 같은 농촌 지역 과소화 마을에서나, 익산시와 같은 고령층이 많아 택배 배송에 있어 어려움이 있는 농촌 마을에서나, 서울시와 같은 저층 아파트나 빌라와 차량 진입 불가한 골목길 주택 밀집 지역 등에 거주하는 주민이나 모두 보편적 물류 서비스를 받을 권리가 있다. 이제 정부나 지자체나 물류 기업 모두 국민이 원하는 보편적 물류 서비스로 국민(소비자)에게 더 가까이 다가서야 할 시간이다. [104]

국민의 보편적 물류서비스 요구에 정부와 지자체가 움직이고 있다

제주도는 '제주형 공유물류 플랫폼 구축사업'을 통해 도서지역 특성에 따른 높은 물류비 등 어려움을 개선하고자 공유물류 통합플랫폼을 구축하여 이용자와 공급자 간 물류거래 서비스(매칭·역경매, 결제), 시설정보 공유 서비스 등도 추진하고 있다.

익산시는 '농촌마을 라스트마일 서비스 사업'을 통해 고령층이 많아 택배 배송에 있어 어려움이 있는 농촌마을을 '순회 집화 서비스'로 이를 해소하고, 지역 전자상거래 플랫폼 연계도 시도할 계획을 가지고 있다.

국내 택배의 50% 정도를 배송하고 있는 서울시는 지역별 소규모 물류 거점인 '우리동네 공동배송센터'를 조성한다. 택배사가 이 공동배송센터에 택배를 갖다 놓으면 지역의 청년 배송 인력이 전기카트 등 친환경 수

---

104 이상근, "우리 동네 공동배송센터'…, 배송 난지역 해소의 지름길", 직썰(2023.1.31)

단을 이용해 각 가정에 배달해 주는 방식이다. 센터는 주민들이 이용하는 커뮤니티 시설이나 유휴부지 등에 조성되며, 배송을 담당하는 인력은 자치구의 지역 청년 일자리를 활용해 채용한다. 택배사업자들은 공동배송센터까지만 배송하면 돼 배송 효율성이 높아지고, 지역에서는 청년 일자리를 창출할 수 있으며, 주택가의 화물차 운행 감소로 탄소저감과 함께 교통·환경이 개선되는 1석 3조 효과가 기대된다.

서울시의 우리동네 공동배송센터는 택배(물류)소외계층(독거노인, 65세 이상 어르신, 임산부, 1인가정, 장애인가정, 다문화 가정, 저소득 가정)과 택배소외지역(배송난 지역) 해소에도 초점을 둔 것으로 알려져 있다.

〈표3-1〉 디지털 물류서비스 실증지원사업('21~'24)의 성과/효과 산출 결과

구분	지자체	사업내용	사업비(국비)	사업특성	성과/효과 산출 결과
2021	제주도	도내외 공동 수배송	10억 (5억)	문제해결	물류비 절감 24.7억원('23년) → 123.5억원(5년 누적)
	청주시	온라인 도매시장	14억 (7억)	지역경제	매출(판로) 등 증대 2.3억원('23년) → 11.7억원(5년 누적)
	김천시	드론·로봇 배송	40억 (20억)	미래대응	시장 창출 효과 7.3억원(1년) → 36.3억원(5년 누적)
2022	서울시	택배·시장 ·MFC	62.5억 (29.5)	문제해결	물류비 절감 7.77억원('23년) → 40.8억원(5년 누적)
	인천시	V2V 기반 공유물류	12억 (6억)	미래대응	시장 창출 효과 7.2억원(1년) → 36.3억원(5년 누적)

	김해시	의약품 공동물류	20억 (10억)	미래대응	시장 창출 효과 4.5억원(1년) → 22.6억원(5년 누적)
	익산시	농산물 공동물류	10억 (5억)	지역경제	매출(판로) 등 증대 7.7억원(1년) → 43.5억원(5년 누적)
2023	경남도	지역 유통시설 공동물류	20억 (10억)	지역경제	매출(판로) 등 증대 12.1억원(1년) → 60.5억원(5년 누적)
	구미시	반도체 특화 물류	40억 (20억)	미래대응	시장 창출 효과 21.5억원(1년) → 107.1억원(5년 누적)
	부산시	물류현장 안전관리	14억 (7억)	문제해결	물류비 절감 6.9억원(1년) → 34.6억원(5년 누적)
	인천시	소상공인 공동물류	10억 (5억)	지역경제	매출(판로) 등 증대 2.95억원(1년) → 14.75억원(5년 누적)
	울산시	화물차 경제·안전 운전	6억 (3억)	문제해결	물류비 등 감소 1.8억원(1년) → 9.0억원(5년 누적)
2024	부산시	저온창고 공유물류	10억 (5억)	지역경제	매출(판로) 증대 2.47억원(1년) → 12.35억원(5년 누적)
	인천시	화물 적재 ·상하차	10억 (5억)	문제해결	물류비 등 감소 3.3억원(1년) → 16.5억원(5년 누적)
	서울시	수화물 보관·배송	20억 (10억)	지역경제	매출(판로) 등 증대 5.46억원(1년) → 27.29억원(5년 누적)
	김천시	공영주차장 공동택배	32억 (16억)	지역경제	매출(판로) 등 증대 매출액 1.4억원(1년)→ 212.4억원(5년 누적)

서산시	섬지역 드론배송	10억 (5억)	지역경제	매출(판로) 등 증대 4.8억원(1년) → 23.8억원(5년 누적)
합계		340.5억원 (168.5억원)		124억원(1년차) → 833억원(5년차 누적)

출처 : 디지털 물류서비스 실증지원사업 성과/효과 분석 자료(KOTI)

〈표3-1〉은 2021년부터 2024년까지 국토교통부와 지자체가 공동으로 실시하고 있는 '디지털 물류서비스 실증지원사업'의 성과/효과 산출 결과이다.

대한민국 국민은 누구나 보편적 물류서비스를 받을 권리가 있다

택배업계의 자료에 따르면 아직도 서울 25개 자치구 중 강남구, 서초구, 금천구, 구로구, 성동구를 제외한 관악구의 삼성동, 난곡동, 서원동, 중앙동, 은천동, 용산구의 보광동, 한남동, 후암동, 용산동2가, 이태원2동, 은평구의 불광동, 응암동, 갈현동, 녹번동, 구산동, 중구의 다산동, 남대문시장, 신당동, 흥인동, 평화시장, 마포구의 염리동, 아현동, 공덕동(구도심), 대흥동 일부 등 20개 자치구는 1~5개 동이 배송 난지역으로 파악되고 있다.

이들 배송 난지역은 택배회사 입장에서도 해결이 어려운 난제가 산재해 있다.

이들 지역은 엘리베이터 없는 저층 아파트나 빌라와 차량 진입 불가한 골목길 주택, 경사로 계단 등이 많다. 이 지역들은 배송 밀도가 떨어지고 배송에 어려움이 있다. 어느 지역보다도 지역 지리를 잘 아는 노하우가 있는 배송 직원 필요하지만 배송기사의 이탈이 심해, 신입기사가 난이도 높은 배송업무에 적응하지 못하고 쉽게 이탈한다. 이에 도미노 현상으로 건당 수수료는 아파트 대비 20~30% 높음에도 불구하고 택배대리점의 이탈 발생하고 후임 영업소를 구하기가 쉽지 않은 현실이다.

우리 국민들은 제주와 같은 도서지역에서나, 진안군과 같은 농촌지역 과소화마을에서나, 익산시와 같은 고령층이 많아 택배 배송에 있어 어려움이 있는 농촌마을에서나, 서울시와 같은 저층 아파트나 빌라와 차량 진입 불가한 골목길 주택 밀집지역 등에 거주하는 주민이나 모두 보편적 물류서비스를 받을 권리가 있다. 이제 정부나 지자체나 물류기업 모두 국민이 원하는 보편적 물류서비스로 국민(소비자)에게 더 가까이 다가서야 할 시간이다.

3

국민복지와 물류서비스[105]

현대 사회에서 물류 서비스는 국민 복지와 생활의 질을 향상시키는 중요한 보편적 서비스 중 하나로 자리 잡았다. 물류 서비스는 다양한 상품과 서비스를 원활하게 공급하여 국민들의 삶을 더욱 편리하게 만들고, 경제를 활성화시키는 데 큰 기여를 한다. 그러나 계층과 지역에 따라 물류 서비스의 접근성과 질에서 차이가 발생할 수 있으며, 이는 곧 사각지대로 이어진다. 이러한 물류 서비스의 사각지대를 해소하기 위해서는 다양한 사회적, 경제적, 기술적 접근이 필요하다.

물류 서비스는 국민 복지에 중요한 역할을 한다

물류 서비스는 국민 복지에 여러 가지 측면에서 기여하며, 이는 단순한

---

105 이상근, "국민복지와 물류 사각지대 해소', 아웃소싱타임스(2024.07.15.)을 기초로 재작성되었습니다.

상품의 이동을 넘어서 국민들의 삶의 질을 향상시키는 데 중요한 역할을 한다.

먼저, 물류 서비스는 생활필수품을 안정적으로 공급하는 데 핵심적인 역할을 한다

신선한 식료품, 의약품, 생필품 등이 전국 각지에 적시에 공급될 수 있도록 한다. 이러한 공급망의 원활한 운영은 특히 재난 상황이나 긴급 상황에서도 중요한 역할을 한다. 2020년 초 코로나19 팬데믹이 전 세계를 강타했을 때, 우리나라의 물류 서비스는 국민들이 필요한 생필품과 마스크, 손 소독제 등의 방역 물품을 제때에 공급하는 데 큰 기여를 했다. 또한, 격리된 환자나 자가격리 중인 사람들이 필요한 식료품을 온라인으로 주문하고, 이를 안전하게 배송받을 수 있었던 것도 물류 서비스의 덕분이었다.

미국의 아마존은 팬데믹 동안 필수 물품의 공급을 위해 다양한 노력을 기울였다. 아마존 프레시는 신선 식품을 포함한 다양한 필수품을 고객에게 빠르게 배송함으로써 국민들이 외출을 자제하고도 필요한 물품을 받을 수 있게 했다. 또한, 아마존은 고위험군을 위한 특별 배송 서비스와 의료 물품의 우선 배송 시스템을 도입하여 국민 건강을 지키는 데 기여했다.

둘째, 경제 활성화와 일자리 창출에 기여한다

효율적인 물류 시스템은 기업들이 제품을 신속하게 공급하고 판매할 수 있도록 하여 경제 활동을 촉진시킨다. 이는 기업의 생산성과 효율성을 높여 경제 성장을 견인하는 중요한 요소이다. 동시에 물류 산업 자체가 많은 일자리를 창출하여 고용 안정에도 기여한다.

쿠팡은 매년 수천 명의 신규 일자리를 창출하고 있다. 이 회사는 자동화 물류센터를 운영하며, 다양한 첨단 기술을 도입하여 물류 효율성을 높이는 동시에, 많은 일자리도 제공하고 있다. 특히, 물류센터에서의 작업과 운송 차량의 운전, 그리고 고객 서비스와 같은 다양한 직무에서 고용 기회를 제공함으로써 지역 사회의 경제 활성화에 기여하고 있다.

독일의 글로벌 물류 회사 DHL은 전 세계적으로 수십만 명의 직원을 고용하고 있다. 특히, DHL은 신흥 시장에서의 물류 네트워크 확장을 통해 새로운 일자리를 창출하고 있다. DHL은 자동화와 로봇 기술을 도입하여 효율성을 높이면서도, 사람의 손길이 필요한 부분에서는 지속적으로 고용을 유지하고 있다. 이를 통해 DHL은 글로벌 경제 활성화와 고용 안정에 기여하고 있다.

셋째, 지역 간의 격차를 해소하는 데 중요한 역할을 한다

원거리 지역에도 다양한 상품이 공급될 수 있도록 함으로써 지역 간의 경제적, 사회적 격차를 줄이는 데 기여한다. 이는 모든 국민이 균등한 기회를 갖고 생활할 수 있도록 돕는 중요한 요소이다. 쿠팡은 로켓배송 서비스를 통해 농촌 지역에도 빠르고 효율적인 배송을 제공하고 있다. 이를 통해 농촌 지역 주민들도 도시 지역 주민들과 동일한 수준의 서비스와 상품을 이용할 수 있게 되었다. 농촌 지역의 주민들은 인터넷을 통해 다양한 상품을 주문할 수 있으며, 빠른 시간 내에 이를 받아볼 수 있다. 이러한 서비스는 농촌 지역의 생활 수준을 높이는 데 큰 기여를 하고 있다.

지플라인(Zipline)은 드론을 이용한 물류 서비스를 통해 아프리카의 원격지 및 의료 서비스가 필요한 지역에 혈액과 의약품을 신속하게 전달하고 있다. 이는 특히 도로 인프라가 부족한 지역에서 생명 구호에 큰 기여를 하고 있다. 지포스는 르완다와 가나에서 성공적으로 운영되며, 지역 간 의료 서비스 격차를 줄이는 데 중요한 역할을 하고 있다.

넷째, 친환경적인 방식을 도입하여 환경 보호에도 기여하고 있다

전기차나 수소차와 같은 친환경 차량을 사용하거나, 탄소 배출을 최소화하는 효율적인 운송 경로를 설계하는 등의 노력을 통해 지속가능한 발전을 도모한다. 이는 국민들의 건강과 환경 복지에 긍정적인 영향을 미친다.

CJ대한통운, 한진택배, 롯데택배, 삼영물류 등 물류기업들은 친환경 전기차를 도입하여 물류 과정에서 발생하는 탄소 배출을 줄이고 있다. 2023년부터 본격적으로 도입된 전기차는 기존의 내연기관 차량에 비해 탄소 배출량이 현저히 낮아, 대기 오염을 줄이는 데 기여하고 있다. 또한, 한진택배는 효율적인 운송 경로를 설계하여 운송 시간을 단축하고, 이를 통해 에너지 소비를 줄이고 있다. 이러한 노력은 환경 보호와 지속가능한 발전에 중요한 역할을 하고 있다.

스웨덴의 이케아(IKEA)는 지속가능한 물류 서비스를 위해 다양한 친환경 전략을 도입하고 있다. 이케아는 2025년까지 모든 배송 차량을 전기차로 전환하겠다는 목표를 세우고 있으며, 이를 위해 전 세계 물류 네트워크에 전기차를 적극 도입하고 있다. 또한, 이케아는 재활용 가능한 포장재를 사용하고, 효율적인 물류 경로를 설계하여 탄소 발자국을 줄이는 데 집중하고 있다. 이러한 노력은 환경 보호와 더불어 지속가능한 비즈니스 모델을 구축하는 데 중요한 역할을 한다.

물류 서비스는 생활 필수품의 안정적 공급, 경제 활성화와 일자리 창출, 지역 간 격차 해소, 친환경적인 발전 등 다양한 측면에서 국민 복지에 기여하고 있다. 국내외 사례를 통해 알 수 있듯이, 물류 서비스의 효율적이고 공평한 제공은 국민들의 생활 수준을 향상시키고, 전반적인 사회 복지를 증진시키는 데 필수적이다. 앞으로도 물류 서비스는 기술 혁신과 지속가능한 발전을 통해 더욱 개선될 것이며, 이를 통해 더 많은 국민들이 혜택을 누릴 수 있을 것이다.

하지만 물류 서비스 사각지대도 존재한다

물류 서비스는 국민 복지와 생활의 질을 좌우하는 중요한 요소이지만, 계층과 지역 등에 따라 접근성과 서비스의 질에서 사각지대가 존재한다.

먼저, 계층에 따라 물류 서비스의 사각지대가 존재한다

물류 서비스의 사각지대는 다양한 계층에서 나타날 수 있다. 저소득층, 노인층, 장애인, 농촌 및 도서 지역 주민 등이 물류 서비스 이용에 있어 어려움을 겪고 있다.

저소득층의 경우, 경제적인 이유로 물류 서비스를 충분히 이용하지 못하는 경우가 많다. 배송비 부담이 큰 경우 물류 서비스를 이용하기 어려우며, 무료 배송 혜택이 제한된 경우 경제적 부담이 가중된다. 또한, 일부 저소득층은 인터넷이나 스마트폰 등 디지털 기기를 보유하지 못해 온라인 쇼핑과 같은 물류 서비스를 이용하는 데 어려움을 겪는다.

노인층은 디지털 기기 사용에 익숙하지 않아 온라인 쇼핑이나 배송 추적 등 물류 서비스를 원활하게 이용하지 못하는 경우가 많다. 또한, 물리적인 이동에 제한이 있는 경우, 직접 물품을 수령하거나 반품하는 과정에서 어려움을 겪는다. 이러한 문제는 노인층의 생활의 질을 저하시킬 수 있다.

장애인들은 일반적인 배송 과정에서 필요한 추가적인 지원이 부족한 경우가 많다. 예를 들어, 청각 장애인을 위한 시각적 알림 시스템이나 휠체어 사용자에게 접근 가능한 수령 장소 등이 필요하다. 그러나 이러한 특수 요구사항이 반영되지 않은 물류 서비스는 장애인들이 이용하기에 불편하다.

둘째, 지역에 따라 물류 서비스의 사각지대가 존재한다

물류 서비스의 사각지대는 단순히 계층적인 문제에 국한되지 않으며, 지역적인 문제도 큰 영향을 미친다. 농촌 지역, 도서 지역, 도시 내 소외 지역, 긴급 상황 발생지역 등이 물류 서비스의 사각지대로 구분될 수 있다.

농촌 지역은 물류 인프라가 부족하여 배송 서비스의 질이 낮을 수 있다. 이는 도로 상태나 물류 허브의 부재로 인해 발생하며, 서비스 옵션이 제한적이어서 특정 제품이나 서비스를 이용하는 데 어려움을 겪을 수 있다. 농촌 지역 주민들은 생활 필수품을 제때에 제공받지 못하는 경우가 많으며, 이는 생활의 질을 저하시킬 수 있다.

도서 지역은 물류 네트워크의 한계로 인해 배송 지연이나 서비스 제한이 빈번하다. 지리적 특성상 도서 지역으로의 물품 배송은 높은 비용이 소요되며, 이는 주민들의 경제적 부담을 가중시킨다. 도서 지역 주민들은 도시와 동일한 수준의 물류 서비스를 누리기 어렵다.

도시 내 소외 지역은 대도시 내에서도 물류 서비스의 접근성이 떨어질 수 있다. 이는 주로 경제적 여건이 열악한 지역에서 발생하며, 특정 도시 지역은 치안 문제로 인해 물류 서비스 제공이 어려울 수 있다. 이러한 지역의 주민들은 물류 서비스를 충분히 이용하지 못하여 생활의 질이 저하될 수 있다.

긴급 상황이나 재난이 발생한 지역은 물류 서비스의 사각지대가 되기 쉽다. 자연재해나 전염병 확산 등의 상황에서는 물류 네트워크가 마비되거나 제한되기 때문에, 해당 지역 주민들은 필수 물품을 제때에 공급받기 어려울 수 있다.

셋째, 기타 추가적인 기준에서 물류 서비스의 사각지대가 존재한다

디지털 격차도 물류 서비스의 사각지대를 형성하는 중요한 요소 중 하나다. 인터넷 접근성이 낮거나 디지털 기기를 사용할 수 없는 계층은 온라인 쇼핑이나 배송 추적 서비스 등을 이용하기 어렵다. 이는 주로 고령자나 저소득층, 그리고 디지털 교육이 부족한 지역에서 나타난다.

장애인 접근성 측면에서도 물류 서비스는 사각지대를 가질 수 있다. 예를 들어, 청각 장애인이나 시각 장애인은 배송 과정에서 필요한 의사소통에 어려움을 겪을 수 있으며, 물리적 장애를 가진 사람들은 물품 수령 과정에서 불편을 겪을 수 있다.

특수한 시간대에 활동하는 사람들에게도 물류 서비스는 사각지대가 있다. 야간 근무자나 교대 근무자 등은 주간에 주로 운영되는 물류 서비스를 이용하기 힘들다. 이들은 일반적인 시간대에 물품을 수령하기 어려워 물류 서비스의 혜택을 충분히 누리지 못할 수 있다.

특정 산업군이나 소상공인은 대기업에 비해 물류 서비스의 사각지대에 놓일 수 있다. 물류 서비스가 대규모 주문이나 특정 조건을 충족하는 고객에게만 집중될 경우, 소규모 사업자는 불리한 조건에서 운영될 수 있다.

경제적으로 여유가 없는 사람들은 배송비용이 높거나 추가 요금이 부과되는 경우, 물류 서비스를 충분히 이용하지 못할 수 있다. 이는 물류 서비스의 비용 구조가 모든 계층에게 접근 가능하지 않게 만드는 사각지대를 형성한다.

법적 및 행정적 장벽에 의해 물류 서비스는 제한될 수 있다. 특정 국가나 지역에서는 수입 규제, 통관 절차 등의 법적 요인으로 인해 물류 서비스가 원활하게 이루어지지 않을 수 있다. 이러한 규제는 해당 지역 주민들이 국제 물류 서비스를 이용하는 데 제약을 가한다.

물류 서비스의 사각지대는 단순히 계층이나 지역적인 문제에 국한되지 않는다. 디지털 접근성, 장애인 접근성, 시간대, 산업군, 경제적 비용, 법적 및 행정적 장벽 등 다양한 요인이 복합적으로 작용하여 사각지대를 형성한다.

물류 서비스의 사각지대를 해소하기 위해서는 다양한 접근이 필요하다

첫째, 농촌 및 도서 지역 배송의 질 향상을 위해 물류 인프라를 강화해야 한다

농촌 및 도서 지역의 배송 지연을 줄이고 서비스의 질을 향상시키기 위해 물류 인프라를 강화해야 한다. 이를 위해 정부와 민간 기업이 협력하여 물류 허브를 구축하고, 효율적인 운송 경로를 설계해야 한다. 또한, 물류 서비스의 비용 구조를 개선하여 경제적 부담을 줄일 필요가 있다.

일본 정부는 농촌 지역의 물류 인프라를 강화하기 위해 농촌 물류 혁신 프로젝트를 추진하고 있다. 이 프로젝트는 농촌 지역에 물류 허브를 구축하고, 드론과 자율주행 차량을 이용하여 효율적인 배송 경로를 설계하는 것이다. 이를 통해 농촌 지역 주민들도 신속하고 안정적인 물류 서비스를 이용할 수 있게 되었다.

아프리카의 지플라인(Zipline)은 도서 및 농촌 지역의 의료 물품 배송을 위해 드론을 활용한 물류 서비스를 제공하고 있다. 이는 도로 인프라가 부족한 지역에서도 신속하게 의약품과 혈액을 배송할 수 있도록 하여, 주민들의 건강과 복지에 기여하고 있다. 지플라인은 르완다와 가나에서 성공적으로 운영되며, 물류 인프라가 부족한 지역에서도 중요한 서비스를 제공하고 있다.

쿠팡은 물류 인프라 투자 본격화로 택배 불모지인 도서산간지역을 포함한 쿠세권(로켓배송이 가능한 지역)이 커지고 지방 도시에 거주하는 고객들의 삶의 질도 개선될 것으로 보인다. 쿠팡은 오는 2027년부터 전국 약 230여개 시군구(전체 260곳)를 비롯, 행정안전부가 지정한 인구감소지역

60여곳 이상(전체 89곳) 지역에 무료 로켓배송을 적용한다는 목표다. 생필품과 식료품을 구하기 힘든 장보기 사각지대에 거주하는 도서산간 고객들도 무료 배송 혜택을 누릴 수 있는 것이다.[106]

[그림3-1] 인구감소지역에 물류인프라투자하는 쿠팡

3조원 추가 물류 인프라 투자로 인구감소 지방도시에
1만여명 신규 직고용 창출

1500 이천
500 대전
500 천안
500 김천
1300 남대전
400 칠곡
400 울산
2000 광주
3000 부산

*지역별 예상 직고용 인원
(단위: 명)

---

106 "쿠팡이 인구감소 지역에 물류 인프라 투자를 대폭 확대한다", 매일일보(2024.9.3.)
쿠팡은 오는 2026년까지 전국 물류 인프라에 3조원 이상을 쏟아붓기로 한 계획에 맞춰 내년 초까지 9개 지역에 풀필먼트센터(FC)를 비롯한 물류시설을 건립·운영할 방침이라고 밝혔다.
쿠팡은 우선 내달까지 대전 동구 남대전 지역과 광주광역시에 FC 2곳을 준공해 운영에 돌입한다.
충남 천안 FC, 경북 김천 FC와 울산 서브허브(배송캠프로 상품을 보내는 물류시설), 경북 칠곡 서브허브, 충북 제천 FC, 부산 강서구 FC와 경기 이천 FC 등은 가동중이거나, 착공해 순항하고 있다.
지난해 말 기준 쿠팡의 물류·배송 관련 직고용 인력의 96%(약 5만5600명)가 비서울 지역에서 근무하고 있다. 물류 인프라 투자로 창출되는 물류·배송 관련 직고용 인력은 쿠팡이 지역에서 만드는 일자리의 대부분을 차지한다. 향후 신규 물류 인프라 투자로 인한 지역 직고용 인력이 1만여명 늘어날 경우, 비서울 지역 고용인원은 6만5000명 이상으로 증가할 것으로 관측된다.

둘째, 디지털 접근성을 향상시키기 위한 노력이 필요하다

저소득층이나 노인층이 인터넷과 디지털 기기를 사용할 수 있도록 지원하고, 디지털 교육 프로그램을 강화하여 디지털 격차를 줄여야 한다. 또한, 장애인 접근성을 높이기 위해 물류 서비스 제공자가 장애인의 특수 요구사항을 반영한 맞춤형 서비스를 제공해야 한다.

우리 정부는 저소득층과 노인층을 위한 디지털 포용 정책을 시행하고 있다. 이는 스마트폰과 인터넷 사용이 어려운 계층에게 무료 또는 저렴한 디지털 기기를 제공하고, 디지털 교육 프로그램을 운영하여 이들이 온라인 쇼핑과 물류 서비스를 쉽게 이용할 수 있도록 돕는 것이다. 예를 들어, 노인들을 위한 '디지털 역량 강화 프로그램'을 통해 인터넷 사용법과 스마트폰 활용법을 교육하고 있으며, 이를 통해 디지털 격차를 줄이고 있다.

미국의 '커넥트 홈'(ConnectHome) 프로그램은 저소득층 가정을 대상으로 인터넷 접근성을 높이기 위해 추진된 정책이다. 이 프로그램은 저소득층 가정에 저렴한 인터넷 서비스를 제공하고, 디지털 리터러시 교육을 통해 온라인 서비스 이용 능력을 향상시키고 있다. 이를 통해 저소득층 가정도 물류 서비스를 쉽게 이용할 수 있도록 지원하고 있다.

셋째, 재난 지역의 물류 서비스 제공을 위한 재난 대응 시스템을 강화해야 한다

긴급 상황 및 재난 지역에서는 신속하고 효율적인 물류 서비스가 제공될 수 있도록 재난 대응 시스템을 강화해야 한다. 이를 통해 재난 상황에서도 생활 필수품을 안정적으로 공급할 수 있도록 해야 한다.

미국 연방재난관리청(FEMA)은 재난 상황에서 신속하게 물품을 공급하기 위해 고도로 조직화된 물류 대응 시스템을 운영하고 있다. FEMA는 재난 발생 시 긴급 물품을 신속하게 배포하기 위해 전국에 물류 허브를 구축하고, 물류 트럭, 항공기, 선박 등을 동원하여 재난 지역에 필요한 물품을 신속하게 공급하고 있다. 이를 통해 재난 상황에서도 생활 필수품이 원활하게 제공되고 있다.

일본은 지진, 태풍 등 자연재해가 빈번하게 발생하는 국가로, 이에 대비한 물류 시스템이 잘 구축되어 있다. 일본 정부와 민간 기업들은 재난 발생 시 신속한 대응을 위해 협력하고 있으며, 주요 도시와 재난 발생 가능성이 높은 지역에 비축 창고를 운영하고 있다. 이러한 시스템은 재난 시 국민들에게 필요한 물품을 신속하게 제공하는 데 큰 역할을 하고 있다.[107]

물류 서비스는 국민 복지와 생활의 질을 향상시키는 중요한 요소이다. 그러나 계층과 지역에 따라 물류 서비스의 사각지대가 발생할 수 있으며, 이를 해결하기 위한 다양한 접근이 필요하다. 디지털 접근성 향상,

---

107 한국의 편의점도 재난구호물류시스템을 구축해 지역사회 공헌 인프라로서 역할을 수행하고 있다. 편의점 업계는 전국 물류센터와 점포를 기반으로 재난 지역에 체계적인 긴급 구호 거점 역할을 수행하는 사회적 인프라 역할을 하고 있다. 전국 약 5만 5580개(2024.12월말 기준)의 대규모 점포망과 물류센터, 배송시스템을 활용해 긴급 재난 상황 발생 시 구호 거점 역할을 수행하고 있다.
지난 2015년 CU(BGF리테일)를 시작으로 GS25(GS리테일)·이마트24, 롯데유통군 등 기업들은 지자체, 행정안전부, 전국재해구호협회 희망브리지와 '재해구호 분야 민관 협력을 위한 업무협약'을 통해 체결했다. 이를 통해 24시간 가동하는 긴밀한 소통 체계가 갖춰져 있어 재난 재해 상황을 보고받는 즉시 피해 지역 인근 물류센터에서 생필품을 지원할 수 있는 재난 구호 물류시스템을 구축했다.
이 같은 시스템 구축은 신속성을 높인 것은 물론, 지원 품목 다양화에도 기여했다. CU는 전국 주요 물류센터에 모모, 수건, 속옷, 체육복, 매트, 비누 등 재해구호물자 세트를 상시 보관하고 있다. 특히 장기 보관 시 부패 가능성으로 구호물자 세트에 포함되지 못했던 생수, 라면, 즉석밥 등 식품도 편의점 물류센터를 통해 지원 품목에 포함시킬 수 있게 됐다.

장애인 접근성 강화, 농촌 및 도서 지역의 물류 인프라 개선, 긴급 상황 대응 시스템 강화, 법적 및 행정적 장벽 완화 등 다양한 방안을 통해 물류 서비스의 사각지대를 해소하고, 모든 국민이 균등한 수준의 물류 서비스를 누릴 수 있도록 해야 한다. 이는 궁극적으로 국민 복지를 향상시키고, 전반적인 사회 복지를 증진시키는 데 기여할 것이다.

4

글로벌 공급망 안정과 국민 복지[108]

현대 사회에서 글로벌 공급망은 그 어느 때보다 중요한 역할을 하고 있으며, 이는 단순히 경제적 차원을 넘어 국민들의 안전과 복지에 직결된 문제로 자리 잡고 있다. 코로나19 팬데믹, 자연재해, 전쟁 등 다양한 글로벌 사건들은 공급망의 불안정성을 부각시키며, 이에 따른 사회적 불안감과 경제적 피해가 증가하고 있다. 공급망이 불안정해지면 필수적인 생활 물품이나 자원이 제때 공급되지 않음으로써 국민들의 복지에 큰 타격을 줄 수 있다. 따라서 공익과 국민의 안전, 복지 차원에서 글로벌 공급망을 안정화하고 관리하는 것은 정부의 중요한 역할로 자리 잡고 있다.

공급망의 위협이 시민 복지에 미치는 영향

자연재해, 전쟁, 테러, 공급업체 파산, 노동쟁의 등 다양한 재난

---

108 이상근, "글로벌 공급망 지원체계 구축이 필요하다", 아웃소싱타임스(2023.1.3.)

(Disruptions)은 글로벌 공급망에 큰 위협을 준다. 코로나19 팬데믹은 그 대표적인 예로, 전 세계의 생활을 마비시키고 경제적 혼란을 초래하며 시민들의 복지에 심각한 타격을 주었다. 팬데믹뿐만 아니라, 에버그린(Ever Given)호의 수에즈 운하 좌초 사건, 차량용 반도체 수급 불안정 문제, 미·중 갈등으로 인한 공급망 재편, 서부 항만 적체로 인한 물류 대란 등도 국민들의 생활에 직접적인 영향을 미쳤다.

특히, 2022년 우크라이나−러시아 전쟁과 2023년 이스라엘−하마스 전쟁 등 예기치 못한 사건들이 발생하면서 글로벌 조달, 생산, 판매, 물류의 공급망이 병목 현상에 직면했다. 이로 인해 필수품과 원자재의 가격이 급등하고 공급이 불안정해지면서 시민들의 생활과 경제적 안전이 위협받고 있다. 이러한 상황은 정부가 글로벌 공급망에 대한 보다 체계적이고 신속한 대응을 해야 함을 명확히 보여준다.

공급망 불안정은 국내경제에 여러 차례 위기를 발생시켰다[109]

2021년 요소수 파동 이전에도 공급망 불안정으로 국내경제는 여러 번 위기를 맞았다. 2019년 일본의 반도체 소재부품에 대한 수출금지 사건은 공급망 불안정이 우리 주력산업인 반도체 산업을 흔들 수 있는 무기가 된다는 사실을 경험하는 계기가 되었다. 2020년 코로나19 팬데믹 사태에서 중국 협력공장의 셧다운으로 와이어링하네스가 수입되지 못하면서 국내 완성차 공장 모두가 셧다운되는 사태도 겪었다. 같은 해 국내와 해외에서 모두 MB 필터의 부족으로 마스크 생산을 제대로 못해 극심한 품

---

109 이상근, 「공급망 불확실시대 물류의 재해석 RE:Logistics」, 아웃소싱타임스(2022.11)

귀 현상이 일어났다.

예측 가능한 경영을 위해 공급망의 안정은 필수지만 우리 경제가 공급망 불안정으로 위기를 맞은 대표적인 사건은 [표 3-2]와 같다.

[표3-2] 공급망 불안정으로 국내경제 위기 발생사례

시기	품목	국가	주요 내용
2019	불화수소 등	일본	한국법원, 일본 전범기업에게 피해자 배상 판결 → 일본 정부 불화수소 등 3개 품목 수출금지 보복 조치 → 국내 반도체 생산 중단 우려
2020	와이어링 하네스	중국	코로나19 확산 → 중국 공장 근로자 출근 금지 → 생산 중단 → 부품 수입 차질 발생 → 국내 5개 완성차 공장 4~16일 생산 중단
2020	마스크 MB필터	중국	코로나19 팬데믹으로 마스크 수요 폭발적 증가 → 중국 조업 중단으로 마스크 제조용 MB필터 부족 → 필터 부족으로 생산차질 → 국내 마스크 품귀
2021	요소수	중국	중국의 호주산 석탄 수입금지로 요소수 수출 중단 → 국내 디젤연료 차량 · 장비의 요소수 부족 → 디젤연료 차량 · 장비 운행중단으로 물류대란 우려

공급망 리스크 관리 : 공익적 필수 과제

글로벌 공급망은 필연적으로 다양한 위험에 노출되어 있다. 특히 국민의 안전과 복지에 직접적인 영향을 미치는 필수 자원의 공급이 불안정해질 경우, 그 피해는 국가 경제와 국민 생활 전반에 광범위하게 미칠 수 있다. 따라서 공급망 리스크 관리는 선택이 아닌 필수적인 과제가 되었다.

예를 들어, 2019년 일본의 반도체 소재 수출 규제는 우리나라의 반도체 산업에 직접적인 타격을 주었고, 이를 통해 특정 국가나 기업에 대한 공급 의존도를 낮추고 공급선을 다변화해야 할 필요성이 부각되었다.[110] 또한, 2021년 중국의 요소수 수출 규제는 특정 자원에 대한 과도한 의존이 국민 생활에 직접적인 타격을 줄 수 있음을 다시금 상기시켰다.

이러한 사건들은 공급망 리스크에 대비한 법과 제도의 정비뿐만 아니라, 선제 대응을 담당할 조직의 필요성을 강조했다. 공급망 리스크는 사전에 준비된 대응책만이 그 피해를 최소화할 수 있으며, 빠른 공급망 회복을 가능하게 한다. 새로운 위험이 발생할 때마다 대응 방안을 고민하는 것은 이미 늦은 대응이다. 따라서 국가 차원에서 발생 가능한 공급망 위험 요소에 대해 미리 대응책을 수립하고 이를 주기적으로 점검하는 것이 필요하다.

정부 차원의 글로벌 공급망 다변화 대응을 위한 컨트롤타워가 필요하다

기존의 물류공급망이 단절되면 빠르게 국제물류망의 대체 노선 확보, 운송수단 대체(해운↔항공, 해운↔육로↔철도 등) 능력 확보, 대체 공항과 항만발

---

110 오타 야스히코, 〈2030 반도체 지정학〉, 성안당(2022.8)
일본 니케이신문 오타 야스히코 기자는 아베 정권의 대한(對韓) 수출 규제에서 배워야 할 것으로 "첫째, 일본이 자랑하는 반도체 소재에 전략물자로서의 파괴적인 위력이 있다는 점이다. 일반적으로는 이름이 알려지지 않은 전문 업체가 외국 경제를 죽일 수 있다. 그런 숨은 공격 수단이 일본의 손아귀에 있음을 전 세계가 깨달았다. 미국 군사력의 우산 아래 있을 뿐 아니라 일본에는 독자적인 '무기'도 있는 것이다.
두 번째는 세계 각국이 '필요하다면 일본은 무기를 사용할지도 모른다'는 인식을 가진 것이다. 소재 메이커의 존재는 일본에 있어서 억제력이 된다고도 할 수 있지만, 동시에 타국으로부터의 공격 대상이 되는 리스크도 될 수 있다는 점을 잊어서는 안 된다. '옥죄기'가 즉각적인 효과가 있다고 해도 장기적으로는 자신에게 돌아온다. 자유무역 원칙을 왜곡하고 스스로 자신을 '옥죄기' 때문이다."라고 지적했다.

굴, 제3국 경유와 해당 지역 내 운송망 확보, 공급자 지역내 운송망 확보와 전략재고와 안전재고를 보유할 수 있는 적정한 거점(물류센터, 터미널 등) 발굴과 확보가 필요하다. 또 역량있는 각 지역별 물류, 항공, 해상, 육로 운송 파트너를 확보하고, 물류데이터와 통합물류시스템의 지속적인 업그레이드도 필수적이다.

필자는 2019년 일본의 반도체 소재 수출 규제 이후 국가 차원의 글로벌 공급망 다변화 대응을 위한 컨트롤타워의 필요성을 강조해 왔다. 다행히 2022년 2월 출범한 글로벌 공급망(GVC) 분석센터[111]는 정보및 제공을 담당하는 조직으로서 긍정적인 첫걸음을 내디뎠다. 하지만 이 조직의 기능을 넘어, 국가 차원 수집 에서 글로벌 공급망의 리스크에 대응하기 위한 기본 전략을 수립하고, 주요 산업별, 국가별, 항만 및 공항별 공급망 지도를 작성하며, 공급망 대체 · 우회 · 복구 방안을 마련하고 이를 주기적으로 보완하는 체계가 마련되어야 한다.

이와 더불어, 기업들이 이를 적극적으로 활용할 수 있도록 주요 교역국

---

111 이 센터의 현재 기능에 더해 국가 차원의 글로벌 공급망의 리스크에 대응하는 ①기본 전략 수립과 ②주요 산업별, 국가별, Port(항만, 공항)별 공급망 지도 작성, ③공급망 대체 · 우회 · 복구방안 수립하고 이를 주기적으로 보완할 필요가 있다.

또 기업이 이를 적극 활용할 수 있도록 주요 교역국들을 선별하여 계속 정보를 수집하고 물류, 제조 및 수출입기업에 제공할 수 있는 체계 구축이 필요하다. 수집된 정보의 분석과 관리, 효과적 제공을 위한 정보플랫폼 구축 방안도 마련할 필요가 있다.

정부는 제4차 대외경제안보전략회의에서 산업 분야별로 대응하던 공급망 관리를 넘어서서, 공급망 전체에 대한 범정부 관리체계를 확립하기 위해 '경제 안보를 위한 공급망관리기본법' 제정과 컨트롤 타워로서 대통령 직속 '경제안보 공급망 관리위원회(위원장 경제부총리)'를 신설하고, 재정적 뒷받침을 위한 공급망 안정화 기금을 도입을 발표했다.

또 산업부는 '국가 자원DB(가칭)' 구축의 법적 근거가 담긴 '자원안보특별법' 제정을 추진 중이다. 안정적인 공급망 관리를 위해 석유나 가스 같은 전통적인 에너지원 외에 수입 의존도가 높은 핵심광물까지 넓히자는 취지다. 특별법은 국가자원DB 구축을 위해 정부의 정보통제력을 대폭 강화한 게 핵심이다.

과 지속적으로 정보를 수집하고 물류, 제조 및 수출입 기업에 제공할 수 있는 체계를 구축하는 것이 필수적이다. 수집된 정보의 분석과 관리, 효과적인 제공을 위한 정보 플랫폼 구축 방안도 마련되어야 한다. 이러한 체계를 통해 공급망 리스크에 대응하는 능력을 강화하고, 시민들이 일상적으로 필요로 하는 자원이 안정적으로 공급될 수 있도록 해야 한다.[112]

즉시 대응이 가능한 물류공급망 정보플랫폼 구축이 필요하다

글로벌 공급망의 불안한 정세에서 공급망 다변화는 무엇보다도 정부와 기업의 협력과 공조를 통한 대응이 필요하다. 국가 차원의 글로벌 물류 공급망 다변화 대응을 위한 기본 전략 수립하고 기업이 활용할 수 있도록 주요 산업과 교역국들을 선별하여 주기적으로 정보를 수집하고 물류와 제조 및 수출입기업에 제공할 수 있는 체계 구축방안을 구축이 필요하다. 또 수집된 정보의 분석과 관리, 제공을 위한 플랫폼 구축 방안의 마련이 필요하다. 궁극적으로는 글로벌 공급망 다변화에 선도적으로 대

---

112 '공급망 관련 3법' 제 · 개정 추진도 발표했다. 2022년 6월 대외경제장관회의에서는 민간의 공급망 안정 노력에 대해 정부가 재정 · 세제 · 금융 · 규제 지원 패키지를 제공하는 '공급망 관련 3법' 제 · 개정을 추진하겠다고 발표했다. 공급망 3법은 소재 · 부품 · 장비산업 경쟁력 강화를 위한 특별조치법(개정)과 경제안보를 위한 공급망관리 기본법, 자원안보특별법(이상 제정)을 뜻한다.
이는 최근 글로벌 공급망 불안에 대응해 수입선을 다변화하고 생산시설 확충에 나서는 기업을 정부가 제도적으로 뒷받침하겠다는 것이다. 이는 코로나19 팬데믹을 거치면서 글로벌 공급망이 타격을 입은 가운데 우크라이나 전쟁 장기화로 원자재 수급 불안이 확대된 데 따른 조치다.
정부는 공급망 위험을 관리하기 위해 특정 국가 의존도가 높은 4000여개 품목을 대상으로 위기 징후를 사전에 파악하는 조기경보시스템을 가동하고, 이 중 200개 경제안보 핵심품목에 대해서는 맞춤형 수급 관리 방안을 추진하고 있다. 다만 정부 측에서 추진할 수 있는 관리 방안에는 한계가 있는 만큼, 민간 기업에 대한 전방위 지원책을 최대한 강화하겠다는 것이 정부 방침이다.

응할 수 있는 중장기적 대책 수립과 함께 갑자기 예고없이 발생한 공급망 단절 등에 긴급히 대응할 수 있는 국가 차원의 즉시 대응이 가능한 물류공급망 정보플랫폼 구축이 필요하다.[113]

물류망 지원 TF의 효과적인 운영도 필요하다

먼저 위기 발생 시 신속한 정보공유, 대체수단 마련 등을 위해 관계기관, 항공 · 해운사, 물류기업 등과 협력체계 구축하는 상시 대응체계 구축이 필요하다.

둘째, 주요 공항 · 항만 현황, 국내기업 진출현황 등을 포함한 해외물류정보 플랫폼'을 구축하고, 정보공유체계로 활용 가능한 정보플랫폼 구축이 필요하다.

셋째, 민관 합동으로 MOU 체결, 연구용역 수행, 컨퍼런스 개최 등을 추진하고, 위기정보 조기감지 · 공유센터 구축하는 협력체계 마련도 필요하다.

넷째, 해외정보플랫폼과 연계하여, 위기감지 시 유관기관과 즉시 공유하기 위한 해외협력 강화도 필요하다. 이를 위해 우리 화주 · 물류기업이 진출해 있는 주요 국가와 정부간 물류 기술협력, 표준화, 상호이용 등 협력을 강화가 필요하다. 전략물자 확보 시 안정적 보관을 위해 공공기관이나 기업이 해외물류거점 구축 시 지원도 필요하다.

다섯째, 물류 기업도 공급망의 위험에 대응력을 갖추어야 한다.

일본의 반도체소재 수축규제, 코로나19 팬데믹, 중국의 요소수 수출규

---

113 이상근, "공급망… '단절'엔 '다변화'로", 로지스팟https://blog.logi-spot.com 이상근박사의 물류연구소(2021.6.25)

제, 러시아–우크라이나 전쟁은 우리 공급망 리스크를 종합적으로 검증해 보는 계기가 되어야 한다.

공급망 리스크는 선제대응만이 피해를 최소화하고 빠른 회복이 가능하다[114]

이제 글로벌 공급망의 리스크 관리는 선택이 아닌 필수다. 지금껏 글로벌 공급망은 여러 예기치 않은 사건들의 발생으로 병목, 지체, 단절 등 문제가 이어졌다. 언제나 크고 작은 공급망 위험에 노출돼 있는 것이다.

우리 경제에 직접적인 타격을 준 일본의 반도체 소재 수출규제는 소재·부품·장비의 대일 의존도를 크게 낮추고 공급선의 다변화와 자립화의 필요성을 제기했다. 또 2021년 중국의 요소수 수출규제는 특정 국가에 대한 과다한 공급 의존성의 리스크를 다시 생각하는 계기가 되었다. 이 사건들을 통해 공급망 리스크에 대비한 법과 제도의 정비와 더불어 선제대응을 담당할 조직이 필요하다는 공감대를 형성했다.

공급망 리스크는 선제대응만이 그 피해를 최소화하고 빠른 공급망 회복이 가능하다. 새로운 위험에 처할 때마다 어떻게 대응할지를 고민해서는 이미 늦다. 따라서 국가 차원에서 민관이 참여하는 공급망 위험에 대한 발생요소별로 다양한 대책 수립과 이를 주기적으로 검증하는 것이 필요하다. 이는 공급망 리스크가 발생한 경우 범정부 차원의 컨트롤타워에서 새로운 공급망으로 대체, 우회, 복구방안을 마련하여 신속하게 대응할 수 있는 핵심이다.

특히, 우리나라처럼 무역집중도가 높은 국가들은 국가산업의 관점에

---

114 이상근, "우크라이나 사태 장기화와 가중되는 공급망 교란", 무역경제신문(2022.3.30)

서 중요한 국가들로서 이를 지원하는 물류산업의 역할을 충실히 할 수 있도록 해당 국가의 물류 네트워크를 안정적으로 확보해야 할 것이며, 집중도가 높은 품목에 대해서는 향후 공급망 다변화와 급격한 변화 리스크를 염두에 두고 대체 시장의 물류 네트워크 확보 방안도 미리 염두에 두어야 할 것이다.[115]

탄력적 공급망 설계, 주기적 스트레스 시험, BCP 도입도 필요하다

오늘날 기업은 전사적 차원의 통합된 리스크 대응이 필요하다. 따라서 리스크를 '리스크 인식 → 리스크 평가 → 리스크 통제 → 리스크 모니터링 및 관리' 등 일련의 흐름으로 보고, 이를 시스템으로 관리할 수 있어야 한다.

오늘날과 같은 위험 사회에서 기업은 수많은 크고 작은 위험에 노출돼 있다. 따라서 위험에 처할 때마다 그 위험에 어떻게 대응할지를 고민해서는 이미 늦다. 리스크를 일련의 시스템 속에서 매뉴얼화 해 관리할 때에만 각종 위험을 효과적으로 통제할 수 있다.[116]

기업은 수많은 크고 작은 위험에 노출돼 있고, 위험에 처할 때마다 어떻게 대응할지를 고민해서는 이미 늦다. 따라서 국가 차원에서 공급망 단절과 붕괴 대책 수립과 이를 주기적으로 검증하는 것이 필요하다. 또 공급망 리스크가 발생했을 경우 새로운 공급망으로 대체, 우회. 복구방안을 마련하는 것도 시급하다.

---

115 신승호 허성호, "국내 수출입 품목별 집중도 분석을 통한 물류산업의 글로벌 공급망 다변화 대응 방안 연구", 한국교통연구원 〈교통연구〉 29권 1호(2022)

116 김수욱, "공급망에 위험 요소가 생긴다면?", 이코노미조선 (2012.2.1.)

이를 위해서는 첫째, 공급망내 리스크 대응을 위한 국가 차원의 '탄력적 공급망 설계(Designing Resilient Supply Chains)'가 필요하다. 둘째, 산업별, 지역별 공급사슬내 위험을 인식하고 우선순위를 파악할 수 있도록 주기적인 스트레스 시험(Stress Test)이 필요하다. 마지막으로 국가 차원의 공급망 BCP(Business Continuity Plan) 도입도 적극 고려해야 한다.[117]

글로벌 공급망의 안정화는 단순히 경제적 관점에서만이 아니라, 국민들의 안전과 복지를 보장하기 위해 필수적이다. 공급망의 위기 상황은 필수품의 부족과 물류 대란을 초래하여 국민들의 삶에 직접적인 영향을 미친다. 따라서 정부는 국민 복지를 위해 공급망 리스크를 체계적으로 관리하고, 민관 협력을 통해 위기 상황에서도 안정적인 물류망을 유지해야 한다. 이를 통해 공익과 국민의 복지를 보장하는 것이 궁극적으로 정부의 중요한 역할이다.

---

117 이상근, 「공급망 불확실시대 물류의 재해석 RE: Logistics」, 아웃소싱타임스(2022.11)

5

플랫폼 규제와 물류

플랫폼 경제와 노동은 디지털 기술을 활용하여 물류 서비스를 제공하고, 노동자들의 근로 환경을 개선하는 중요한 요소이다. 디지털 플랫폼을 통해 물류 서비스의 효율성을 높이고, 비용을 절감하며, 다양한 물류 서비스 플랫폼의 성장을 촉진한다. 동시에 플랫폼 노동 환경을 개선하여 노동자들의 권익을 보호하고, 공정한 근로 조건을 보장하는 것이 목표다.

디지털 플랫폼과 물류

물류 서비스 플랫폼은 디지털 기술을 활용하여 물류 서비스를 제공하는 경제 모델이다.

이는 효율적인 물류 운영과 비용 절감을 가능하게 하며, 다양한 물류 서비스 플랫폼의 성장을 촉진한다. 디지털 플랫폼을 통해 화주와 운송 업체를 연결하고, 실시간으로 물류 정보를 공유함으로써 물류 프로세스를 최적화할 수 있다.

효율적인 물류 운영

물류 플랫폼 경제는 디지털 기술을 활용하여 물류 운영의 효율성을 극대
화한다. 이를 통해 화주와 운송 업체 간의 연결을 원활하게 하고, 실시간
으로 운송 상황을 모니터링할 수 있다. 이는 물류 비용을 절감하고, 물품
의 신속한 이동을 가능하게 한다. 디지털 플랫폼은 물류 프로세스의 모
든 단계를 자동화하고, 데이터를 실시간으로 처리하여 물류 운영의 투명
성과 효율성을 높인다.

디지털 플랫폼은 운송 경로의 최적화를 통해 물류 효율성을 높이는 데
중요한 역할을 한다. 예를 들어, 실시간 교통 상황을 반영하여 가장 빠르
고 경제적인 경로를 선택함으로써 운송 시간을 단축할 수 있다. 이는 물
류 서비스의 신뢰성을 높이고, 고객 만족도를 향상시키는 데 기여한다.
또한, 물류 운영의 자동화는 인력의 효율적인 배치를 가능하게 하여 인
건비를 절감하고, 운영 효율성을 극대화한다.

비용 절감

디지털 플랫폼을 통해 물류 운영을 최적화함으로써 비용을 절감할 수 있
다. 예를 들어, 빈차 운행을 줄이고, 최적의 운송 경로를 선택하여 연료
비용과 운송 시간을 단축할 수 있다. 이는 물류 서비스의 경제성을 높이
고, 경쟁력을 강화하는 데 기여한다. 디지털 플랫폼은 물류 네트워크의
최적화를 통해 비용 효율성을 높이고, 불필요한 비용을 줄이는 데 중요
한 역할을 한다.

디지털 플랫폼은 또한 재고 관리와 물류 창고 운영의 효율성을 높이는 데 기여한다. 예를 들어, 실시간 재고 관리를 통해 불필요한 재고를 줄이고, 물류 창고의 공간을 최적화하여 운영 비용을 절감할 수 있다. 이는 물류 서비스의 경제성을 높이고, 기업의 경쟁력을 강화하는 데 중요한 역할을 한다. 비용 절감을 통해 물류 서비스의 가격 경쟁력을 높이고, 시장에서의 위치를 강화할 수 있다.

사례 ──── 우버 프레이트(Uber Freight)

우버 프레이트는 디지털 플랫폼을 통해 물류 운송 서비스를 제공하는 대표적인 사례다. 이 플랫폼은 화주와 운송 업체를 연결하여 효율적인 물류 서비스를 제공하며, 물류 산업의 혁신을 이끌고 있다. 우버 프레이트는 운송 업체가 빈차 운행을 줄이고, 최적의 경로를 선택하도록 도와줌으로써 비용 절감과 운영 효율성을 높이고 있다. 이를 통해 화주와 운송 업체 모두가 혜택을 누리고, 물류 서비스의 품질을 향상시킬 수 있다.

우버 프레이트는 디지털 플랫폼을 통해 화주와 운송 업체 간의 매칭을 자동화하고, 실시간으로 운송 경로를 최적화하여 운영 효율성을 높인다. 예를 들어, 화주가 화물을 운송할 때 빈차로 돌아가는 운송 업체를 매칭하여 빈차 운행을 줄이고, 연료 비용을 절감할 수 있다. 또한, 운송 경로의 실시간 최적화를 통해 운송 시간을 단축하고, 고객에게 신속한 서비스를 제공할 수 있다.

우버 프레이트의 디지털 플랫폼은 또한 운송 상황을 실시간으로 모니터링하고, 예기치 않은 상황에 신속하게 대응할 수 있는 기능을 제공한다. 예를 들어, 운송 중 발생할 수 있는 교통 혼잡이나 기상 악화 등을 실시간으로 파악하여 운송 경로를 조정함으로써 물류 운영의 안정성을 높인다. 이러한 기능은 물류 서비스의 신뢰성을 높이고, 고객 만족도를 향상시키는 데 기여한다.

물류 플랫폼 경제는 디지털 기술을 활용하여 물류 서비스를 제공하는 경제 모델로, 효율적인 물류 운영과 비용 절감을 가능하게 하며, 다양한 물류 서비스 플랫폼의 성장을 촉진한다. 디지털 플랫폼을 통해 화주와 운송 업체를 연결하고, 실시간으로 물류 정보를 공유함으로써 물류 프로세스를 최적화할 수 있다. 우버 프레이트와 같은 사례는 물류 산업의 혁신을 이끌고, 효율성과 경제성을 극대화하는 데 중요한 역할을 한다. 이러한 노력을 통해 물류 플랫폼 경제는 지속가능한 발전을 이루고, 글로벌 시장에서의 경쟁력을 강화할 수 있다.

플랫폼 노동 환경의 변화

플랫폼 노동 환경의 변화는 디지털 플랫폼을 통해 일하는 노동자들의 근로 환경을 개선하는 것을 목표로 한다. 이는 공정한 임금, 노동 조건 개선, 안전한 작업 환경 등을 포함한다. 디지털 플랫폼을 통한 노동 환경 개선은 노동자들의 권익을 보호하고, 지속가능한 노동 환경을 조성하는 데 중요한 역할을 한다.

공정한 임금

디지털 플랫폼을 통해 일하는 노동자들에게 공정한 임금을 보장하는 것이 중요하다. 이는 노동자들의 생계를 안정시키고, 노동의 가치를 인정하는 데 필수적이다. 공정한 임금은 노동자의 만족도를 높이고, 노동력을 안정적으로 유지하는 데 기여한다. 공정한 임금은 단순한 보상 이상의 의미를 가지며, 노동자의 경제적 안정을 보장하고, 노동 의욕을 고취시키는 역할을 한다.

디지털 플랫폼은 노동자들의 업무 성과를 실시간으로 추적하고, 이에 기반한 공정한 보상 체계를 마련할 수 있다. 이는 임금의 투명성을 높이고, 노동자들이 자신의 성과에 따라 적절한 보상을 받을 수 있도록 한다. 또한, 디지털 플랫폼은 다양한 근로 형태와 조건에 맞춰 유연한 임금 구조를 제공할 수 있어 노동자들이 자신의 상황에 맞는 최적의 근로 조건을 선택할 수 있게 한다.

노동 조건 개선

플랫폼 노동 환경의 변화는 노동 조건을 개선하는 것을 목표로 한다. 이는 근로 시간의 유연성, 휴식 시간 보장, 안전한 작업 환경 등을 포함한다. 노동 조건 개선은 노동자의 삶의 질을 향상시키고, 생산성을 높이는 데 도움이 된다. 유연한 근로 시간은 노동자들이 자신의 생활 패턴에 맞춰 일할 수 있게 하여 업무 효율성을 높이고, 스트레스를 줄이는 데 기여한다.

디지털 플랫폼은 근로 시간의 유연성을 제공함으로써 노동자들이 일과 삶의 균형을 유지할 수 있도록 한다. 이는 노동자들이 자신의 일정을 자유롭게 조정할 수 있게 하여 근로 환경을 개선하고, 업무 만족도를 높이는 데 중요한 역할을 한다. 또한, 디지털 플랫폼은 휴식 시간을 보장하고, 과도한 업무 부담을 줄임으로써 노동자들의 건강과 안전을 보호할 수 있다.

안전한 작업 환경

디지털 플랫폼을 통해 일하는 노동자들에게 안전한 작업 환경을 제공하는 것이 중요하다. 이는 사고와 부상을 예방하고, 노동자들의 건강과 안전을 보장하는 데 필수적이다. 안전한 작업 환경은 노동자들의 신뢰를 높이고, 장기적인 근로 의욕을 고취시키는 데 기여한다. 디지털 플랫폼은 안전한 작업 환경을 구축하고, 노동자들에게 필요한 안전 장비와 교육을 제공할 수 있다.

플랫폼 노동자들의 작업 환경을 모니터링하고, 실시간으로 위험 요소를 식별하여 신속하게 대응하는 시스템을 구축할 수 있다. 이는 사고 발생을 사전에 예방하고, 노동자들의 안전을 보장하는 데 중요한 역할을 한다. 또한, 디지털 플랫폼은 노동자들에게 정기적인 안전 교육을 제공하여 작업장에서의 안전 수칙을 준수하도록 유도할 수 있다.

사례 ——— 플랫폼 노동자 보호법 제정

일부 국가들은 플랫폼 노동자들의 권익을 보호하기 위해 법률을 제정하고 있다. 예를 들어, 유럽 연합은 플랫폼 노동자들에게 공정한 임금과 근로 조건을 보장하기 위해 새로운 규제를 도입하고 있다. 이 규제는 플랫폼 노동자들이 정당한 대우를 받고, 안전한 근로 환경에서 일할 수 있도록 하는 데 중점을 둔다. 이러한 법률 제정은 노동자들의 권익을 보호하고, 플랫폼 경제의 지속가능한 발전을 도모하는 데 중요한 역할을 한다.

유럽 연합의 새로운 규제는 플랫폼 노동자들이 최소한의 근로 조건을 보장받을 수 있도록 하며, 노동자들이 자신들의 권리를 보호받을 수 있는 법적 장치를 제공한다. 이는 플랫폼 경제가 지속가능하게 발전할 수 있도록 지원하며, 노동자들이 안정된 근로 환경에서 일할 수 있게 한다. 예를 들어, 새로운 법률은 플랫폼 노동자들에게 최소 임금,

근로 시간 제한, 안전한 작업 환경 등을 보장하며, 플랫폼 기업들이 이를 준수하도록 강제한다.

플랫폼 노동 환경의 변화는 디지털 플랫폼을 통해 일하는 노동자들의 근로 환경을 개선하는 것을 목표로 한다. 공정한 임금, 노동 조건 개선, 안전한 작업 환경 등을 포함한 이러한 변화는 노동자들의 권익을 보호하고, 지속가능한 노동 환경을 조성하는 데 중요한 역할을 한다. 디지털 플랫폼을 통한 노동 환경 개선은 노동자들의 경제적 안정을 보장하고, 노동 의욕을 고취시키며, 플랫폼 경제의 지속가능한 발전을 도모할 수 있다. 플랫폼 노동자 보호법 제정과 같은 법적 장치는 이러한 목표를 실현하는 데 중요한 역할을 하며, 노동자들이 정당한 대우를 받고 안전한 근로 환경에서 일할 수 있도록 보장한다.

플랫폼 경제와 노동은 디지털 기술을 활용하여 물류 서비스를 제공하고, 노동자들의 근로 환경을 개선하는 중요한 요소이다. 물류 플랫폼 경제의 성장은 효율적인 물류 운영과 비용 절감을 가능하게 하며, 다양한 물류 서비스 플랫폼의 성장을 촉진한다. 우버 프레이트와 같은 디지털 플랫폼은 물류 산업의 혁신을 이끌고, 효율성을 극대화하는 데 기여한다. 동시에 플랫폼 노동 환경의 변화는 노동자들의 권익을 보호하고, 공정한 임금과 노동 조건 개선, 안전한 작업 환경을 보장하는 것을 목표로 한다. 플랫폼 노동자 보호법 제정과 같은 정책적 노력은 노동자들의 권익을 보호하고, 지속가능한 노동 환경을 조성하는 데 중요한 역할을 한다. 이러한 노력을 통해 디지털 플랫폼 경제는 물류 서비스의 혁신을 촉진하고, 노동자들에게 공정한 근로 조건을 제공하며, 지속가능한 발전을 도모할 수 있다.

플랫폼 독점과 공공물류 인프라[118]

플랫폼 기업의 사업 확장을 우려하는 목소리가 높다. 디지털 플랫폼 제공자가 지나친 폭리를 취하거나, 플랫폼 제공자가 시장 안에서 사업자를 겸해 뛰면서 공정 경쟁을 해친다는 게 우려의 핵심이다.

플랫폼 기업들의 영향력이 이제 웬만한 국가를 뛰어넘었다. 우리나라나 스페인의 국내총생산(GDP) 보다 아마존의 시가총액이 높고, 이탈리아의 GDP보다 애플의 시가총액이 높다. 플랫폼 기업들이 재벌기업의 문어발식 확장을 그대로 따라하면서 재벌에 가해지던 비판이 이제 플랫폼 기업에게도 넘어가고 있다. 쿠팡이나 네이버 스마트스토어는 소규모 판매자(셀러)에게 판매기회를 제공하는 것으로, 배달의민족은 배달음식 주문과 배달을 손쉽게 해주는 채널로 성장했다. 하지만 동시에 판매자와 음식점들의 생사를 쥐고있는 '플랫폼 독점'의 상징이 되고 있다.

플랫폼기업과 대형유통기업이 물류사업에 진출하고 있다

우리나라의 대형유통기업과 플랫폼기업은 자사의 물류 인프라를 기반으로 유통을 넘어 물류까지 사업화하고 있다. 이들 기업은 언제든지 자사 취급 물량에 자사의 공급사, 벤더, 셀러, 협력사의 물량을 더하여 미국의

---

118 이상근, "플랫폼 독점과 공공물류 인프라", 아웃소싱타임스(2022.5.30.)

아마존이 수행하는 풀필먼트(FBA Fulfillment by Amazon), 배달(SWA Shipping with Amazon, Amazon Flex)과 보관(Vender Flex) 등 물류사업에 진출할 수 있다. 이 전략은 미국의 UPS와 USPS(우체국) 경우처럼 기존 물류기업의 물량 대량 이탈과 함께 기존의 고객을 두고 서로간 물량확보 경쟁을 하게 될 것이다.

국내에서는 신선 새벽배달 기업인 마켓커리(샛별배송), 쿠팡(로켓프레쉬), GS(GS Fresh) 등도 물류사업을 확대할 전망이다. 네이버는 NFA(Naver Fulfillment Alliance), 카카오는 물류플랫폼 iLaas(Logistics as a Service)와 도보 배송서비스를 통해 물류사업에 진출했다. 택배사업자로 지정받은 쿠팡과 마켓컬리는 로켓배송, 샛별배송의 노하우를 집약한 비즈니스 플랫폼으로 단순 새벽배송 물류대행 뿐 아니라 물류 전반에 대한 솔루션을 제공하는 서비스를 기획하고 있다.

물류인프라 확충에 나서는 플랫폼기업

쿠팡은 중소도시와 군 단위까지 쿠팡의 직접 배송이 가능해진 이유는 수년간 물류 인프라 확보에 집중해왔기 때문이다. 쿠팡은 2023년에만 1조 5,000억 원을 투자해 약 140만㎡에 달하는 물류 인프라를 구축했다. 이는 직전 2년간 확보한 인프라를 뛰어넘는 규모다. 2019년부터 최근까지 건립하겠다고 밝힌 물류센터만 전북 완주와 충북 제천, 경북 김천 등 10곳이 넘는다. 현재 쿠팡은 전국 30개 지역 100곳 이상의 물류센터를 확보하고 있다.

마켓커리는 2023년 7월 2254억원의 시리즈F 투자유치 이후 5개월만인 12월 2500억원규모의 프리 IPO 투자를 유치했다. 마켓커리는 계속해서 가파르게 높아지는 거래액과 고객 재구매율 등에 대응하기위해 물류센터의 추가 확보에 나서고 있다. 기존 수도권 물류 인프라인 서울 송파물류센터, 김포고촌물류센터, 화도물류센터, 곤지암물류센터에 이어 지난 4월 비수도권의 창원물류센터 건립을 위한 업무협약을 체결했다.

물류거점 확보에 어려움에 처한 물류기업

2021년 11월28일, 국회 의원회관에서 물류단지 실수요검증 지방이양 추진 및 중소기업 동반성장 지원 '국가(공공) 물류단지' 조성 토론회가 열렸다. 이 토론회에서 국회 국토교통위원장은 "대한민국은 택배천국이다. 하지만 택배서비스가 중소기업의 물류부담을 키우고 있다. 소비자가 밀집된 수도권 인근의 좋은 물류거점은 이미 대기업과 플랫폼기업에 의해 선점된 상황이다. 자금력이 부족한 중소기업이 좋은 물류거점을 확보한다는 것이 사실상 불가능하다.'며, "중소기업들이 물류비 부담을 줄이고 강소기업으로 거듭날 수 있는 실질적인 방안들이 많이 제시되기를 기대한다"고 언급한바 있다.

정부는 공공시설 유휴부지를 활용한 공공물류 인프라 구축을 본격 추진
정부는 물류기업, 특히 중소기업의 열악한 자금력으로 확보하기 어려운 물류인프라를 '공공재'차원에서 구축하려는 정책을 추진중이다. 중앙정부, 지자체, 공공기관에서는 온라인 유통시장 확대와 코로나19 영향으로 급증하는 생활물류 물동량의 효율적 처리를 위해 공공시설 유휴부지를 생활물류시설로 활용하는 방안을 추진하고 있다. 국토교통부는 생활물류 수요 증가 추세 속에 높은 지가 등으로 신규 공급이 정체된 도시 물류시설 확충을 위해 공공기관 등이 보유·관리 중인 유휴부지를 공급한다고 밝혔다.

국토부는 생활물류 기업들의 비대면 서비스 활성화에 따른 물류(택배)시설 확충 관련 어려움을 덜어주기 위해 지자체·공공기관·물류업계 등이 참여하는 '생활물류 협의체'를 구성했다. 협의체는 도시철도 차량기지(10개소) 및 지하역사(4개소), 광역·일반철도 역 유휴지(10개소) 및 철도교 하부(1개소), 고속도로 고가교 하부(3개소) 및 폐도부지(1개소) 등 공공기관이 관리 중인 수도권 내 유휴부지 총 29개소, 12.5만㎡ 규모의 장기 미사용 부지 현황을 확인했다.

국토부와 공공기관 합동으로 해당 29개 유휴부지 대상 물류업계 수요조사 및 진입도로 개설상황, 부지정리 여부 등 여건을 확인중이다. 확인후 진입도로 개설 등 추가 기반시설 조성 등을 거쳐 따라 부지 단계적으로 공급할 예정이다.

대상 부지는 업계 수요, 부지 규모·특성, 공급 시급성 등을 감안하여 택배 지원 물류시설(서브 터미널, 분류장 등) 중심으로 공급하되, 지하에 위치한 서울 도시철도역사 등은 중소 유통·물류업체의 도심 보관시설 등으로도 활용을 추진하고 있다. 이중 지하물류체계는 지상은 사람을 위한 공간으로 활용하고 지하는 화물 보관과 풀필먼트, 운송을 위한 공간으로 활용하는 것이다. 국책연구기관에서도 도심내 물류거점의 확보를 위해 도심 지하공간을 활용한 물류거점 확보의 사업성, 문제점 등을 종합적으로 검토하고 있다.

미국과 유럽에서도 플랫폼 규제 움직임이 일고 있다

구미에서도 플랫폼 기업의 영향력이 점점 커지면서 이들이 시장독점적 행태에 우려가 커지고 있다. 세드리크 오 프랑스 디지털 담당 장관은 2021년 8월 그랜드 하얏트 서울에서 개최한 문화소통포럼(CCF) 온라인 축사에서 "디지털 기업은 이윤 추구가 목적이기 때문에 자정 능력이 없거나 공동 이익에 반할 수 있다"며, 유튜브·페이스북과 같은 디지털 플랫폼이 흥미로운 수단이지만, 특정 국가의 가치를 주입하고 공익을 보장하지 못할 우려가 있기 때문에 적절한 규제가 필요하다고 밝힌바 있다.[119]

장기적 관점에서 보면 기술 진보를 통한 혁신과 특정 산업 내의 건전한 경쟁은 소비자에 게 더 많은 부가가치를 제공하고 관련 시장의 발전을 이끄는 것으로 평가받고 있다. 하지만 단기적 관점에서는 기존 시장의 관행과 질서를 유지하려는 사회 구성원과 신규 도전자 세력 간 경쟁이 심화되고 이해집단 간 갈등을 고조시키는 주요인인 것이 현실이다. 바람직한 미래산업의 발전 어젠다를 제시하는 동시에 기존 산업과 연관산업, 종사자를 동시에 보호·육성해야 의무를 지닌 공공의 역할이 중요한 이유가 여기에 있다.

---

119 미국 바이든 행정부는 빅테크 기업을 겨냥하는 반독점 정책을 대거 내놓고 있다. 미국 정부는 빅테크와의 전쟁을 앞두고 리나 칸 연방거래위원회(FTC) 위원장, 조너선 캔터 법무부 반독점국장, 팀 우 백악관 국가경제위원회 대통령 특별보좌관 등 전문가들을 기용했다. 칸은 로스쿨 재학 시절 '아마존의 반독점 역설'을 써서 기존 주류 경제학 반독점법 이론의 근간을 흔든 인물이다. '아마존 킬러'라는 별명으로 불리며 빅테크 독점에 비판적인 관점을 가져온 32세의 진보 성향 여성학자가 연방거래위원회의 칼자루를 쥐었다.

플랫폼기업 주도의 공유경제는 '디지털 독점 경제'로 변질되기 쉽다

4차 산업혁명 시대의 도래와 함께 '코로나19 팬데믹'은 '플랫폼 산업 활성화'의 속도를 높이고 있다. 코로나19로 인한 사회적 거리두기, 비대면 거래 활성화는 디지털 기반 플랫폼 경제의 폭발적 성장을 이끌고 있다. 이를 지원하는 핵심 서비스 산업인 물류와 배달시장도 플랫폼기업이 빠르게 침투하고 있다.

디지털 기술을 통해 사회적으로 자원을 효율적으로 나누고, 그 편익을 모두가 나눌 것으로 예상했던 플랫폼기업 주도의 공유경제는 사실 '플랫폼 독점 경제'로 변질되기 쉽다. 공유경제는 시장을 독점한 대기업에 의해서가 아니라 정부와 같은 공적 기관이 이해당사자인 생산자, 유통업자, 서비스이용자, 서비스제공자, 플랫폼사업자의 중심에 서서 사회적 차원의 이해 조정과 수요, 공급을 조정하는 방식일 때 가장 효율적으로 작동할 수 있다.

이런 면에서 '플랫폼 독점경제'에 대응하는 공공재 측면의 '공공물류 인프라' 구축의 지원정책이 필요하다. 이를 통해 물류기업, 특히 중소 물류기업과 유통기업의 생존이 가능하게 만들어 플랫폼의 독점화를 막는 정책 추진이 필요하다.

뉴노멀시대, 우리 국민들 생활 속 깊이 들어온 물류서비스는 그 가치와 성장 가능성이 과거 어느 때보다 주목받고 있다. 정부는 산업차원을 넘어 국민 복지와 편익 측면에서도 물류산업의 독점화를 막고 관리 · 육성하고 발전시킬 의무가 있다. 지금이 변화된 물류 패러다임에 부응할 수 있는 물류산업발전 전략이 필요한 타이밍이다.

6
화이트물류와 근로환경[120]

최근 물류업계에서는 "화이트물류(White Logistics)"라는 새로운 패러다임이 등장하고 있다. 화이트 물류는 성별이나 연령에 관계없이 누구나 일할 수 있는 환경을 만드는 것을 목표로 하며, 노동 환경 개선을 중심으로 한 물류 혁신을 의미한다.

일본은 심각한 저출산 및 고령화 문제에 직면해 있다. 이로 인해 생산 연령 인구가 감소하면서 물류업계에서도 인력 부족 문제가 심화되고 있다. 특히, 운전기사의 부족은 물류의 안정성에 큰 영향을 미치고 있다. 이에 따라 노동 생산성을 높이는 것이 필수적이며, 다양한 노동 방식의 도입이 요구되고 있다. 이러한 배경에서 "일하는 방식 개혁"이 추진되고 있으며, 이는 다양한 업무 방식을 선택할 수 있는 사회를 목표로 하고 있다. 물류업계에서도 이와 같은 흐름에 발맞추어 2019년부터 화이트물류 추진 운동을 시작하였다. 이는 물류 사업자와 화주 기업이 서로 협력

---

120 이상근, "화이트물류와 지속가능한 미래", 아웃소싱타임스(2021.5.20.)을 기초로 재작성되었습니다.

하여 물류를 개선하고 노동 환경을 개선하는 운동이다. 이는 물류업계의 중요한 인프라인 노동 환경을 개선함으로써 경제 성장에도 기여할 수 있다.

일본의 물류 현안과 화이트물류

전후의 고도 성장과 글로벌화로 일본의 산업구조는 크게 변화했다. 이에 따라 물류에 대한 요구도 고도화되어 왔다. 그러나 이는 생산성 저하를 초래하기도 했다. 예를 들어, 재배송 비율이 높아지면서 드라이버들의 노동 강도도 높아지고 있다. 일본의 노동 생산성은 G7 국가 중 최하위 수준으로, 미국의 60%에 불과하다. 이러한 상황에서 과도한 서비스 요구는 생산성을 저하시킬 뿐만 아니라, 물류 업계의 노동 환경에도 부정적인 영향을 미치고 있다

일본 물류서비스는 과잉 서비스와 비용이 반영되지 않는 서비스 요구가 많았다. 이를 개선하기 위해 서비스와 대가의 관계를 재검토하고 있다. 예를 들어, 짐 대기 시간도 운임의 대가에 포함시켜야 한다는 인식이 일고 있다. 2017년에는 "화물자동차 운송사업 운송안전규칙"이 개정되어, 짐 대기 시간이 30분 이상일 경우 이를 기록하게 되어 있다. 이는 운송 사업자와 화주가 협력하여 장시간 노동을 개선하는 데 도움을 주고 있다.

운전자 부족과 고령화 문제는 인구구조 변화뿐만 아니라 1990년대부터 시작된 규제 완화와 과도한 경쟁, 그리고 트럭 운송 사업자의 기존 체질 등이 복합적으로 작용한 결과이다. 일본 총무성의 국세조사에 따르면, 1990년 대비 2022년의 생산 연령 인구는 크게 감소했으며, 2065년

에는 더 큰 감소가 예상된다.

일본 물류업계는 화이트물류를 통해 심각한 운전자 부족 문제를 해결하기 위해 다양한 방안을 모색하고 있다. 예를 들어, 대기 시간의 단축, 팔레트를 활용한 신속한 하역, 야간 및 이른 아침 적재의 재검토 등이 있다. 이를 통해 트럭 운송의 생산성을 향상시키고, 노동 시간을 단축하며, 임금을 개선하여 영세사업자의 경영 상태를 개선하려는 노력이 이어지고 있다.[121]

또한, 여성과 60세이상의 고령자들도 일하기 쉬운 환경을 조성하는 것이 화이트물류의 중요한 목표 중 하나이다. 이러한 환경이 조성되면 운전을 희망하는 사람들이 늘어나고, 이는 물류업계의 인력 부족 문제를 해결하는 데 기여한다. 또한, 다양한 인력이 참여할 수 있는 노동 환경을 조성함으로써 물류업계의 지속가능한 발전을 도모할 수 있다.

일본 국토교통성, 경제산업성, 농림수산성 등 정부 부처의 지원을 받아 물류 사업자와 화주 기업이 협력하여 노동 환경을 개선하고, 이를 통해 운전 희망자를 늘려 물류 인프라를 안정적으로 유지하고자 한다.

미국의 화이트물류: 데이터 투명성, 지속가능한 기술, 공급망 회복력 강화

긱경제 시대가 오면서 미국 LA의 AB701 법안[122]과같이 선진국들은 새로

---

121 田中康仁, 「物流のしくみ」 同文館出版(2023.5)
122 "인건비 등 물류비용 증가 · 안전규정 강화 등 파장", 미주한국일보(2021.9.27.)
2022년 1월 시행에 들어간 미국 LA의 'AB701 법안'의 핵심은 물류 업체에 관행으로 자리 잡은 과도한 작업 할당제에 제동을 건다는 데 있다.
AB701이 시행에 들어가면 물류 업체는 30일 단위로 직원들에게 작업 할당에 대한 명세를 문서로 공개해야 한다. 작업 할당에 대한 명세에는 할당량 산정에 대한 근거와 할당 물량의 종류 등이 포함되어야 한다.

운 비정규직인 N잡러의 모호한 지위를 새롭게 규정하고 법률로 보호 테두리를 마련하고 있다. 긱경제 이전의 고용계약은 고용주와 피고용주 사이의 근로계약을 통해 임금·보수, 취업 안정성과 비자주적 노동을 교환하는 형태였다. 하지만, 긱경제에서는 기업의 수요에 따라 초단기 계약 형태로 노동자를 고용하고 활용한다. 전통적인 고용주와 피 고용주 관계가 파괴된 것이다.

미국 교통부는 FLOW(Freight Logistics Optimization Works) 프로그램을 통해 공공–민간 파트너십을 형성하여 공급망 네트워크의 투명성을 높이고 병목 현상을 줄이는 데 주력하고 있다. FLOW는 데이터 공유를 통해 물류 운영을 최적화하고, 물류 관리자들이 병목 현상을 예측하고 대처할 수 있도록 돕는다.

미국 물류산업은 노동력 부족 문제를 해결하기 위해 자동화와 첨단 기술을 도입하고 있다. 자율주행 트럭과 자동화 창고 시스템이 사용되고 있으며, 이는 생산성을 높이고 노동 강도를 줄이는 데 기여한다.

Amazon은 로봇 창고 시스템을 도입하여 물류 프로세스를 자동화하고 있다. 이는 노동 환경을 개선하고, 작업자들의 피로도를 줄이며, 물류

정해진 작업 할당량을 채우지 못했다는 이유로 물류 업체는 직원의 휴식이나 점심시간, 화장실 이용과 같은 건강과 안전에 대한 권리를 침해하지 못하게 된다.
할당된 물량이 과도하다고 판단한 직원은 업주에게 작업 할당 근거 기준 공개와 함께 90일 이내에 시정을 요구할 수 있으며 업주는 이 기간에 해당 직원을 징계하거나 해고할 수 없다. 이의 제기에도 작업 할당량의 개선이 없다면 해당 직원은 부과 중지를 요구하는 소송을 제기할 수 있는 권리가 보장된다.
AB701 법안은 아마존을 언급하지 않지만, 입법 초기부터 아마존의 과도한 작업량 할당 체계의 개선을 위한 법이라는 평가가 나올 정도로 아마존을 대상으로 삼고 있다. 아마존의 물류 작업 할당 알고리즘은 저성과자에 대한 해고 근거로 사용됐다는 비판과 함께 불이익을 당하지 않으려고 화장실 사용 대신 페트병에 소변을 보는 사태까지 빚어지면서 문제가 되기도 했다.

효율성을 극대화하는 데 기여한다. UPS는 자율주행 트럭을 시험 운영하여, 운전자의 피로도를 줄이고, 배송 효율성을 높이고 있다. 이러한 기술 도입은 장기적으로 화이트 물류를 구현하는 데 중요한 역할을 한다.

미국은 기술혁신과 전략적 정책지원을 통해 화이트물류를 더욱 발전시킬 것이다. 주요 미래 방향은 데이터 투명성 강화, 지속가능한 기술 도입, 공급망 회복력 강화 등이 포함된다.

유럽의 화이트물류 : 친환경 기술, 디지털화 가속화, 공공-민간 협력 강화

유럽연합의 Green Deal은 지속가능한 물류를 촉진하는 중요한 프레임워크이다. 이는 탄소배출 감소와 에너지 효율성 향상을 목표로 하며, 물류 산업은 전기차, 친환경 연료, 스마트 물류 시스템 등을 적극 도입하고 있다.

유럽은 디지털화와 자동화를 통해 물류 효율성을 극대화하려고 노력하고 있다. 자동화된 창고와 자율주행 트럭, AI 기반 물류 관리 시스템 등이 도입되고 있다. 이러한 기술은 특히 노동력 부족 문제를 해결하고 생산성을 높이는 데 중요한 역할을 한다.

독일은 물류 허브를 중심으로 스마트물류 시스템을 구축하고 있다. 이는 공공-민간 협력을 통해 디지털화와 지속가능성을 중심으로 운영되며, 물류 효율성을 높이고 노동 환경을 개선하는 데 기여한다. DHL은 전기 트럭과 재생 가능 에너지를 활용한 물류 솔루션을 도입하여, 탄소 배출을 줄이고 지속가능한 물류를 구현하고 있다. 이는 유럽 전역에서 화이트 물류의 모범 사례로 자리잡고 있다. 유럽의 화이트물류는 기술 혁신과 지속가능한 관행을 통해 계속 발전할 것이다. 친환경 기술 도입, 디지털화 가속화, 공공-민간 협력 강화 등이 주요 추진 방향이다.

화이트 물류는 일본, 미국, 유럽 각 지역에서 독특한 방식으로 추진되고 있으며, 이는 각국의 경제적, 사회적, 환경적 요구에 부합하는 방향으로 발전하고 있다. 세 지역 모두 기술 혁신, 지속가능한 관행 도입, 노동 환경 개선을 통해 화이트물류를 발전시키고 있다. 이러한 노력이 계속됨에 따라 전 세계 물류산업은 더욱 효율적이고 포괄적이며 지속가능한 방향으로 나아갈 것이다.

한국의 화이트물류 : 4차산업혁명 기술도입으로 노동환경 개선

국토교통부에 따르면 배달 라이더 수는 2019년 상반기 11만9626명에서 2022년 상반기 23만7188명으로 3년 새 약 두 배가 됐다. 근로시간 축소, 플랫폼의 활성화, 고용형태의 다변화로 원하는 시간에 부업 일자리를 구할 수 있게 된 것도 주요한 원인이다.[123]

물류 기업이 긱경제에서 이익을 극대화하려면 긱 워커를 이용한 노동 유연성을 높일 필요가 있고, 노동자는 직업선택의 자유와 전문성 강화의 계기로 삼아야 한다. 산재 · 고용보험의 적용 범위를 넓히고 은퇴세대를 '실버 긱 워커'로 육성하는 정책을 펼쳐 은퇴자의 경험 및 기술을 사회에 녹여내고 그들의 노후안정도 강화해야 한다.[124]

우리나라에서도 화이트물류의 필요성이 강조되고 있으며, 이를 실현하기 위한 다양한 노력과 정책이 추진되고 있다. 이는 주로 노동 환경 개

---

123 "새벽 4~7시 쿠팡 뛰고 6만 원 받았다…생계형 n 잡러 36만 명", 중앙일보(2023.1.30.)
124 양희웅, "긱 경제(Gig Economy) 확산과 새 정부 일자리 정책에의 시사점", 중소기업연구 2017년 여름호

선, 기술 혁신, 지속가능한 물류 관행을 통해 이루어지고 있다.

한국 물류업계는 전통적으로 높은 노동 강도와 긴 근무 시간으로 인해 노동 환경이 열악한 것으로 평가받고 있다. 이에 따라 노동 환경을 개선하고, 노동자들의 삶의 질을 높이기 위한 다양한 정책이 추진되고 있다. 2018년부터 시행된 주 52시간 근무제는 노동자의 과도한 근무 시간을 줄이고, 보다 건강한 노동 환경을 조성하는 데 기여하고 있다. 이는 특히 물류 업계의 과로 문제를 해결하는 데 중요한 역할을 하고 있다.

한국 물류업계는 4차 산업혁명 기술을 도입하여 효율성 극대화와 노동 환경 개선을 추구하고 있다. 이는 스마트물류 시스템, 자동화 창고, AI 기반 물류 관리 시스템 등을 통해 이루어지고 있다. 물류기업들은 스마트물류 시스템을 통해 물류과정을 디지털화하고, IoT(사물 인터넷) 기술을 활용하여 실시간으로 물류정보를 관리하고, 효율성을 높이고 있다. 또 인공지능(AI)과 로봇 기술을 활용하여 상품의 입출고를 자동화하고, 작업 효율성을 극대화하고, 노동 강도를 줄이고 있다.

우리 정부도 여성과 고령자의 노동 시장 참여를 늘리기 위해 다양한 지원 정책을 도입하고 있다. 예를 들어, 여성 전용 주차 공간, 어린이집 시설 확충, 고령자 맞춤형 일자리 지원 등이 포함된다. 이는 노동력 부족 문제를 해결하고, 보다 포괄적인 노동 환경을 조성하는 데 기여할 것이다.

화이트물류의 방향성

화이트물류는 물류업계의 작업환경을 개선하여 근로자들에게 더 나은 근로조건을 제공하고, 물류의 효율성과 안정성을 높이는 것을 목표로 한다. 이는 일본, 미국, 유럽을 포함한 여러 나라에서 다양한 형태로 추진되고 있으며, 공통적으로 다음과 같은 방향성을 지니고 있다.

먼저, 노동환경 개선이다

화이트물류의 핵심 목표는 노동자들의 근로 환경을 개선하는 것이다. 이는 장시간 노동을 줄이고, 안전하고 쾌적한 작업 환경을 제공하며, 성별과 연령에 구애받지 않고 누구나 일할 수 있는 환경을 조성하는 것을 포함한다. 예를 들어, 일본은 대기 시간을 줄이고, 팔레트 활용을 통해 하역 시간을 단축하며, 적재 시간을 재검토하여 작업의 효율성을 높이고 있다.

둘째, 기술 혁신과 자동화이다

물류업계는 효율성을 높이기 위해 기술 혁신과 자동화가 중요하다. 무인 항공기와 자동운전 기술의 도입, 물류 센터의 자동화 시스템 구축 등이 그 예이다. 이러한 기술적 혁신은 노동 강도를 줄이고, 인력 부족 문제를 해결하는 데 기여할 수 있다.

셋째, 협력과 공동 노력이다

화이트물류는 물류사업자와 화주기업, 정부기관 간의 협력이 필수적이다. 일본의 사례처럼 국토교통성, 경제산업성, 농림수산성 등의 지원과 함께 화주기업의 협력이 중요하다. 이는 물류 서비스의 안정성을 확보하고, 효율적인 물류 프로세스를 구축하는 데 기여한다.

마지막으로 지속가능한 발전이다

화이트물류는 단순히 노동환경을 개선하는 것에 그치지 않고, 물류업계의 지속가능한 발전을 목표로 한다. 이는 경제성장에 기여하고, 환경 친화적인 물류시스템을 구축하는 것을 포함한다. 예를 들어, 유럽에서는 환경 보호를 위한 친환경 물류 시스템 도입이 강조되고 있다.

화이트물류는 지속가능한 미래를 도모하는 중요한 움직임이다

화이트물류는 노동환경의 개선과 물류 효율성의 향상을 통해 물류업계의 지속가능한 미래를 도모하는 중요한 움직임이다. 이는 다양한 이해관계자 간의 협력과 기술혁신을 통해 이루어지며, 물류 서비스의 안정성을 확보하고 경제 성장에 기여할 수 있다. 우리나라 역시 이러한 글로벌 동향에 발맞춰 화이트물류를 추진함으로써 물류업계의 경쟁력을 강화하고, 보다 안전하고 쾌적한 근로 환경을 조성할 필요가 있다.

결국, 화이트물류는 단순한 노동환경 개선을 넘어, 물류업계 전체의 혁신과 발전을 이끄는 중요한 방향성으로 자리잡고 있다. 이를 통해 모든 근로자들이 더 나은 환경에서 일할 수 있고, 물류 서비스의 질도 함께 향상될 수 있을 것이다.

7

물류 취약지역 서비스 개선[125]

산간, 도서, 농어촌 등 도시와 떨어진 곳에는 여전히 물류 취약지역이 존재한다. 이러한 지역에서는 여러 요인으로 인해 물류 서비스의 원활한 제공이 어렵다. 산악 지형이나 해양 등 지리적인 문제들로 인해 교통 접근성이 떨어지고 인프라가 부족하기 때문이다. 도로와 공항 등 교통 인프라 역시 열악하여 물품 배송이 지연되거나 배송비가 더 비싼 경우가 많다. 이로 인해 해당 지역에 거주하는 주민들은 도심과는 달리 늦어지는 배송과 비싼 택배비가 일상적이다.

특히, 이러한 문제는 고령화가 심화된 농어촌 지역에서 더욱 두드러진다. 고령층 주민들은 인터넷 쇼핑을 통해 생필품을 구입하는 경우가 많지만, 물류 시스템의 한계로 인해 원하는 시기에 물품을 받지 못하거나 높은 배송비를 부담해야 하는 경우가 빈번하다. 이는 생활의 불편을 초래할 뿐만 아니라 경제적 부담으로 이어져, 지역 주민들의 삶의 질을 저

---

125 이상근, "정부와 기업의 협력이 필요한 물류 취약지역 서비스 개선", 아웃소싱타임스 (2024.7.1.)을 기초로 재작성되었습니다.

하시킨다.

이러한 문제를 해결하기 위해 국토교통부와 우체국, 그리고 물류기업들은 다양한 시도를 하고 있다. 국토교통부와 우체국은 공동배송 시범사업을 추진하여 물류 취약지역에서도 신속하고 안전한 배송 서비스를 제공하고자 노력하고 있다. 이와 함께, 쿠팡, CJ대한통운, 한진 등 주요 물류기업들은 각자의 혁신적인 물류 시스템과 광범위한 네트워크를 활용하여 물류 취약지역의 문제를 해결하는 데 기여하고 있다.

물류 취약지역의 문제는 단순히 물류서비스의 질을 향상시키는 것에 그치지 않는다. 이는 지역 주민들의 삶의 질을 높이고, 지역 경제를 활성화시키며, 사회적 형평성을 제고하는 데 중요한 역할을 한다. 따라서, 물류 취약지역의 문제를 해결하기 위한 노력은 지속적이고 체계적으로 이루어져야 하며, 정부와 민간 기업 간의 협력이 필수적이다. 이러한 노력들은 결국 도심 지역과 취약 지역 간의 물류 서비스 격차를 줄이고, 모든 국민이 평등하게 양질의 물류 서비스를 누릴 수 있는 환경을 조성하는 데 기여할 것이다.

물류 취약지역 문제는 우리나라만의 문제가 아니다

일본, 미국, EU 등도 유사한 물류 취약지역 문제를 해결하기 위해 다양한 대응책을 마련하고 있다. 이들 국가들은 물류 취약지역의 문제를 다양하게 대응하고 있다.

일본은 산간지역과 도서지역의 물류 취약지역 문제를 해결하기 위해 기술을 적극적으로 활용하고 있다. 특히 로봇과 드론을 이용한 배송 시스템을 도입하여 접근이 어려운 지역에도 신속한 물류 서비스를 제공하고 있다. 예를 들어, 일본 우정국은 드론을 활용해 도서지역에 의약품과 필수품을 배송하는 시범사업을 운영 중이다. 이는 지형적 한계를 극복하고 물류 비용을 절감하는 데 큰 도움이 되고 있다. 또한, 배송로봇을 도입하여 인구 고령화로 인한 인력 부족 문제를 해결하고자 하는 노력도 기울이고 있다.

미국은 넓은 국토와 다양한 지형으로 인해 물류 서비스 제공에 많은 어려움을 겪고 있다. 이를 해결하기 위해 민간기업과 공공기관이 협력하는 모델을 채택하고 있다. 예를 들어, 아마존은 자사의 물류 네트워크를 활용해 USPS(미국 우정국)와 협력하여 접근성이 낮은 지역에 배송 서비스를 제공하고 있다. 이러한 협력 모델은 물류 서비스의 효율성을 높이고, 비용을 절감하는 데 기여하고 있다. 또한, 민간 드론 배송 서비스인 '아마존 프라임 에어'를 통해 산간 지역과 같은 물류 취약 지역에도 신속한 배송을 제공하고 있다.

EU는 다양한 회원국 간의 협력을 통해 물류 취약지역 문제를 해결하고자 한다. 특히 공동물류 플랫폼을 구축하여 회원국 간 물류 데이터를 공유하고, 효율적인 물류경로를 설계하는 데 중점을 두고 있다. 이를 통해 각국의 물류 네트워크를 최적화하고, 도서·산간지역에도 원활한 물류 서비스를 제공할 수 있도록 지원하고 있다.

물류 서비스의 지역 간 격차 해소 노력

산간, 도서, 농어촌 등 도시와 떨어진 곳에는 여전히 물류 취약지역이 존재한다. 이러한 지역에서는 여러 요인으로 인해 물류 서비스의 원활한 제공이 어렵다. 산악 지형이나 해양 등 지리적인 문제들로 인해 교통 접근성이 떨어지고 인프라가 부족하기 때문이다. 도로나 공항 등 교통 인프라 역시 열악하여 물품 배송이 지연되거나 배송비가 더 비싼 경우가 많다. 해당 지역에 거주하는 주민들은 도심과는 반대로 늦어지는 배송과 비싼 택배비가 일상적이다.

국토부와 우체국의 협력 : 물류 취약지역 서비스 개선

최근 국토교통부는 이러한 물류 취약지역까지 빠르고 편리한 물류 서비스를 받을 수 있도록 다양한 시도를 하고 있다. 국토교통부와 우체국은 물류 취약지역에 공동배송을 위한 시범사업을 추진하기 위해 업무 협약을 체결했다. 모든 택배사의 택배 물량을 우체국 물류망을 통해 배송하는 공동배송 시범사업을 시도하는 것이다.

우체국은 특성상 대한민국 전역에 걸쳐 광범위한 네트워크를 보유하고 있다. 도시에서부터 가장 외딴 도서 및 산간 지역에 이르기까지, 우체국은 물류망을 통해 전국 어디서나 배송이 가능하다. 이러한 네트워크는 물류 취약지역의 특성상 접근이 어려운 곳에도 물품을 안정적으로 전달할 수 있다. 즉, 우체국의 전국적인 네트워크와 기존 인프라를 통해 초기 비용 투자를 최소화하면서 물류 취약지역에 거주하는 주민들의 생활물류서비스를 개선하고 빠른 배송을 지원하는 것이다.

이동시간이 길고 물량이 적어 민간 택배사에서 직접 배송하기 어려운 지역의 택배 물량을 우체국의 물류망을 이용해 신속하고 안전하게 배송하도록 지원할 예정이다. 이에 따라 평균 3~4일 소요되던 배송 기간이 2일 이내로 단축될 것으로 기대된다.

물류 기업들의 역할 : 신속한 배송을 위해 다양한 노력

우리나라에서도 도서·산간지역의 물류 문제 해결을 위해 정부와 민간 기업 간의 협력이 중요하다. 국토교통부와 우정사업본부의 공동배송 시범사업 외에도 주요 물류 기업들이 다양한 역할을 맡고 있다.

쿠팡은 자체 물류 네트워크와 로켓배송 시스템을 통해 빠른 배송을 제공하고 있다. 도서·산간지역에도 이러한 시스템을 적용하여, 고객들이 더 빠르고 편리하게 상품을 받을 수 있도록 노력하고 있다. 쿠팡의 물류센터와 연계된 통합 물류 시스템은 물류 취약지역에서도 효율적인 배송을 가능하게 한다.

CJ대한통운은 전국적인 물류망을 통해 도서·산간지역에도 안정적인 배송 서비스를 제공하고 있다. 특히, 정부와의 협력을 통해 공동배송 시스템을 도입하여 물류 효율성을 높이고, 비용 절감을 도모하고 있다. 또한, 드론 배송 시범사업 등을 통해 기술을 활용한 물류 혁신을 추진 중이다.

한진은 도서·산간지역의 특성에 맞춘 맞춤형 물류 서비스를 제공하고 있다. 지역별 물류 허브를 통해 배송 시간을 단축하고, 지역 특성에 맞는 배송 방식을 도입하여 고객 만족도를 높이고 있다.

다양한 배달거점 활용

물류 취약지역에서는 주민센터, 경로당, 마을회관 등 지역 사회의 주요 거점을 활용하여 배달 효율성을 높일 수 있다. 이러한 거점을 활용하면 주민들이 한 곳에서 물품을 수령할 수 있어 개별 가정으로의 배송보다 효율적이다. 또한, 주민센터나 마을회관은 대부분의 주민들이 접근하기 쉬운 위치에 있기 때문에 물품 수령의 편의성을 높일 수 있다. 경로당과 같은 장소는 특히 고령층 주민들에게 유용한 배달 거점이 될 수 있다. 여기서 택배를 수령하면 자주 방문하는 장소에서 물품을 받아볼 수 있어 고령층 주민들의 편의를 크게 향상시킬 수 있다.

지역 주민을 배달인력으로 활용

지역 주민을 배달 인력으로 활용하는 것도 효과적인 방안이다. 지역 사정을 잘 아는 주민들이 배달을 담당하면 물류 취약지역에서도 신속하고 정확한 배달이 가능해진다. 또한, 지역 주민들에게 일자리를 제공하는 효과도 있다. 이는 지역 경제 활성화에도 기여할 수 있다. 특히, 지역 농어촌에서는 농한기 동안 농민들이 배달 인력으로 참여할 수 있다. 이는 농민들에게 추가 수입을 제공하는 동시에 물류 문제를 해결하는 데 도움을 준다. 또한, 마을 공동체의 협력으로 배달 서비스를 운영하면 주민들 간의 유대감도 강화될 수 있다.

다양한 배달수단 활용

물류 취약지역에서는 도로 사정이 열악하거나 교통 접근성이 낮은 경우가 많아 다양한 배달수단을 활용하는 것이 필요하다. 도서 지역에서는 소형 선박이나 드론을 활용한 배달이 효과적일 수 있다. 산간 지역에서는 오토바이나 전기 자전거와 같은 기동성이 높은 운송 수단을 활용하면 효율성을 높일 수 있다. 또한, 드론 배송은 접근이 어려운 지역에도 신속하게 물품을 전달할 수 있는 혁신적인 방법이다. 일본의 사례처럼 도서 지역에 의약품이나 필수품을 드론으로 배송하는 시범 사업을 도입하면 물류 취약지역 주민들의 삶의 질을 크게 개선할 수 있다.

물류 취약지역 서비스 개선을 위한 지속적인 노력과 협력이 필요하다

국토부와 우정사업본부는 연내에 첫 시범사업 후보지를 발굴하고 공동으로 배송 시범사업을 위한 세부적인 절차를 조율해나가는 과정에 있다. 올 연말까지 택배사의 공동배송 시스템 도입을 추진할 계획이다. 우체국의 인프라를 활용하고 모든 택배사의 공동배송 시스템을 도입하는 것은 단순히 물류 서비스의 향상을 넘어, 지역 주민들의 삶의 질을 높이고 사회적 형평성을 제고하는 중요한 정책이다. 이러한 정책은 물류 취약지역의 경제 활성화와 주민들의 생활 편의를 크게 향상시킬 것으로 기대된다.

　다양한 배달거점과 배달인력, 그리고 배달수단을 효율적으로 활용함으로써 물류 취약지역의 문제를 해결할 수 있다. 주민센터, 경로당, 마을회관 등의 배달거점은 물류의 효율성을 높이고, 지역 주민을 배달인력으로 활용하는 것은 지역경제에 긍정적인 영향을 미친다. 또한, 드론과 같은 첨단 배달수단의 도입은 접근이 어려운 지역에도 신속한 물류서비스를 제공할 수 있는 혁신적인 방법이다.

이처럼 국토교통부와 우정사업본부, 주요 물류기업들이 함께 노력함으로써 대한민국 전역에 걸쳐 보다 나은 물류 서비스를 제공하고, 물류 취약지역의 문제를 효과적으로 해결해 나갈 수 있을 것이다. 이러한 협력과 혁신은 도심과 취약지역 간의 물류 서비스 격차를 줄이고, 모든 국민이 평등하게 양질의 물류서비스를 누릴 수 있는 환경을 조성하는 데 중요한 역할을 할 것이다. 지속적인 노력과 협력을 통해 물류 취약지역의 문제를 해결하고, 대한민국의 물류 서비스 수준을 한 단계 끌어올릴 수 있을 것으로 기대된다.

8

물류의 사회적 가치창출

물류 기업은 지역 사회에 기여하기 위한 다양한 활동을 추진한다. 이는 지역 경제 활성화, 일자리 창출, 사회적 문제 해결 등을 목표로 한다. 물류 기업이 지역 사회에 기여하는 것은 기업의 사회적 책임을 다하는 중요한 방법이며, 지역 주민들의 삶의 질을 향상시키고, 기업과 지역 사회 간의 긍정적인 관계를 구축하는 데 기여한다.

물류 기업의 지역 사회 기여

①지역 경제 활성화
물류 기업은 지역 경제를 활성화하는 데 중요한 역할을 한다. 물류 센터나 창고를 지역에 설립함으로써 지역 내 경제 활동을 촉진하고, 관련된 다양한 서비스와 비즈니스를 활성화시킬 수 있다. 이는 지역 경제에 긍정적인 영향을 미치고, 경제 성장을 도모하는 데 기여한다.

예를 들어, 물류 센터의 설립은 지역 내 공급업체, 물류 서비스 제공업체, 부동산 개발업체 등 다양한 산업에 경제적 기회를 제공한다. 이는 지역 경제의 다각화와 성장에 기여하며, 지역 주민들에게도 다양한 경제적 혜택을 제공한다.

②일자리 창출

물류 기업은 지역 사회에 새로운 일자리를 창출하는 데 중요한 역할을 한다. 물류 센터, 창고, 운송 서비스 등 다양한 분야에서 직간접적으로 많은 일자리를 제공할 수 있다. 이는 지역 내 실업률을 낮추고, 주민들의 경제적 안정을 도모하는 데 기여한다.

예를 들어, 새로운 물류 센터의 설립은 지역 주민들에게 직접적인 고용 기회를 제공하며, 관련된 다양한 산업에서도 추가적인 고용 기회를 창출한다. 이는 지역 사회의 경제적 활력을 높이고, 주민들의 생활 수준을 향상시키는 데 중요한 역할을 한다.

③사회적 문제 해결

물류 기업은 지역 사회의 사회적 문제를 해결하는 데도 기여할 수 있다. 예를 들어, 물류 기업은 환경 보호, 교육 지원, 건강 증진 등 다양한 사회적 문제를 해결하기 위한 프로그램을 운영할 수 있다. 이는 지역 사회의 전반적인 복지를 향상시키고, 지속가능한 발전을 도모하는 데 기여한다.

예를 들어, 물류 기업은 지역 학교와 협력하여 교육 프로그램을 운영하거나, 지역 병원과 협력하여 건강 증진 프로그램을 지원할 수 있다. 또한, 환경 보호를 위해 친환경 물류 시스템을 도입하고, 지역 주민들과 함께 환경 보호 활동을 추진할 수 있다.

물류 기업은 지역 사회에 기여하기 위한 다양한 활동을 추진함으로써 지역 경제 활성화, 일자리 창출, 사회적 문제 해결 등에 중요한 역할을 한다. 페덱스의 지역 사회 지원 프로그램과 같은 사례는 물류 기업이 지역 사회와 긍정적인 관계를 구축하고, 사회적 책임을 다하는 방법을 잘 보여준다. 이러한 노력을 통해 물류 기업은 지역 사회의 전반적인 복지를 향상시키고, 지속가능한 발전을 도모할 수 있다.

사회적 가치 창출 활동

물류 기업은 사회적 가치를 창출하기 위해 다양한 방안을 모색한다. 이는 환경 보호, 사회적 책임 이행, 지역 사회 발전 등을 포함한다. 이러한 노력은 기업의 지속가능한 발전을 도모하고, 사회와의 긍정적인 관계를 구축하는 데 중요한 역할을 한다.

첫째, 환경 보호

환경 보호는 물류 기업이 사회적 가치를 창출하는 데 중요한 요소 중 하나다. 물류 기업은 친환경 정책을 통해 환경 보호에 기여할 수 있다. 이는 탄소 배출 저감, 재생 에너지 활용, 친환경 물류 차량 도입 등을 포함한다.

①탄소 배출 저감

물류 기업은 탄소 배출을 줄이기 위해 다양한 전략을 도입할 수 있다. 예를 들어, 물류 경로를 최적화하여 연료 소비를 줄이고, 탄소 배출을 최소화할 수 있다. 또한, 에너지 효율성을 높이기 위해 최신 기술을 도입하고, 지속가능한 물류 시스템을 구축할 수 있다.

②재생 에너지 활용

물류 기업은 재생 에너지를 활용하여 운영의 에너지 효율성을 높일 수 있다. 예를 들어, 물류 센터와 창고에 태양광 패널을 설치하여 전력을 공급하고, 전기차 충전소를 설치하여 친환경 물류 차량을 지원할 수 있다. 이는 운영 비용을 절감하고, 환경 보호에 기여하는 중요한 방법이다.

③친환경 물류 차량 도입

친환경 물류 차량을 도입하여 운송 과정에서의 탄소 배출을 줄일 수 있다. 전기차, 하이브리드 차량, 수소 연료 전지 차량 등을 도입하여 운송 효율성을 높이고, 환경 영향을 최소화할 수 있다. 이는 물류 기업의 친환경 이미지를 강화하고, 지속가능한 운영을 가능하게 한다.

둘째, 사회적 책임 이행

물류 기업은 사회적 책임을 이행하기 위해 다양한 활동을 추진한다. 이는 지역 사회 발전, 교육 지원, 건강 증진 등을 포함한다. 사회적 책임 이행은 기업의 신뢰성을 높이고, 사회와의 긍정적인 관계를 구축하는 데 중요한 역할을 한다.

①지역 사회 발전

물류 기업은 지역 사회 발전을 위해 다양한 활동을 추진할 수 있다. 예를 들어, 지역 경제 활성화를 위한 프로젝트를 지원하고, 일자리 창출을 통해 지역 주민들의 경제적 안정을 도모할 수 있다. 이는 지역 사회의 발전과 기업의 지속가능한 성장을 동시에 도모하는 중요한 방법이다.

②교육 지원

물류 기업은 교육 지원 프로그램을 통해 지역 사회의 교육 수준을 향상시킬 수 있다. 예를 들어, 장학금 제공, 교육 시설 개선, 교육 프로그램 지원 등을 통해 지역 학생들에게 더 나은 교육 기회를 제공할 수 있다. 이는 지역 사회의 인재 양성과 기업의 긍정적인 이미지를 강화하는 데 기여한다.

③건강 증진

물류 기업은 건강 증진 프로그램을 통해 지역 주민들의 건강과 복지를 향상시킬 수 있다. 예를 들어, 지역 병원과 협력하여 건강 검진 프로그램을 운영하고, 운동 시설을 지원하여 지역 주민들의 건강을 증진할 수 있다. 이는 지역 사회의 복지 향상과 기업의 사회적 책임 이행을 동시에 달성하는 방법이다.

셋째, 지역 사회 발전

물류 기업은 지역 사회 발전을 위해 다양한 프로젝트와 프로그램을 추진할 수 있다. 이는 지역 경제 활성화, 인프라 개선, 사회적 문제 해결 등을

포함한다. 지역 사회 발전을 위한 노력은 기업과 지역 사회 간의 상생을
도모하는 중요한 방법이다.

①지역 경제 활성화

물류 기업은 지역 경제 활성화를 위해 다양한 프로젝트를 지원할 수 있
다. 예를 들어, 지역 내 물류 인프라 개선 프로젝트를 지원하고, 지역 기
업들과 협력하여 경제 활동을 촉진할 수 있다. 이는 지역 경제의 성장을
도모하고, 지역 주민들의 경제적 안정을 강화하는 데 기여한다.

②인프라 개선

물류 기업은 지역 내 인프라 개선을 위해 다양한 프로젝트를 추진할 수
있다. 예를 들어, 도로, 철도, 항만 등의 물류 인프라를 개선하여 지역 내
물류 접근성을 높이고, 경제 활동을 활성화할 수 있다. 이는 지역 사회의
발전과 기업의 지속가능한 성장을 동시에 도모하는 중요한 방법이다.

③사회적 문제 해결

물류 기업은 지역 사회의 사회적 문제를 해결하기 위해 다양한 활동을
추진할 수 있다. 예를 들어, 환경 보호 활동, 빈곤 퇴치 프로그램, 교육
지원 프로그램 등을 통해 지역 사회의 복지를 향상시킬 수 있다. 이는 기
업의 사회적 책임을 다하고, 지역 사회와의 긍정적인 관계를 구축하는
데 중요한 역할을 한다.

물류 기업은 사회적 가치를 창출하기 위해 다양한 방안을 모색한다. 이

는 환경 보호, 사회적 책임 이행, 지역 사회 발전 등을 포함한다. DHL의 친환경 물류 정책과 같은 사례는 물류 기업이 사회적 가치를 창출하는 방법을 잘 보여준다. 이러한 노력을 통해 물류 기업은 지속가능한 발전을 도모하고, 사회와의 긍정적인 관계를 구축할 수 있다.

9

공급망 전체로 확산하는 ESG 경영[126]

미국의 트렌드 전문가 페이스 팝콘(Faith Popcorn)은 트렌드와 일시적인 유행의 차이를 "일시적 유행이란 시작은 화려하지만, 곧 없어지는 것으로서, 순식간에 돈을 벌고 도망가기 위한 민첩한 속임수와 같은 것이다. 유행이란 제품 자체에 적용되는 말이다. 트렌드는 소비자들이 물건을 '사도록' 이끄는 원동력에 관한 것이다. 따라서 트렌드란 크고 광범위하다. 트렌드는 바위처럼 꿋꿋하다. 그리고 평균 10년 이상 지속한다."[127] 라고 설명했다.

　일반적으로 트렌드가 '일정 범위의 소비자들이 일정 기간 동조하는 변화된 소비가치'를 의미한다면, 메가트렌드는 '사회 대다수 사람이 동조하며, 10년 이상 지속하는 경향'을 뜻한다. 어떤 현상이 단순히 한 영역의 트렌드에 그치지 않고, 한 공동체의 사회 · 경제 · 문화적인 거시적 변모를 수반할 때 우리는 그것을 '메가트렌드'라고 부를 수 있다.

---

126 이상근, 「ESG와 지속가능한물류」, 아웃소싱타임스(2023.11)
127 페이스 팝콘, 「클릭! 미래 속으로」, 2010.11

메가트렌드 측면에서 트렌드 전망을 하는 서울대 소비트랜드분석센터는 「트렌드코리아 2019」에서 환경 문제에 관한 관심을 주요 트렌드로 꼽았다. 친환경을 넘어 환경을 반드시 생각하는 '필(必) 환경(Green Survival)'은 선택의 문제가 아니라 생존의 문제로 보았다. 먹고, 입고, 쓰는 모든 것에 들어가는 환경 부담을 제로로 만드는 것. 이는 우리와 같이 살아가는 지구의 전 생명체를 위한 것이기도 하다.[128]

ESG는 개별국가와 산업 차원을 넘어 생존을 위해 키워드

MZ세대의 등장과 4차산업혁명, 코로나19 팬테믹 등 급속한 경영환경의 변화 속에서 ESG, Environment(환경), Social(사회), Governance(지배구조)는 자본시장과 한 국가의 성패를 가를 키워드로 부상하고 있다. MZ세대 소비자들은 내가 구매하는 상품이 어떻게 생산되고 어떻게 유통되고 어떤 물류과정을 거쳐 나에게 오는지, 그리고 그 상품의 제조, 유통, 판매, 물류 기업의 이념과 가치관, 사회·환경적 책임까지도 상품 선택의 요인으로 고려하고 있다.

유엔환경계획 금융이니셔티브(UNEP FI)가 2012년 선포한 국제 협약인 '지속가능보험원칙 PSI'는 지속가능한 발전 관점에서 기업투자를 위한 의사결정 시에 기업과 투자자들이 고려해야 할 기업의 비재무적 요소를 환

---

128 서울대 소비트랜드분석센터, 「트렌드코리아 2019」, 미래의창(2018.12)

경(E), 사회(S), 지배구조(G)의 3가지 카테고리로 설정했다. 2006년 유엔 책임투자원칙(UN PRI)에서는 책임투자 이행을 위한 중요한 기준을 ESG로 요약·제시했다. 2021년 1월 현재 3615곳(우리나라는 국민연금 등 11곳)이 UN PRI에 가입하면서 본격적으로 퍼지고 있다.

기업이 이익과 성장을 추구하는 방식에 사회적으로 책임 있는 자본주의를 접목하기 위해 현재 주로 사용되는 두 가지 접근 방식이 있다. 하나는 ESG와 같은 점수 체계를 사용하여 산업과 기업이 경제적 이익을 넘어 사회에 이바지하도록 강제하는 것이다. 다른 하나는 다양한 사회공유 프로그램을 통해 기업의 사회적 책임(CSR Corporate Social Responsibility)을 강화하는 것이다. 그러나 큰 노력에도 불구하고, 대부분 기업은 정부의 점수 체계를 사회주의적인 통제 수단으로 보거나 기업의 사회적 책임 프로그램을 비용 부담으로 인식하고 있다.[129]

ESG에는 기업이 지속가능한 발전을 위해서 비재무적인 요소들을 기존의 재무적인 요소들과 함께 고려해야 한다는 철학이 담겨 있다. ESG는 지속가능 경영을 기업 내부에서 추진해오던 CSR과도 유사한 측면도 있지만, 지속가능 경영의 초점이 내부에서 외부로 확장됐다는 점에서 차이를 보인다.

---

129 김위찬, 르네 마보안, 「비욘드 디스럽션」, 한국경제신문(2023.7)

[표3-3] UN 책임투자원칙(PRI) 6가지

원칙1.	우리는 투자분석 및 의사결정 절차에 ESG 요소를 포함한다.
원칙2.	우리는 적극적으로 주주로서 활동하고 ESG 요소를 투자정책과 관행에 통합한다.
원칙3.	우리는 투자대상 기업에 ESG 사안에 대한 적절한 공시를 추구한다.
원칙4.	우리는 자산운용 산업에 책임투자원칙의 수용과 실천을 촉구한다.
원칙5.	우리는 투자원칙 실천과 실행의 효율성을 강화하기 위해 협력한다.
원칙6.	우리는 책임투자원칙 실행에 관한 활동 상황 및 진척 상황을 보고한다.

출처 : www.unpri.org/강지수, 임현정 외, 「2050 ESG 혁명」, 라온북(2023) 재인용

ESG는 개별국가와 산업 차원을 넘어 생존을 위해 거스를 수 없는 필수 조건으로 인식되고 있다. 현재까지 직접적인 타격은 적지만 ESG를 외면하는 기업은 미래의 생존이 어렵다는 것이 정설로 여겨지고 있다. 기업이 공급망 전 과정에서 ESG 이슈가 발생하면 기업의 브랜드 가치가 저하되는 등 리스크에 직접적인 영향을 받는다. 따라서 글로벌 기업을 중심으로 리스크 헷지(Hedge)를 위해 공급망 내 협력기업들에도 ESG에 관련된 사항의 준수를 요구하는 추세이다.

'환경(Environment)'은 선택의 문제가 아니라 생존의 문제다

기업의 ESG 경영 중 'E(환경)'는 'S(사회)'이나 'G(지배구조)'에 비해 더 큰 영향을 미친다. 서울대 소비트렌드분석센터는 「트렌드코리아 2019」에서 친환경은 선택의 문제가 아니라 생존의 문제로 인식하고 먹고, 입고, 쓰는 모

든 것에 들어가는 환경 부담을 제로로 만드는 '필(必) 환경'을 화두로 던졌다. 이는 우리와 같이 살아가는 지구의 모든 생명체를 위한 것이다.

환경부문의 온실가스[130] 저감은 운송이나 물류센터의 보관, 상하역 과정에서 반드시 해결해야 할 숙제다. 2018년 기준 우리나라의 인구 1인당 탄소 배출량은 12.4t으로 세계 평균(4.8t)의 2.5배를 넘어 사우디, 미국, 캐나다에 이어 네 번째로 많았다. 우리나라는 이산화탄소 연간 배출 총량에서도 중국, 미국, 유럽연합(EU), 인도 등에 이어 상위 8위권에 이름을 올리는 불명예를 안았다. '기후액션트래커(CAT)[131]'의 국가별 탄소 감축 이행 현황에서도 한국은 5개 등급 가운데 최하위 바로 다음 등급인 '매우 부족'을 받았다. 탄소 배출량 1위인 중국과 같은 등급이다.[132]

친환경(Eco-friendly)에서 필 환경 트랜드로 전환하는 시대에 기업은 환경과 미래 세대를 생각하는 선한 기업 이미지를 구축하지 못하면 소비자에게 외면받는다. 상품 하나를 구매할 때도 생산 과정, 포장, 유통, 물류 과정 등이 친환경적인지 꼼꼼히 체크하는 MZ세대가 주요 소비층으로 부상하면서 친환경 트랜드는 더욱 퍼질 전망이다.

---

130 지구 온난화를 가져오는 온실가스에는 이산화탄소, 메탄, 이산화질소, 수소불화탄소, 과불화탄소 등이 있다. 온실가스 배출량 중 80% 이상을 차지하는 것이 이산화탄소이다.

131 Climate Action Tracker (CAT)는 국제 협약과 관련하여 온실가스 배출량 감축을 달성하기 위한 정부 조치를 모니터링하는 것을 목표로 하는 연구 그룹이다. 전 세계 배출량의 6% 이상을 차지하는 32개국에서 기후 행동을 추적하고 있다. (출처: https://en.wikipedia.org/wiki/Climate_Action_Tracker)

132 "韓 1인 탄소 배출량 세계 4위…"탈원전으로 더 커질 것" 우려", 매일경제(2019.9.23.)

[그림 3-2] 우리나라의 이산화탄소 배출량

우리나라의 이산화탄소
배출량은 세계의 약 3%
(세계에서 여덟 번째로 많음)

우리나라의 이산화탄소(CO2) 배출량은
중국, 미국, 인도, 러시아, 일본, 독일, 이란
다음으로 8위이며,
전 세계 배출량의 약 3%를 차지한다.

＊이산화탄소 배출량
세계 배출량 합계/약 328억 톤

약328억톤

- 중국 ············· 28.2%
- 미국 ············· 14.5%
- 인도 ············· 6.6%
- 러시아 ············· 4.7%
- 우리나라 ············· 3%
- 그밖에 ············· 42.7%

출처 : 코트라 세계시장뉴스 「팬데믹이 앞당기는 美 재생 에너지 시대」(2020.10.5.)
※ 반올림한 수치로 합계가 100%가 아님

친환경의 중요성은 소비자 생각에서 직접 행동으로도 이어지고 있다

우리 국민의 '필 환경' 인식 변화 계기는 2018년 4월 중국의 폐자재 수입 중단 결정으로 갈 곳을 잃은 플라스틱이 산더미처럼 쌓인 '쓰레기 대란' 이었다. 이후 플라스틱 사용 제한 등 환경에 대한 정부의 규제가 강화되고, 환경을 생각하는 소비자와 기업 전반의 의식이 높아짐에 따라 환경 친화적인 '에코 패키지'를 제품에 적용하는 등 다양한 방식을 통해 필 환경에 동참하고 있다.

유럽을 중심으로 확산하는 '플라스틱 어택'(plastic attack)이 대표적이다. 유통매장에서 물건을 산 후 포장된 플라스틱과 비닐을 모두 매장에 버리고 오는 캠페인 활동이다. 이는 품질 보존과 무관한 과잉 포장이 얼마나 많은지 눈으로 확인하고, 유통기업과 제조기업에 플라스틱 포장재를 줄이라는 무언의 압박이다. 제로웨이스트(Zero Waste)[133]와 프리사이클링 (Precycling)[134] 운동도 펼쳐지고 있다. 소비자들의 자발적인 참여와 함께 기업들의 친환경 캠페인도 확대되는 추세다. 제로웨이스트는 생활 속에서 배출되는 쓰레기를 최소화하고 어쩔 수 없는 것은 재활용하자는 운동이다. 이들이 강조하는 것은 재활용 이전에 발생하는 폐기물을 최소화하자는 뜻인 프리사이클링이다.

패션에서도 환경과 자원을 생각하는 컨셔스 패션(Conscious Fashion) 바람이 거세다. 새 활용을 의미하는 업사이클링(Upcycling)은 재활용에 대한 고정관념을 깨며 제품을 리디자인(Redesign)한다. 단순히 폐기물을 재사용하는 리사이클링에서 한 걸음 더 나아가, 새로운 가치를 더해 친환경 제품으로 리디자인 하는 것을 의미한다.

기업들의 필 환경 노력은 계속 이어지고 있다

MZ세대에게 성공적으로 어필한 지속가능 패션을 대표하는 친환경 신발 브랜드 올버즈(Allbirds)의 인기 비결은 개념 소비를 지향하는 MZ세대

---

133 제로 웨이스트(zero waste)는 모든 제품이 재사용될 수 있도록 장려하며 폐기물을 방지하는데 초점을 맞춘 원칙이다. 제품들이 쓰레기 매립지나 소각장, 바다에 버려지는 쓰레기가 되지 않도록 하는 것이 목표인데, 현 라스틱의 9%만이 실제로 재활용되고 있다. 제로 웨이스트 시스템에서는 소비의 최고 수준이 될 때까지 자재가 재사용될 것이다. (출처: 위키백과)

134 '미리'를 뜻하는 접두사 '프리(pre)'와 재활용을 뜻하는 '리사이클링(recycling)'의 합성어로, '사전 재활용'이라는 뜻이다. 물건을 구매하기 전부터 미리 환경을 생각해 폐기물을 최대한 줄일 수 있는 소비를 하는 것을 말한다. (출처: 시사상식사전, pmg 지식엔진연구소)

의 니즈에 부합하는 친환경 제품 전략을 펼친 것이다.[135] 코오롱인더스트리 FnC 부문은 연간 40억 원에 달하는 소각 제품에 대한 고민 끝에 지난 2012년 업사이클링 브랜드 '래코드'를 출시했다. 래코드는 소각 예정인 재고 3년 차 의류들을 전혀 다른 컨셉의 제품으로 리디자인 한 브랜드다.

풀무원 프로바이오틱은 최근 식물성 유산균 제품 페트병에 접착제 대신 열을 가해 라벨을 밀착시키고 이중 절취선을 적용해 소비자가 분리 배출시 페트병과 라벨 분리가 쉽도록 개선했다.

오리온은 자원 낭비와 환경오염 문제를 해결하기 위해 디자인을 단순화하고, 포장재 규격을 축소하여 잉크 사용량을 줄이고, 환경친화적 포장재를 개발하는 등 '착한 포장 프로젝트'를 진행하고 있다.

커피 전문업체 쟈뎅은 국내 최초로 특수 종이를 7~8겹으로 겹쳐 만든 캔 모양의 용기 '카토캔'을 적용한 '카페리얼 티라떼' 2종을 선보였다. 카토캔은 동일 용량의 알루미늄 캔과 비교해 생산 과정에서 발생하는 이산화탄소 배출량이 3분의 1 수준에 불과하며, 자연에서 분해되기 쉬운 종이로 만들기 때문에 폐기물 문제에서도 비교적 자유롭다.

스타벅스는 2018년 11월부터 국내 1200여 매장에 친환경 종이 빨대를 전면 도입했다. 파리바게뜨는 비닐백 사용량을 90% 이상 줄이기로 했다. 롯데칠성음료는 페트병 라벨을 쉽게 분리하도록 만들어 재활용률을 높였다. CJ오쇼핑은 택배 포장에 비닐 테이프 대신 종이테이프를 사용하고 완충재도 에어캡에서 종이 재질로 바꿨다.

엔젤리너스와 던킨도너츠는 빨대가 필요 없는 컵 뚜껑(드링킹 리드)과 텀

---

135 "올버즈의 지속가능 메시지··· 4년 만에 1조원의 유니콘 기업으로", 패션서울(2020.8.13.)

블러를 각각 도입했다. 투썸플레이스는 따뜻한 음료를 마실 때 제공되는 종이컵을 유색에서 무색으로 바꾸기로 했다. 재활용에 쉽게 하기 위해서다.

물류업종의 ESG 사회부문은 개선이 시급해 보인다

우리나라 물류 기업은 △직원 평균 근속연수 △장애인고용률△직원 평균 연봉 △매출액 대비 기부금 등의 지표에서 200대 기업 평균보다 낮은 수준으로 조사됐다. 특히 직원 평균 근속연수와 평균 연봉에서 평균 미만으로 확인돼, 직원의 복지 개선이 필요해 보인다.

아울러 장애인고용률의 경우, 고용노동부는 300인 이상 기업에 장애인 의무 채용(3.1%)을 규정하고 있다. 하지만 물류 기업은 규정보다 현저히 낮은 고용률과 함께 미공개 기업이 29%가량 되는 만큼 업계 차원에서 개선이 시급해 보인다.[136]

사회 항목에 등을 돌리고 있는 대표적인 사례로 '아마존'이 꼽히고 있다[137]
2021년 8월 29일 미국 CNBC는 '아마존의 가장 해결하기 어려운 ESG 과제는 노동자'라는 기사에서 "노동자 안전은 ESG에서 종종 간과되는 요소"라며 "이 문제는 아마존에서 찾아볼 수 있다"라고 보도했다. 전미산업

---

136 "[200대 기업 사회·지배구조]④ 물류업, 직원 평균 연봉은 낮고 등기 임원·직원 보수격차는 15.8배", 한스경제(2023.1.18.)
137 이상근, 「ESG와 지속가능한 물류」, 아웃소싱타임스(2023.11)

안전보건협회는 '더티 더즌'(Dirty Dozen)[138] 명단에 아마존 이름을 올렸다. 이 명단은 미 업계에서 노동자의 안전과 업무 환경개선에 노력하지 않은 '가장 위험한 고용주'를 정리한 목록이다. 미국 주요 4개 노조의 연합 전략조직센터는 아마존 근로자는 월마트 근로자보다 업무상 다칠 확률이 2배 더 높은 것으로 분석했다. 아마존 배달기사의 부상률은 물류회사 UPS보다도 50% 높은 것으로 분석됐다.

아마존은 AI 등 첨단 기술을 악용해 물류센터 근로자 와 배송기사를 밀착 감시하면서 불이익을 주고 해고까지 단행한다는 논란이 일었다. 아마존은 물류센터에 AI 기반 'TOT'(Time Off Task)' 알고리즘을 구축, 특정 시간 내 근로자의 상품 스캔 회수를 자동 계산, 또한 작업대 옆에 분 단위로 작업 속도를 측정하는 모니터를 설치해 근로자가 얼마나 오랜 시간 작업을 중단했는지 추적했다.

아마존은 AI에 기반한 'TOT'으로 물류센터 근로자가 업무에서 이탈한 정도를 수치화한 뒤 기준에 미달하면 불이익을 제공, 해고까지 단행했다는 협의를 받고 있다. 회사 측은 인권침해 비난에 대해 안전규칙 준수를 위한 불가피한 조치라고 해명하는 가운데 뉴욕 시의회는 휴식 등 배송기

---

138 더티 더즌(Dirty Dozen)은 유명한 전쟁영화인 '특공대작전(원제 Dirty Dozen)'에 주인공으로 등장하는 흉악범 12명을 가리키는데, 시민운동 단체 등이 '언론 플레이'를 위해 이 표현을 애용한다. 예컨대. 2013년 4월 미국의 비영리단체 환경실무그룹(EWG)은 가장 많이 농약에 오염된 채소와 과일 12가지를 선정한 '더티 더즌(Dirty Dozen) 2013'을 발표했다.
'더티 더즌'은 환경실무그룹의 '구매자를 위한 농산물 중 농약에 관한 가이드'의 일부로, 영양소가 풍부하고 소비자들이 자주 섭취하는 48가지 대표 농산물의 잔류 농약을 비교한 것이다. '더티 더즌' 목록(잔류 농약이 많은 순)은 사과, 딸기, 포도, 셀러리, 복숭아, 시금치, 파프리카, 천도복숭아, 오이, 감자, 방울토마토, 고추였으며, '클린 피프틴(clean15, 잔류 농약이 적은 순)'은 옥수수, 양파, 파인애플, 아보카도, 양배추, 스위트피(냉동), 파파야, 망고, 아스파라거스, 가지, 키위, 자몽, 캔털루프 멜론, 고구마, 버섯이었다. [네이버 지식백과] (교양영어사전2, 2013. 12. 3, 강준만)

사의 기본 인권을 보호하는 법안을 통과했다.[139]

　아마존은 직장에서 인간 상호 작용도 제거했다. 아마존에서 노동자는 로봇에 의해 관리되고, 애플리케이션(App)에서 과제를 받고, 심지어 문자로 해고되기도 한다. 이 때문에 노동자 이탈률은 더 확대되고 있다. 아마존 노동력의 가장 큰 문제는 평균적인 창고 직원이 아마존에 근무하는 기간이 약 8개월에 불과하다는 것이다. 아마존의 연간 이직률을 150% 수준으로 미국의 유사한 소매 및 물류 산업 직원 이탈률의 2배 이상이다. 이탈률이 이렇게 높으니 아마존이 아무리 많은 새 직원을 고용해도 노동력이 부족할 수밖에 없다.[140]

기업은 선한 기업 이미지를 구축하지 못하면 소비자에게 외면받는다

필 환경(Green Survival) 시대에 기업은 환경과 미래 세대를 생각하는 선한 기업 이미지를 구축하지 못하면 소비자에게 외면받는다. 식품 하나를 구매할 때에도 생산 과정, 패키지 등이 친환경적인지 꼼꼼히 체크하는 MZ세대가 주요 소비층으로 부상하면서 필 환경 트랜드는 더욱 퍼질 전망이다. 2010년 이후 2025년까지 출생할 알파세대는 아직 어리다. 그러나 분

139 "아마존, AI 이용 '근로자 감시' 논란", 「글로벌 물류기술 동향」, 2022 Volume 16. Issue No. 669
　　'Monitor worker safety and productivity', AWS, 2021. 11. ;'Leaked Documents Show How Amazon's Automated Systems Force Canadian Workers to Scan Boxes Faster or Face 'Termination", Press Progress, 2021. 11. 29(재인용)
140 아마존 "2024년 '고용위기'…직원이탈률 다른 기업의 2배", 글로벌이코노믹(2022.6.23.)

명한 건 이들은 ESG 철학이 이제 갓 태동한 시점과 함께 더 뚜렷해지고 있는 시대적 흐름에서 자라고 있다.

알파세대는 MZ세대보다 더 공익과 환경 보호에 집중할 것이며, 기업과 브랜드가 이러한 문제에 어떤 방식으로 대응하는지 얼마나 진심인지 꼬장꼬장하게 관심을 두고 주목할 것이다. 알파세대는 기업이 단순히 이익 추구에만 초점을 맞추는 것이 아니라 지속가능한 브랜드가 되길 바라고 더 나아가 ESG 철학을 함께 만들어가는 기업과 브랜드에 소셜 바이럴을 일으킬 준비가 되어 있다. 더욱이 개인의 가치가 제일 중요한 알파세대는 그 브랜드를 내가 입고, 먹고, 타는 것이 내 가치를 높이는 것으로 생각한다.

내 가치와 사회적 가치가 연결되고 지향점이 같을 때 비로소 멋지기 때문이다. 그리고 이것이 바로 매슬로가 말하는 알파세대 욕구의 출발점이다. 이렇게 새로운 인류 알파세대는 자신을 사회와 연결하고 본인과 세상의 가치가 함께 성장해가도록 노력한다.[141]

---

141 노가영, 「새로운 인류 알파세대」, 매일경제신문사(2023.5.30.)

제3부 복지와 물류의 사회적 책임(보편적 물류 서비스)　　　**385**

10

물류의 사회적 책임:
공공 개입의 필요성과 방향

21세기 사회는 급속한 기술발전과 경제성장으로 많은 변화를 겪고 있다. 특히, 물류산업은 글로벌 공급망의 핵심으로 자리 잡으며 다양한 사회적 요구에 직면하고 있다. 이러한 변화 속에서 물류의 사회적 책임은 그 어느 때보다 중요해졌다. 물류는 단순히 상품을 운송하는 것 이상의 의미를 가지며, 지역사회의 균형발전과 복지향상에 큰 영향을 미친다. 그러나 현재의 상황에서는 기업의 자율적인 노력만으로 이러한 사회적 책임을 다하기 어렵다. 이 때문에 정부, 지방자치단체, 그리고 공공기관의 적극적인 개입이 필요하다는 목소리가 점차 커지고 있다.

공공개입과 공익규제의 필요성

물류산업에서 공익 규제는 그 중요성이 더욱 강조되고 있다. 물류는 필수적인 공공재로 간주될 수 있으며, 물류 서비스의 접근성과 공정성을 보장하기 위해서는 규제의 역할이 필수적이다. 특히, 일부 대형 물류기업이 시장을 독점하게 될 경우, 소규모 사업자나 지역 주민들에게 불이익이 발생할 수 있다. 이러한 문제를 해결하기 위해서는 정부가 공익적 차원에서 물류시장을 규제하고, 대기업의 독점을 억제하며, 소상공인과 지역 주민에게 혜택이 돌아갈 수 있도록 해야 한다.

이러한 공익규제는 단순히 기업을 제재하는 차원을 넘어, 공정한 경쟁 환경을 조성하고, 다양한 이해관계자의 권익을 보호하는 데 중점을 둬야 한다. 예를 들어, 물류 취약지역에서는 민간기업이 수익성을 이유로 물류 서비스를 제공하지 않을 가능성이 크다. 이럴 때 공공의 역할이 필수적이며, 규제를 통해 최소한의 서비스가 보장되도록 해야 한다.

보편적 물류 서비스 제공의 중요성

보편적 물류 서비스는 모든 국민이 평등하게 물류 서비스를 이용할 수 있도록 보장하는 개념이다. 물류 서비스의 접근성을 높이는 것은 경제적, 지리적, 사회적 불평등을 해소하는 중요한 수단이다. 예를 들어, 농촌 지역이나 도서 지역은 도시와 비교했을 때 물류 서비스의 품질과 접근성이 현저히 떨어질 수 있다. 이는 결과적으로 지역 간 경제적 격차를 더욱 심화시킬 수 있다. 정부와 공공기관은 이러한 불평등을 해소하기 위해 보편적 물류 서비스 제공을 위한 정책을 강화해야 한다.

국민복지 차원에서도 물류 서비스의 평등한 제공은 매우 중요하다. 특히, 저소득층이나 소외 계층은 물류 서비스에 접근하는 데 있어서 제약이 많다. 이러한 계층이 필수품이나 의료품을 적시에 제공받지 못할 경우, 이는 생존과 직결되는 문제로 발전할 수 있다. 따라서 정부는 모든 계층에게 물류 혜택이 공정하게 돌아갈 수 있도록 물류 서비스의 보편성을 보장해야 한다.

국민 복지와 물류 서비스의 상관관계

물류는 국민 복지와 매우 밀접한 관련이 있다. 국민이 필요한 물품을 적시에, 적절한 가격으로 공급받을 수 있는 환경이 조성된다면 이는 사회 전체의 복지 향상에 기여할 수 있다. 그러나 반대로 물류 서비스의 품질이 낮거나 가격이 높아질 경우, 국민의 삶의 질은 급격히 저하될 수 있다.

특히 저출산 고령화 사회로 진입하면서, 복지 서비스와 물류 서비스의 결합은 필연적이다. 고령화된 인구는 물류 서비스에 대한 의존도가 높아지기 때문에, 이들에게 접근 가능한 물류 서비스를 제공하는 것은 필수적이다. 이를 위해 정부는 고령자나 장애인을 위한 맞춤형 물류 서비스를 마련하고, 사회적 취약 계층이 차별 없이 물류 혜택을 누릴 수 있도록 지원해야 한다. 이를 통해 국민 복지와 물류 서비스의 상관관계를 강화할 수 있다.

글로벌 공급망 안정화와 정부의 역할

글로벌 공급망은 전 세계 경제의 핵심 동력이다. 그러나 코로나19 팬데믹이나 국제적인 무역분쟁 등으로 인해 공급망의 취약성이 드러났다. 이러한 상황에서 글로벌 공급망의 안정성을 유지하기 위해서는 정부의 역할이 그 어느 때보다 중요하다. 정부는 글로벌 공급망에 대한 전략적 관리를 통해 위험 요소를 사전에 예측하고 대응할 수 있는 시스템을 구축해야 한다. 이를 위해 공공기관과 민간 기업 간의 협력은 필수적이다.

특히, 글로벌 공급망이 불안정할 때 발생하는 물류비용 상승은 국민경제 전반에 악영향을 미친다. 필수품의 가격이 급등하거나 공급이 원활하지 않을 경우, 이는 국민복지에 큰 타격을 줄 수 있다. 따라서 정부는 물류산업이 안정적으로 운영될 수 있도록 공공 부문에서 적극적인 개입을 해야 하며, 글로벌 공급망의 안정화를 위해 국제 협력을 강화해야 한다.

플랫폼 독점과 공공물류의 역할

최근 물류 산업에서는 대형 플랫폼 기업들이 시장을 지배하는 현상이 두드러진다. 이러한 플랫폼 독점은 시장의 경쟁을 저해하고, 중소 물류기업이나 지역 사회에 부정적인 영향을 미칠 수 있다. 특히, 플랫폼을 통해 물류 서비스를 이용하는 소비자들이 가격 인상이나 서비스 제한에 직면할 위험이 있다. 이를 방지하기 위해 공공물류의 역할이 더욱 중요해지고 있다.

공공물류는 민간기업이 수행하기 어려운 영역에서 공백을 메울 수 있는 중요한 수단이다. 예를 들어, 시장성이 낮은 지역이나 계층에게 공정한 물류 서비스를 제공하기 위해 정부는 직접적인 물류 서비스를 제공하거나 이를 지원할 수 있다. 또한, 플랫폼 독점에 대응하기 위해 공공기관이 관리하는 디지털 물류 플랫폼을 구축하여 물류 서비스를 효율적으로 운영하고, 소상공인과 중소기업에게 혜택을 제공할 수 있다.

화이트 물류와 사회적 가치 창출

화이트 물류는 물류 산업의 안전성과 효율성을 강화하고, 동시에 사회적 책임을 다하는 물류 모델을 의미한다. 이는 물류 과정에서 발생하는 환경 문제를 최소화하고, 노동자의 안전과 복지를 증진하는 데 중점을 둔다. 이러한 화이트 물류는 정부의 지원과 규제가 필수적이다. 예를 들어, 친환경 물류 차량 도입을 장려하거나, 물류 근로자의 안전한 근무 환경을 조성하기 위해서는 정부의 제도적 뒷받침이 필요하다.

또한, 화이트 물류는 물류가 단순한 경제 활동을 넘어서 사회적 가치를 창출하는 중요한 역할을 할 수 있음을 보여준다. 정부는 이러한 물류 모델을 확산시키기 위해 정책적 지원을 강화해야 하며, 기업들이 사회적 책임을 다할 수 있도록 유도해야 한다.

물류 취약 지역 서비스 개선

물류 취약 지역은 도시와 농촌 간의 격차가 가장 크게 드러나는 부분 중 하나이다. 이러한 지역에서는 물류 인프라가 부족하거나, 물류 서비스의 비용이 지나치게 높아져 주민들이 불편을 겪는 경우가 많다. 이는 결과적으로 지역 간 경제적 불평등을 심화시키는 원인이 될 수 있다. 이를 해결하기 위해서는 정부와 지방자치단체의 적극적인 개입이 필수적이다.

정부는 물류 취약지역에 물류 인프라를 확충하고, 이를 통해 지역 주민들이 안정적으로 물류 서비스를 이용할 수 있도록 지원해야 한다. 또한, 지방자치단체는 지역의 특성에 맞는 맞춤형 물류 서비스를 제공할 수 있는 정책을 마련해야 한다. 이를 통해 물류 취약지역의 서비스가 개선되고, 지역 주민들의 생활 수준이 향상될 수 있다.

ESG 경영과 공급망 전반에 걸친 확산

최근 기업들은 환경(Environment), 사회(Social), 지배구조(Governance)를 중시하는 ESG 경영을 적극 도입하고 있다. 물류산업에서도 ESG 경영은 중요한 화두로 떠오르고 있으며, 이는 공급망 전체에 걸쳐 확산되고 있다. 정부는 ESG 경영을 촉진하기 위해 관련 법률을 마련하고, 기업들이 이를 준수할 수 있도록 유도해야 한다.

특히, 환경적인 측면에서 물류는 탄소 배출의 주요 원인 중 하나이다. 따라서 정부는 친환경 물류 차량 도입을 장려하고, 물류 과정에서 발생하는 환경 오염을 최소화하기 위한 정책을 강화해야 한다. 또한, 사회적 측면에서는 물류 노동자의 근로 환경 개선과 복지 향상을 위해 정부가 적극적으로 개입해야 한다.

결론적으로, 물류 산업에서의 사회적 책임을 다하기 위해서는 정부와 공공 부문의 적극적인 개입이 필수적이다. 물류 서비스는 국민의 복지와 지역 간의 균형 발전에 중요한 역할을 하며, 기업의 자율적인 노력만으로는 이러한 책임을 완전히 이행하기 어렵다. 공익규제, 보편적 물류 서비스 제공, 글로벌 공급망 안정화, 플랫폼 독점 문제 해결 등 다양한 측면에서 정부와 공공기관의 역할은 더욱 강조되어야 한다.

따라서 정부는 물류산업의 규제와 지원을 통해 모든 국민이 평등하게 물류 서비스를 누릴 수 있도록 보장해야 하며, 지방자치단체와 공공기관은 지역사회와 협력하여 물류 인프라를 확충하고, 물류 서비스의 접근성을 높이는 데 기여해야 한다. 이를 통해 물류 산업이 사회적 책임을 다하고, 지속가능한 발전을 이룰 수 있을 것이다.

바람직한 정부의 공공물류 개입 방향

바람직한 정부의 공공물류 개입 방향은 공정하고 접근 가능한 물류 서비스를 통해 국민의 복지 향상과 사회적 균형 발전을 달성하는 데 중점을 두어야 한다. 이를 위해 정부는 다음과 같은 다각적인 전략을 채택할 필요가 있다.

①공익 규제를 통한 시장 균형 조정

정부는 물류 시장의 독과점 구조를 방지하고, 공정한 경쟁 환경을 조성하기 위해 공익 규제를 강화해야 한다. 대형 물류 플랫폼 기업들이 시장을 독점하게 되면, 중소 물류 업체와 소비자가 불이익을 당할 수 있다. 이를 방지하기 위해 공정거래법을 통한 플랫폼 기업의 독점 규제, 소상공인과 중소기업에 대한 물류 서비스 비용 지원 등의 정책이 필요하다. 이러한 규제는 민간의 자율성을 과도하게 제한하지 않으면서도 시장의 공정성을 보장해야 한다.

②보편적 물류 서비스 제공 보장

정부는 지리적, 경제적, 사회적 여건에 따라 차별 없이 모든 국민이 기본적인 물류 서비스를 누릴 수 있도록 보편적 물류 서비스를 제공해야 한다. 예를 들어, 농촌, 도서 지역 등 물류 취약 지역에 대한 서비스 개선을 위해 국가 차원에서 물류 인프라를 확충하고, 그 지역의 특성에 맞는 맞춤형 물류 정책을 마련해야 한다. 이를 통해 물류 불평등을 해소하고, 지역 간 경제적 격차를 줄일 수 있다.

③ESG 경영과 친환경 물류 촉진

물류 산업은 환경에 미치는 영향이 크기 때문에, 정부는 ESG 경영(환경, 사회, 지배구조)을 촉진하는 정책을 강화해야 한다. 특히, 친환경 물류 시스템을 구축하는 데 필요한 인프라와 기술 개발을 지원하고, 탄소 배출량을 줄이기 위한 물류 차량의 전환을 장려해야 한다. 이를 위해 친환경 물류 설비 도입에 대한 세제 혜택이나 보조금을 제공하고, 관련 규제를 강화하여 기업들이 지속가능한 경영을 할 수 있도록 유도해야 한다.

④글로벌 공급망의 안정성 보장

글로벌 공급망의 불안정성은 국민 경제와 복지에 큰 영향을 미칠 수 있다. 코로나19와 같은 팬데믹, 국제 무역 분쟁 등으로 인한 공급망 차질은 물류 비용의 급등과 필수품 부족을 야기할 수 있다. 이를 해결하기 위해 정부는 글로벌 공급망의 안정성을 유지하고, 이를 선제적으로 관리할 수 있는 국가 차원의 대응 체계를 구축해야 한다. 국제적인 물류 협력 강화, 다변화된 물류 경로 확보 등을 통해 리스크를 분산시키는 것이 중요하다.

⑤사회적 물류 인프라 구축

물류 산업은 물리적인 인프라가 필수적이며, 특히 물류 취약 지역에서는 정부가 주도적으로 인프라를 구축하고 관리할 필요가 있다. 도로, 철도, 항만 등 물류와 연관된 교통 인프라를 강화하는 것 외에도, 디지털 물류 인프라를 확충하여 물류 효율성을 극대화할 수 있는 정책을 추진해야 한다. 이를 통해 민간 기업들이 물류 비용을 절감하고, 물류 서비스의 질을 높일 수 있도록 지원해야 한다.

⑥플랫폼 독점에 대한 공공 대안 마련

물류 플랫폼 기업의 독과점 문제를 해결하기 위해 정부는 공공 물류 플랫폼을 구축하거나, 공공이 주도하는 대안을 마련할 수 있다. 예를 들어, 민간 플랫폼에 의존하지 않고도 중소기업이나 소상공인이 물류 서비스를 이용할 수 있는 공공 물류 시스템을 구축하여 시장의 공정성을 제고할 수 있다. 이를 통해 물류 서비스의 가격 안정화와 투명성을 높이고, 소비자와 소상공인이 부담하는 비용을 줄일 수 있다.

⑦공공기관과 민간의 협력 강화

공공기관과 민간 물류 기업 간의 협력은 물류 산업의 발전에 중요한 역할을 한다. 정부는 공공 물류 서비스 제공에 있어 민간 기업의 역량을 최대한 활용할 수 있는 협력 모델을 구축해야 한다. 공공과 민간의 파트너십을 통해 물류 취약 지역 서비스 개선, 글로벌 공급망 관리, 친환경 물류 시스템 도입 등을 효과적으로 추진할 수 있다. 이를 위해 공공기관은 민간 기업과의 정보 교류를 활성화하고, 협력적 거버넌스를 구축하는 데 중점을 두어야 한다.

⑧물류 근로자의 복지와 안전 보장

물류 근로자는 산업의 핵심적 역할을 담당하고 있지만, 열악한 근로 환경과 안전 문제는 여전히 큰 과제로 남아 있다. 정부는 물류 근로자의 근로 조건 개선과 복지 향상을 위해 법적·제도적 보호 장치를 마련해야 한다. 물류 근로자의 안전을 위한 엄격한 기준을 설정하고, 이를 위반하는 기업에 대한 처벌을 강화하는 한편, 근로자의 복지와 직업 안정성을 보장할 수 있는 정책을 마련하는 것이 필요하다.

지속가능한 공공물류를 위한 정부의 책임

결론적으로, 물류산업에서 정부의 역할은 단순한 규제를 넘어서, 국민의 복지와 사회적 균형을 도모하는 방향으로 나아가야 한다. 정부는 공정한 시장 환경 조성, 물류 취약지역의 인프라 확충, 친환경 물류 촉진, 글로벌 공급망의 안정성 유지, 그리고 물류 근로자의 복지 증진을 위해 적극적으로 개입해야 한다. 이러한 정책적 개입을 통해 물류 산업은 지속가능한 발전을 이루고, 국민 모두에게 평등한 물류 서비스를 제공하는 기반이 마련될 것이다.

이 책에서 우리는 인구구조 변화, 지방소멸, 그리고 공공복지와 같은 사회적 흐름이 물류 산업에 어떤 영향을 미치고 있는지를 탐구해왔다. 이러한 변화는 이미 시작되었으며, 앞으로의 물류산업은 그 변화의 중심에서 중요한 역할을 수행할 것이다. 물류는 이제 단순한 물자의 이동을 넘어, 사회의 여러 문제를 해결하고, 공공의 복지를 증진시키는 도구로 기능해야 한다.

인구구조 변화 속에서의 물류 산업

우선, 인구구조 변화는 물류산업에 큰 변화를 불러일으키고 있다. 특히 저출산과 고령화로 인한 노동력 감소는 물류업계에 심각한 도전 과제를 던지고 있다. 자동화와 로봇 도입, 긱 경제의 확산 등은 이러한 문제에 대한 대응책으로 제시되고 있지만, 그 과정에서 새로운 문제들이 대두된다. 로봇과 자동화 기술이 발전할수록 사람들의 일자리가 줄어들고, 이는 경제적, 사회적 불안정을 초래할 수 있다. 따라서 기술 발전과 함께 노동자들의 권리 보호와 재교육이 필수적이다. 물류산업은 인간과 기술이 함께 공존할 수 있는 방안을 모색해야 하며, 이를 통해 지속가능한 산업 구조를 구축해야 한다.

지방소멸과 물류의 역할

지방소멸은 물류산업이 직면한 또 다른 큰 과제다. 지방의 인구가 줄어들고, 경제가 쇠퇴함에 따라 물류 네트워크는 비효율적이 되고 있다. 이는 지역 주민들에게 필수 물품의 공급이 원활하지 않게 만들어 '유통난민'이라는 새로운 사회적 문제를 낳고 있다. 물류 취약지역을 지원하고, 지역 경제를 활성화하는 것은 단순히 물류업계의 과제만이 아니라, 국가적 과제로 다뤄져야 한다.

미래의 물류산업은 지역 활성화에 중요한 역할을 할 수 있다. 기업과 지방 도시 간의 협력, 스마트 물류 시스템의 도입, 그리고 지역 특성에 맞춘 맞춤형 물류 서비스는 지방소멸에 대응하는 중요한 해결책이다. 지방의 물류 취약지역 문제를 해결하는 것은 물류업계의 책임이자, 지역 경제를 부흥시킬 수 있는 기회이기도 하다. 이는 물류 네트워크의 효율성 증대뿐만 아니라, 지방 경제의 회복과 지속가능한 성장을 위한 발판이 될 것이다.

공공복지와 물류의 사회적 책임

물류산업은 공공복지와 사회적 책임에서도 중요한 역할을 맡고 있다. 특히 국민의 기본 생활을 보장하기 위해서는 안정적인 공급망이 필수적이다. 글로벌 공급망의 불안정성은 국민의 생활에 직접적인 영향을 미칠 수 있으며, 물류업계는 이를 안정적으로 관리할 수 있는 시스템을 갖추어야 한다. 또한, 물류 취약지역에 대한 서비스 개선과 근로환경 개선을 통해 물류업계는 더 나은 사회적 가치를 창출할 수 있다.

물류산업의 미래는 단순한 경제적 효율성에서 벗어나, 사회적 가치 창출로 확장될 것이다. ESG 경영의 확산과 화이트 물류의 실현은 물류 산업의 근로환경을 개선하고, 공공복지에 기여하는 중요한 방법이다. 물류 서비스는 국민의 복지를 보장하는 기본적인 서비스로 자리 잡아야 하며, 이를 위해 정부의 개입과 규제가 필요하다. 이는 단순한 규제를 넘어, 물류업계가 사회적 책임을 다할 수 있도록 돕는 역할을 할 것이다.

미래를 준비하는 물류

우리가 맞이할 미래는 기존의 틀을 벗어난 새로운 환경에서의 도전을 요구하고 있다. 물류산업은 그 중심에 서서 기술 혁신, 인력 부족, 지역 활성화, 공공복지 등 다양한 문제들을 해결하는 역할을 수행해야 한다. 이 과정에서 우리는 물류산업이 단순한 물자의 이동을 넘어, 사회적 가치를 창출하는 중요한 역할을 한다는 것을 인식해야 한다.

미래의 물류는 더욱 복잡하고 다양한 요구를 충족해야 할 것이다. 기술의 발전과 자동화는 중요한 변화의 축이지만, 그와 함께 인간 중심의 물류 시스템을 구축하는 것이 필수적이다. 사람들의 삶을 더 풍요롭게 하고, 지역 간의 격차를 해소하며, 사회적 책임을 다하는 물류산업이 되어야 한다.

이 책은 미래 물류의 방향성을 탐구하며, 물류 산업이 앞으로 직면하게 될 여러 도전 과제와 그에 대한 해결 방안을 모색해왔다. 인구구조 변화, 지방소멸, 공공복지라는 큰 흐름 속에서 물류산업은 새로운 역할과 책임을 부여받고 있다. 단순한 물류 시스템의 개선이 아니라, 사회적 책임과 공공복지, 그리고 지속가능한 발전을 위한 물류 시스템이 필요하다.

미래 물류는 그저 물건을 이동시키는 기능에서 벗어나, 사회적 가치 창
출과 국민 복지 증진에 기여하는 산업으로 변모할 것이다. 이 책이 그 과
정에서 물류 업계와 관련된 다양한 이해관계자들이 함께 고민하고, 해결
책을 모색하는 데 도움이 되기를 바란다.

미래를 준비하는 물류
인구구조 변화, 지방소멸, 공공복지 그리고 물류

초판 1쇄 인쇄 2024년 11월 1일
초판 1쇄 발행 2024년 11월 1일

지은이 | 이상근
펴낸이 | 김용관

펴낸곳 | 아웃소싱타임스
출판등록 | 2003년 12월 19일(제 2003-000148호)
주소 | 서울시 영등포구 양평로 21길 26 1107호
전화 | 02-785-3197
팩스 | 02-783-4855
전자우편 | kyk@outsourcing.co.kr
홈페이지 | www.outsourcing.co.kr
제작 | 엠아이컴

값 19,000원

ISBN : 978-89-94818-25-2